사교육 없이
명문대 가는
집공부 전략

사교육 없이 명문대 가는 집공부 전략

입시 고수맘 노을커피의 압도적 초중등 학습 로드맵

• 노을커피(신은정) 지음 •

북라이프

사교육 없이 명문대 가는 집공부 전략

1판 1쇄 발행   2024년 12월 10일
1판 2쇄 발행   2024년 12월 13일

지은이 | 노을커피(신은정)
발행인 | 홍영태
발행처 | 북라이프
등 록 | 제2011-000096호(2011년 3월 24일)
주 소 | 03991 서울시 마포구 월드컵북로6길 3 이노베이스빌딩 7층
전 화 | (02)338-9449
팩 스 | (02)338-6543
대표메일 | bb@businessbooks.co.kr
홈페이지 | http://www.businessbooks.co.kr
블로그 | http://blog.naver.com/booklife1
페이스북 | thebooklife
인스타그램 | booklife_kr
ISBN 979-11-91013-80-1   03370

* 잘못된 책은 구입하신 서점에서 바꾸어 드립니다.
* 책값은 뒤표지에 있습니다.
* 북라이프는 (주)비즈니스북스의 임프린트입니다.
* 비즈니스북스에 대한 더 많은 정보가 필요하신 분은 홈페이지를 방문해 주시기 바랍니다.

비즈니스북스는 독자 여러분의 소중한 아이디어와 원고 투고를 기다리고 있습니다.
원고가 있으신 분은 ms2@businessbooks.co.kr로 간단한 개요와 취지, 연락처 등을 보내 주세요.

평범한 아줌마지만
내 아이 공부만큼은 최고로 욕심냈다

말의 힘이란 참 무섭다. 아이를 낳으면 내가 직접 키우고 싶다고 입버릇처럼 떠들었지만 진짜 그렇게 되리라곤 생각도 못 했다. 가난한 집 장녀와 더 가난한 집 장남이 만나서 결혼을 했고, 우리 부부는 보증금 2,500만 원 반지하 단칸방에서 시작했으니까. 경제적으로 워낙 힘들게 시작했기에 전업맘이 될 가능성은 매우 희박했다.

워킹맘 8년 차 때였을까. 직장을 그만두고 아이들만 돌보면 육아를 수월하게, 아주 잘할 수 있을 거라는 생각이 들었다. 하지만 네 살 터울인 두 아들의 육아와 교육은 내가 상상하던 수준의 어려움을 초과했다. 무엇보다 해주고 싶은 것을 전부 해줄 수 없는 경제적인 문제 앞에서 많이 힘들었다. 시기별로 아이에게 좋다는 학원을 욕심껏 보내 주다간 가정경제나 우리 부부의 노후에 문제가 될테고, 아이들이 컸을 때 도움이 되기는커녕 부담을 줄 수도 있겠구나 싶었다. 학원비가 우리 아이들에게 그 금액만큼의 효과가 있을지도 의문이었다.

나는 긴 고민 끝에 결정했다. 사교육은 최소한으로 이용하고 그 돈을 모으고 불려서 아이들이 성인이 되어 필요할 때 줘야겠다고. 제 한 몸 건사하고 살기도 바쁜 세상에 적어도 가난한 부모로 아이들의 짐이 되진 않겠다고.

학원을 '하나도 보내지 않겠다' 정도가 아닌 그저 '최소한으로 활용하겠다'는 결정을 하는 데도 참 생각이 많았다. 아이들 학원비가 합리적인 지출인지 고민하는 가정도 있지만, 별다른 고민 없이 학원에 보내는 가정도 많으니 쉽지 않은 결정이었다. 가난한 50~60대를 맞이하지 않겠다는 확고한 생각이 없었다면 정말 고민스러웠을 것이다.

학원을 최소화하기로 했지만 공부를 포기하거나 대충 시키겠다는 뜻은 아니었고, 공부를 중요하지 않게 생각한 순간은 단 한 번도 없었다. 내 주변에는 집안 형편이 어려웠지만 공부를 잘해서 밥은 먹고 살게 된 사람들이 많다. 그래서인지 나는 어릴 때 할 수 있는 가장 좋은 투자는 공부라고 생각한다. 다만 투자라고 해서 꼭 돈을 들여야 한다고는 생각하지 않는다. 시간과 노력을 들였을 때 가장 효과적인 결과를 내는 투자가 공부라는 것이다.

그래서 나는 매일 아이들의 공부를 위해 온라인 교육 커뮤니티에 접속해서 관련 글을 읽고, 어디에 살든 학군지 수준을 살펴 가며 최상의 목표를 세웠다. 적어도 사교육을 많이 받아야 하는(만약 그래야 한다면) 시기가 될 때까지는 집공부로 그 정도 수준을 만들어야겠다고 마음먹었다.

나는 살림도 서툴고 아이들 공부를 봐줄 만큼 실력도 뛰어나지 않았지만 천천히 해나갔다. 특히 영어 울렁증이 있어 아이가 잠들면 내일 가르칠 초등 영어 교재를 미리 읽으며 단어를 찾아보곤 했다. 학원을 보내면 참 편했을 텐데, 쉬운 초등 교재도 일일이 살펴보고 미리 공부를 해야 했으니 내 영어 수준은 굳이 설명할 필요도 없겠다. 그래도 내가 배워서든 공교육을 적극적으로 활용하든 아이들의 공부를 도와주기 위해 최선을 다했다. 한 번에 덜컥 뜻대로 되는 일도 있었지만 여러 번 시행착오를 겪기도 했다.

다행히 아이들도 잘 따라와 주었다. 작은아이가 코로나 사춘기로 속썩이기 전까지는 대체로 내가 원하는 만큼 노력해 줬다. 두 아이 모두 학원은 잠시만 다녔고 인터넷 강의를 들으면서 자기 주도로 공부했다. 고3 때는 도리어 내가 아이들에게 학원에 가자고 사정을 했음에도 아이들은 혼자 하겠다고 우겼다. 나는 돈을 아끼려고 집공부를 시켰지만 아이들은 혼자 집중해서 공부하는 게 오히려 낫다고 했다. 집공부에 익숙해진 아이들은 학원을 많이 다니는 친구들을 오히려 안타까워하는 듯했다. 학원을 많이 보내 주지 못해서 미안해할 필요가 없었다.

결국 큰아이는 비학군지 고등학교 이과 전교 1등으로 서울대 공대,

카이스트, 고려대 공대에 동시 합격했다. 서울대를 한 학기 다니던 중 희망 진로가 변경되어 반수를 해 지방 사립 의대로 옮겼다. 작은아이는 한양대 공대에 합격해서 다니고 있다.

큰아이가 서울대에 입학한 후 지인들에게 많은 질문을 받았다. "영어는 어떻게 했어?", "수학은 언제 시작했어?" 비슷한 질문들이 이어졌다. 나는 학원을 거의 보내지 않고 직접 아이들을 공부시켰기 때문에 교재와 공부 일정을 잘 알고 있었다. 그러니 조금은 구체적이고 만족스러운 답을 해줄 수 있었나 보다. 한 번 대답해 주면 질문이 꼬리에 꼬리를 물었다. 질문 내용이나 순서도 크게 다르지 않아서 같은 말을 몇 차례 반복하기도 했다.

그러면서 참 안타깝다는 생각이 들었다. 질문의 결말은 결국 학원비 걱정으로 마무리되는 경우가 많았는데, 다들 어쩔 수 없이 보낸다고 했다. 이런 분들에게 도움이 되고 싶었다. 경제적으로 힘들어서 아이가 원하는 만큼 학원에 보낼 수 없는 부모님, 물리적으로 학원이 멀어서 보낼 수 없는 가정, 원하는 학원이 없어서 혼자 공부해보고 싶은 아이들 모두에게 작지만 구체적인 도움을 드리고 싶었다.

비슷한 고민을 하는 부모님에게 평범한 아줌마인 내가 아이들의 일타 코치로, 팬클럽 회장으로 차근히 노력해 온 과정을 들려주면 어떨까? 집에서 엄마와 함께 공부하는 방법, 국·영·수·과 공부를 어떻게 준비했는지, 수시와 정시 그리고 다른 시험은 어떻게 치렀는지, 엄마의 눈으로 배우고 깨우친 것을 모두 알려 드리고 싶었다. 엄마 주도에서 서서히 아이에게 주도권을 넘겨 고학년에는 스스로 공부할 수 있도록, 학원에 다니지 않는 일부 과목이라도 집공부를 실천해 보도록 돕고 싶었다. 특히 사춘기로 속을 썩이던 작은아이가 너무 늦지 않은 시기에 다시 열심히 노력해 준 이야기가 도움이 될 것 같았다. 지금 힘들게 하는 자녀가 있다면 어떻게 그 시기를 보내야 후회가 없을지, 아이와 어떤 관계를 유지해 나가야 할지, 내가 직접 겪은 만큼 생생하게 전할 수 있다. 내가 운영하는 유튜브에서 큰 틀은 설명했지만 다 전하지 못한 이야기들은 책으로 더 진솔하게 풀어내고 싶다.

아이를 사랑하는 만큼 엄마는 주변에서 들려오는 갖가지 정보에 귀가 얇아지고 많이 흔들릴 것이다. 간절한 마음이 큰 만큼 갈피를 잡지 못하는 게 당연하다. 하지만 부모가 중심을 잡고 반듯하게 바로 서야 아이들을 제대로 이끌고 밀어 줄 수 있다. 아이마다 속도가 다른데 그 모습을 따뜻하게 바라보며 적당한 때가 되기를 기다려 주는 일 또한 우리 팬클럽 회장들의 일이다. 나의 경험담이 아이 때문에 고민하거나 아이의 더 나은 미래를 준비하기 위해 노심초사하는 부모님에게 조금이라도 도움이 되길 소망한다.

마지막으로 멋지게 자라서 가장 큰 힘이 되어 주는 나의 두 아이와 아이들 교육에 관해서 항상 나를 믿고 지지해 준 남편에게 감사를 전한다. 그리고 이 책을 하늘에 계신 아빠와 사랑하는 엄마에게 바친다.

공부법은 아이 수만큼 다양하다

가끔 아찔한 생각이 든다. 큰아이 하나만 길렀다면 나는 얼마나 교만했을까? 솔직히 큰아이가 중학교에 다닐 때만 해도 다들 왜 아이 키우는 걸 힘들어할까 자만하기도 했다. 아이가 엄마 말을 잘 따르지 않는 것도 엄마가 부족해서가 아닐까 생각한 적도 있다. 그런데 작은아이를 기르면서 주변에서 들었던 고민을 이해할 수 있었다. 영혼이 자유로운 작은아이가 나에게 겸손과 감사를 제대로 가르쳐 준 것이다.

큰아이를 기르며 깨우친 지식과 경험으로 작은아이를 기르면 훨씬 수월해야 할 텐데 꼭 그렇지만은 않았다. 형제가 성격부터 달랐고 공부하는 시간도 방법도 달랐다. 우선 큰아이가 하던 방법대로 시작하되 작은아이의 성향에 맞춰 달리해 가며 수정했다. 무엇보다 작은아이는 사춘기가 심하게 와서 말 안 듣는 아이 때문에 속이 썩는다는 게 어떤 건지, 결코 알고 싶지 않은 것들까지 다 경험해야 했다. 아이 둘을 기르면서도 '참 다르구나' 느끼는데 세상 그 많은 아이들은 얼마나 다를까? 사는 지역부터 부모, 가치관, 생활 습관, 공부에 대한 생각 등이 다른 만큼 당연히 그에 맞춰 공부법도 달라야 한다.

교육 전문가의 조언이나 경험담은 모두 참고용이다. 이 책에서 내가 하는 말도 당연히 그렇다. 고작 둘 키워 보고 떠드는 이야기일 뿐이다. 내 아이와 맞지 않는 내용은 걸러 듣고 때론 비판도 해야 한다. 나도 책이나 유튜브를 보면서 '이건 우리 아이랑 다르네', '저건 좀 이상한데?' 싶은 것들을 종종 발견했다. 그러니 내가 하는 이야기에서도 힌트만 얻어 활용하기 바란다. 내 아이에게 맞는 건 엄마가 더 알아보고 직접 맞춰 보는 게 중요하다. 특히 아이를 둘 이상 기르는 경우에는 어쩔 수 없이 비교되는 순간이 있다. 그때에도 다름을 인정하고 각자의 장점을 봐주며 아이들의 속도대로 같이 걸어 줘야 한다.

과목별 학습 목표를 정할 때도 마찬가지다. 목표를 높게 잡았더라도 아이가 끝까지 해낼 수 있도록 조정하면서 진행해야 한다. 엄마는 아이 일에 가장 욕심쟁이가 되기 마련인데, 욕심이 나도 어떤 과정이든 아이가 소화할 수 있는 수준이어야 의미가 있다. 설렁설렁 빠르게 뺀 진도는 좀 늦더라도 꼼꼼하게 나간 진도를 이길 수 없다.

우리 아이들도 마찬가지였다. 큰아이가 수학 개념 교재를 잘 풀기에 바로 심화 문제를 들이밀었다. 주변에서 떡잎부터 다르다는 말을 들어온 아이여서 당연히 수월하게 해낼 줄 알았다. 하지만 내 기대와 다르게 문제 하나하나 푸는 시간이 오래 걸렸고, 끝내 해결하지 못한 문제도 많았다. 그때 살짝 당황했었다. 우리 아이는 나라와 인류를 구원할 천재는 아니구나! 머리에 새기게 된 사건이었다.

게다가 큰아이는 엉덩이를 오래 붙이고 공부하겠다는 생각조차 하지 않았다. 진도를 빠르게 빼려면 '텐투텐'10 to 10은 기본으로 공부해도 따라갈까 말까라는데, 아이와 이야기를 해보니 기겁을 했다. 그래서 고민을 오래 하지 않았다. 우리 아이는 학교 수업 따라가면서 선행만 적당히 해야겠네! '수학은 천천히' 혹은 '수학은 때가 되면'이 답이었다.

가정마다 아이에게 기대하는 정도가 다를 수 있다. 원하는 수준을 학원에서 테스트로 정해도 되지만 나는 아주 뛰어난 영재급이 아니라면 초등학교 때는 진도를 빨리 나갈 필요는 없다고 생각했다. 어느 정도를 원하든 아이가 잘 소화할 수 있는지를 면밀하게 살펴서 진행하는 게 좋다.

작은아이도 큰아이와 비슷한 과정으로 시작했다. 그런데 경시대회에 나가기만 하면 상을 받아 오던 큰아이와 다르게 작은아이는 한 번도 수상 커트라인 점수를 넘기지 못했다. 집에서 편하게 풀 때조차도 커트라인 점수에 근접하지 못했다. 그래서 작은아이 공부는 고민 없이 천천히 다져 가야겠다고 생각했다. 실패 경험도 한두 번이면 충분하니 대회에 참가조차 하지 않았다.

그럼에도 나는 단 한 순간도 작은아이가 수학을 못하게 될 거라고 걱정하지 않았다. 수능 수학은 노력으로 충분히 풀 수 있으리라 믿었고, 그저 아이에게 맞는 방법으로 바꾸자는 생각이었다. 그래서 오로지 교과과정만 단계별로 밟아 나갔다. 개념부터 응용 문제까지 차근차근 풀었다. 극사춘기에도 수학은 놓지 말자고 달렸다. 심화 문제를 많이 풀지 않아도 꼼꼼하게 기본기를 다지면 제 실력을 발휘할 때가 올 거라 믿었고, 아이는 결국 수능 수학에서 1등급을 받았다.

과학도 마찬가지다. 올림피아드 같은 경시대회 공부에 쾌감을 느끼던 큰아이와는 다르게 작은아이는 그저 교과 공부만 했다. 진도를 빠르게 나가지 못했고 그저 시험 일정에만 맞췄다. 대회 같은 건 신경도 쓰지 않았다. 그래도 수능에서는 과학탐구 두 과목 모두 1등급을 받았다.

무조건 큰아이의 방법대로 몰아붙였다면 절대 이런 결과를 얻지 못했을 것이다. 오히려 공부를 싫어하게 되지 않았을까? 국어를 제외하고 작은아이의 수능 성적은 큰아이와 별반 차이가 없었다. 수학은 비슷하고 과학은 오히려 더 좋은 점수를 받았다.

수능과 입시까지는 아이에게 맞는 방법으로 꾸준히 하면 원하는 결과를 얻을 수 있다. 아이의 속도에 맞춰서 한 걸음 한 걸음 나란히 걸어가다 보면 어느덧 아이가 알아서 먼저 가게 된다. 그때는 뒤에서 바라보며 따라가도 좋다. 다른 길로 접어들지는 않는지, 위험 요소는 없는지 확인하면서 아이가 지치지 않도록 응원하면 된다. 결국 아이가 선택하는 길이 맞다는 것을 아이 스스로 입증해 낼 수 있도록 도울 수 있다면 팬클럽 회장인 엄마의 역할은 충분할 것이다.

제1장　수없이 흔들리고 무너질 엄마들에게

제2장 명문대 보내는 집공부 시작하기

제3장 초중고 다 통하는 기본 학습 전략

제4장 초중고 시기별 공부 전략

제5장 최상위권 되는 과목별 공부 로드맵

제1장

수없이 흔들리고
무너질 엄마들에게

결과를 바꿀 수 있는 건
노력뿐이다

엄마들과 아이 공부 이야기를 하다 보면 부모의 유전자나 타고난 두뇌와 연관 짓는 경우가 많다. 특히 아이가 원하는 만큼 안(못) 따라올 때 핑계처럼 그 탓을 하게 된다. 물론 아이의 역량이 부모의 유전자와 무관하지 않을 거라고 생각한다. 게다가 아이마다 타고난 능력의 최대치가 다를 수밖에 없다. 그렇다고 새로 태어날 수도 없고… 아무리 한탄해 봐야 달라지는 건 없는데 바꿀 수 없는 유전자를 탓한들 무슨 소용이겠는가.

나는 '결과 = 유전자 + 노력'이라고 생각한다. 결과는 유전자와 노력 모두의 영향을 받으니 결과를 바꾸려면 엄마가 변화를 줄 수 있는 노력에 집중해야 한다. 어떻게 해야 아이가 더 노력할 수 있을까? 여기에만 집중해야 한다. 아이가 스스로 공부 잠재력을 끌어낼 수 있도록 돕는 데만 신경 쓰면 된다. 그게 우리 아이 '일타 코치'의 역할이다.

타고난 능력이 '8'인 아이가 열심히 노력해서 '8'의 결과를 낼 수도 있고 '10'의 능력을 타고났지만 노력을 게을리해 '5'밖에 결과를 내지 못하는 경우도 있다. 이때 엄마가 옆에서 도와주면 아이가 잠재력을 최대치로 끌어낼 수 있다고 나는 확신한다. 타고난 능력이 '8'인 내 아이가 노력하지 않아서, 엄마가 유전자 탓만 하며 제대로 도와주지 않아서 '4'만큼도 능력을 발휘하지 못해 형편없는 결과를 낸다면 어떻겠는가? 상상도 하기 싫은 일이다.

결과가 좋을 때도 '머리가 좋다', '똑똑해서 잘한다'라는 말 대신 노력해서 잘했다고 말해야 한다. 그러면 결과가 안 좋을 때도 아이는 머리를 탓하기보다는 '내가 노력을 덜 했구나'라고 생각할 것이다. 만족스럽지 않은 결과의 원인을 머리가 아니라 '노력 부족'에서 찾아야 한다. 그래야 다음에 더 노력하면서 계속 성장할 수 있다. 아이가 이런 생각을 스스로 할 수 있도록 엄마부터 뼈에 새겨야 한다. 그래야 결과가 바뀐다. 노력보다 더 좋은 공부법을 나는 알지 못한다.

재테크 잘하는 사람들을 보면 공통된 특징이 있다. 소소한 수익률 1~2퍼센트에 연연해 이리저리 흔들리지 않고 전체적인 볼륨을 키운다는 거다. 좋은 물건에 꾸준히 투자해 총량을 늘려 가면서 장기적으로 유지하는 데 집중하는 것이다. 공부도 마찬가지다. 대단한 공부법이란 없다. 지름길도 따로 없다. 특별한 방법을 찾기보다는 전체 공부량을 늘리는 게 훨씬 중요하고 확실한 방법이다.

당연한 얘기지만 공부를 잘하려면 노력을 많이 해야 한다. 그런데 여기서 '많다'의 기준이 사람마다 달라서 결과가 달라진다. 우리 아이들은 수학 모의고사에서 1~2등급이 나왔다. 개념서만 두세 번, 유형서를 두 번 이상 그리고 현행 때는 다시 개념, 유형, 준심화, 심화 교재를 여러 권 풀었다. 처음 배울 때 교재를 여러 권 푸는 것을 당연하게 생각했다.

의심하지 않고 매 과정을 반복하면 결국 잘 풀게 된다. 우리 아이들뿐만 아니라 유튜브 〈소린TV〉의 서울대 공부법에서도 수학 내신 공부할 때 아무리 범위가 좁아도 약 20회독을 하더라. 머리가 좋아서 공부를 잘한다는 생각이 들지 않는 공부량이다.

문제집 한 번 풀고 틀린 문제는 두세 번 풀어서 수학을 잘하게 된다면 그 많은 학생이 수많은 시간을 들여 노력하겠는가? 초등학교 과정은 많이 반복할 필요가 없지만 고등학교 과정을 선행한다면 다회독은 기본이다. 중학교 과정 심화에 목숨 걸기보다 고등학교 과정을 다지고 심화하는 게 더 중요하다고 생각하지만, 중학교에서도 《블랙라벨》과 《에이급》 심화서까지 서너 차례 회독하는 아이들도 있다. 뛰어난 아이들인데도 차원이 다르게 많이 공부하는 경우다. 그런 아이들은 문제 유형만 보고도 어느 문제집 변형인지 바로 알아본다.

그만큼 노력을 많이 한다는 것이다. 공부 시간을 계산해 봐도 영재특목반, 의대반이 되면 평일 하루에 수학만 네다섯 시간 공부한다. 주말이나 방학에는 쉬지 않고 텐투텐 공부한다는 사실을 이미 알고 있을 것이다. 고등학생이 되면 학군지가 아니어도 어디나 최상위권은 그 이상 공부한다. 속속들이 다 얘기를 안 할 뿐이다.

한두 번 문제 풀면서 열심히 하는 친구들을 따라잡기는 불가능하다. 평범한 아이가 문제집 몇 차례 풀어서 어떻게 최상위권 아이를 따라갈 수 있겠는가? 그러니 문제집 조금 풀어 보고 아이가 공부를 못한다거나 머리가 나쁘다는 생각은 모두 버리길 바란다. 공부든 다른 무엇이든 노력한 만큼 결과가 나온다. 실력을 올리는 가장 쉬운 방법은 '양 늘리기'라는 사실을 절대 잊으면 안 된다. 공부는 안 해서 못하는 거다. 많이 하면 다 된다.

과정을 중시해야
아이가 계속 노력한다

"도대체 어떻게 한 거야? 학원도 거의 안 보냈다면서…."

아이들 덕분에 참 많은 질문을 받는다. 그중에서 농담처럼 제일 많이 받는 질문은 아이들에게 무얼 해줬기에 사교육 없이 명문대에 보냈냐는 것이다. 아이들이 열심히 공부한 덕분이지만 내가 뭐라도 한 게 있을까 곰곰이 생각해 보면 가장 먼저 떠오르는 한 가지가 있다. 어떤 상황에서도 결과보다 과정을 중요하게 여겼다는 점이다.

몇 년 전 텔레비전에서 '실패를 이기는 힘'에 대해 다룬 다큐멘터리를 보았다. 아이들에게 퍼즐 맞추기 실험을 한 내용이었는데, 내 양육 원칙의 기본으로 삼았을 정도로 인상적이었다. 지금도 나는 마음이 해

이해질 때면 그 내용을 다시 떠올리곤 한다.

실험 초기에는 모든 아이가 풀 수 있는 쉬운 난이도의 퍼즐을 맞추게 하고 두 그룹으로 나눠 다른 피드백을 주었다. A그룹은 아이가 맞춘 퍼즐의 결과를 보면서 칭찬한다. "다 맞추다니, 참 대단하다. 머리가 좋아서 이렇게 다 맞췄구나! 똑똑해서 이런 것도 잘 맞추고 대단하네." 반면 B그룹은 퍼즐을 맞추는 과정을 칭찬했다. "열심히 하는 모습이 대단하더라. 최선을 다해서 퍼즐을 맞추는 모습이 정말 멋졌어!" 퍼즐의 결과보다 완성하는 과정을 칭찬한 것이다.

이후 두 그룹에게 다음에 맞출 퍼즐을 스스로 고르게 했는데 어떤 결과가 나왔을까? 나는 두 그룹의 선택이 충격적이었다. 결과에 대해 칭찬을 받은 A그룹은 대부분 쉬운 퍼즐을 골랐다. 아이들은 인터뷰에서 이렇게 대답했다. "잘할 수 있는 것으로 골랐어요. 어려운 것도 해보고 싶었지만 다 못 맞출까 봐 걱정이 돼서요. 퍼즐을 잘 맞추지 못하면 똑똑한 사람이 아닌 게 되잖아요." 반면 과정을 칭찬받은 B그룹은 상당수 아이가 어려운 퍼즐을 골랐다. "어려워 보였지만 더 재미있을 것 같은 퍼즐로 골랐어요. 잘하지 못하더라도 열심히만 하면 칭찬을 받으니까 어려운 것도 해보려고요." 어려운 문제에도 도전하려는 동기가 만들어지는 과정을 그대로 본 것 같았다. 놀랍지 않은가? 나는 처음 이 장면을 봤을 때 소름이 돋았다.

아이가 쉬운 것만 공부하게 될지 어려운 문제에도 도전해 볼지는 평소 부모의 생각과 말에 크게 좌우된다. 특히 저학년 때는 아이가 엄마의 말을 스펀지처럼 받아들이므로 엄마가 어떤 말을 하느냐에 따라 아이의 성장에 큰 영향을 줄 수 있다.

수학을 예로 들어 보자. 개념이나 유형 문제를 풀 때 아이의 채점 결과를 보고 "몇 개 틀리지 않고 잘 풀었네, 잘했어!", "이번에는 정답률이 좋네!", "머리가 좋아서 수학을 잘하는군!" 이렇게 결과 위주로 말하기 쉽다. 그런데 결과에 대한 칭찬만 듣고 자란 아이는 한 교재가 끝나고 더 어려운 교재를 고를 때 난관에 부딪힐 수 있다. 어쩔 수 없이 다음 교재를 풀긴 하겠지만 심리적으로 부담을 안고 시작하게 된다. 실제로 심화 교재의 오답률이 높으면 아이는 '내가 머리가 나쁜가?' 혼자 고민을 하기도 한다.

결과가 무조건 좋아야 한다면 공부하는 시간 자체가 괴롭고 실력도 나아지지 않는다. 이런 경우 성장이 멈추는 악순환의 첫 고리가 될 수 있다. 물론 막힘없이 문제를 잘 푼다면 자신감을 얻을 수도 있다. 하지만 어떻게 매번 잘 풀 수 있겠나? 누구든 실패 한 번 없이 어른이 될 수 없듯 아이들은 자라면서 넘기 어려운 벽에 부딪히기 마련인데, 그때 과정을 중시하며 자란 친구들보다 충격이 훨씬 클 것이다. 자존감에 큰 상처를 입을 수도 있고 중요한 시기에 실패나 좌절을 극복하지 못하면 도전할 용기마저 잃는 안타까운 상황을 맞을지도 모른다.

수학은 문제를 고민하고 해결 방법을 다양하게 생각하면서 실력이 성장하는 과목이다. 쉬운 문제, 금방 해결할 만한 문제만 풀어서는 성장할 기회 자체를 놓치게 된다. 어려운 수학 문제를 풀 때 정답에 상관없이 "정말 열심히 풀었구나!", "어려운 문제도 최선을 다해서 푸는 모습이 정말 멋있어!", "틀리긴 했지만 네가 얼마나 열심히 노력했는지 잘 알아, 잘했어!"라고 격려하면서 아이가 어려운 문제에 도전하도록 이끌어 줘야 한다. 문제를 맞혀도 "머리가 좋구나!", "똑똑해서 잘 푸는 거야!"라는 말보다 노력한 덕분이라고 과정을 칭찬하면 아이가 결과를 덜 신경 쓰며 공부하게 되고 더 어려운 문제에도 기꺼이 도전할 수 있게 된다. 수학뿐 아니라 새로운 것을 익히는 모든 과정이 같다. 어휘를 익힐 때, 과학 문제를 풀 때, 악기를 배울 때 등 모든 배움의 시간에 동일하게 적용된다.

방법은 간단하지만 실천하기는 쉽지 않을 수 있다. 이런 말을 자연스럽게 계속 하려면 결과보다 노력하는 과정이 중요하다고 엄마의 생각을 먼저 바꿔야 한다. 분명히 아이도 달라질 것이다. 잊지 말고 딱 한 달만 해보자.

나는 과정을 중시하는 나의 말과 태도가 우리 아이들에게 영향을 미쳤다고 생각한다. 아이들은 어려운 교재도 두려움 없이 선택했고, 문제를 틀려도 당당하게 다시 책상에 앉았다. 결과보다 과정을 중시해야 노력을 계속하게 되고, 노력을 해야 결과가 바뀐다. 결국 과정을 중요하게 생각하는 것이 결과를 바꾸는 방법이다.

스마트폰 전쟁을 끝내야
내 아이가 돌아온다

요즘 엄마들의 가장 큰 고민은 누가 뭐라고 해도 스마트폰일 것이다. 태블릿과 노트북, 데스크톱 컴퓨터까지 아이에게 방해만 된다면 속 시원하게 치워 버리면 그만이다. 하지만 앞으로 아이들이 살아갈 미래에는 없어서는 안 될 것들이고, 전자기기들을 잘 다루고 활용하는 능력은 필수다. 확실히 쉽지 않은 난제 중의 난제다!

우리 집은 작은아이 컴퓨터와 큰아이 태블릿을 부숴 봤다. 낡아서 교체할 시기에 이른바 '쇼'를 한 측면도 있지만 어느 집이나 현실은 별반 다르지 않을 것이다. 코로나로 학교 수업이 비대면으로 이루어질 때 작은아이가 중3이었다. 태블릿, 컴퓨터와 그야말로 한 몸이 되면서 본격적인 트러블이 시작되었다. 태블릿이나 스마트폰으로 유튜브 보고 컴퓨터로 게임하는 아이를 보면서 참 많이 우울했다. 공부만 안 하는 게 아니라 생활 리듬이 깨졌기 때문이다. 스마트폰 트러블은 아이의 공부는 물론 전반적인 우리 관계의 트러블을 의미했다. 슬프다기보다 두려웠고 어떤 때는 공포였다. 끝이 보이지 않는 터널에 갇힌 기분이었다.

아무리 착하고 공부 욕심이 많아도 스마트폰은 사용하면 할수록 더 하고 싶게 만든다. 게임과 유튜브의 재미를 알아 버렸는데 참기가 쉽겠나. 사람의 의지력은 그리 대단하지 않다. 어른도 어려운데 아이들은 얼마나 힘들겠나. 공부는 지루하지, 게임은 너무 재미있지. 저학년에는 엄마가 관리하며 아이의 성장을 위해서 스마트폰과의 전쟁은 피할 수 없다.

하지만 고학년이 되면 상황이 달라진다. 입시로 힘들고 스트레스 받는 아이와 매번 스마트폰을 두고 싸울 수는 없다. 학교에서 자습이 끝나거나 학원에 다녀오면 밤 11시가 훌쩍 넘기 때문에 온종일 받은 스트레스를 풀 수 있도록 아이와 좋은 이야기만 나누려고 노력하게 된다.

그래서 만든 규칙이 '밤 12시가 되면 전자기기를 모두 방에서 꺼내 놓기'였다. 12시 전에는 방에서 뭘 하든 터치하지 않기로 했다. 스마트폰이나 컴퓨터가 문제가 되는 것은 밤늦게까지 사용하다가 아침에 못 일어나고, 학교 가서 졸다가 수업 못 듣고, 결국 내신을 망치는 악순환이 반복되기 때문이다. 태블릿을 방에서 꺼내 놓고 자면 다음 날 좋은 컨디션으로 공부를 더 많이 할 수 있었고, 어쩌다 태블릿을 보느라 늦게 자면 다음 날은 오전을 다 망치기 일쑤였다. 이 규칙만 지켜도 학교 수업을 잘 들을 수 있다. 아이가 고학년이라면 이 정도라도 관리해 보기 바란다.

중학교 고학년이나 고등학생이 되면 스마트폰이나 컴퓨터 문제로 아이와 되도록 싸우지 않는 게 좋다. 어차피 완벽하게 통제되지도 않는다. 아이가 학교나 학원 또는 스터디카페에 가느라 집에 있는 시간이 많지 않으니 스마트폰을 엄마가 관리해 봐야 큰 의미도 없다. 아이와 다툴 때도 개선될 여지가 있고 목표에 도움이 되어야 의미가 있지 않겠나. 엄마 눈앞에서 잠깐 안 한다고 밖에 나가서도 안 한다는 보장이 없다. 어차피 할 아이라면 언제라도 엄마 눈을 피해서 한다. 학업 스트레스를 풀기 위해 게임을 하는 극상위권도 상당히 많다. 물론 권장하라는 말은 아니다. 눈치는 충분히 주고 조금만 하도록 강력히 권하되, 가능한 한 스마트폰 이야기로 얼굴을 붉히지는 말자는 것이다. 욱해서 스마트폰 부숴 봐야 아이에게 큰 상처가 되니 꾹 참길 바란다.

큰아이가 고1 때 있었던 일이다. 공부해야 할 시간에 태블릿으로 딴 짓하던 아이와 다투던 중 남편이 태블릿을 부쉈다. 평소 웬만한 일에는 화를 안 내던 남편이 '홈런'을 친 거다. 아이 얼굴은 붉다 못해 진한 벽돌색으로 변했다. 곧 터져 버릴 것 같았다. 사실 남편이 화가 나서 일부러 부순 건 아니었다. 태블릿을 소파에 올려 둔다는 게 소파 모서리에 부딪혀서 깨진 것이다. 일이 안 되려면 꼭 이렇게 꼬인다.

한동안 집안 분위기가 그야말로 엉망이었다. 아이들은 기억을 선택적으로 하는 건지 그때 일은 한동안 입에 올리기도 싫어했다. 어쩌다 그 이야기가 나오면 첫마디가 "아빠가 그때 제 태블릿 부쉈잖아요."였다. 왜 그렇게 됐는지 전후 이야기는 없고 아이 머릿속에는 그저 결과만 강하게 남은 것이다.

태블릿을 다시 살 때까지 아이가 인터넷 강의도 못 보고, 조별 활동으로 급하게 카톡을 확인해야 했는데 볼 수가 없어서 여기저기 물어 가며 아주 곤욕을 치렀다. 경제적인 출혈도 아까웠고 이래저래 손해였다. 그렇게 부주의로 살짝 깨져도 아이에겐 큰 충격인데, 아이 앞에서 망치라도 들고 부쉈다면 큰아이 성격상 한 달은 공부를 놓지 않았을까. 우리 집 같은 실수를 하지 않길 바란다.

우리의 목표는 아이가 공부를 더 하게 하는 것인데 게임 이야기로 기분이 상하면 사이만 벌어지고 공부도 더 안 한다. 아이가 어떤 점을 힘들어하는지 들어 주며 아이 편이 될 때 아이도 솔직하게 마음을 이야기하고 공부도 더 열심히 한다. 아이가 힘들 때 엄마에게 상담할 수 있다면 그것만큼 좋은 일이 있을까.

작은아이는 정시 수능 공부할 때도 스마트폰 게임을 간간이 하곤 했다. 스마트폰을 왜 그렇게 많이 하느냐고 다투기 시작하면 그날은 대꾸도 없고 오히려 보란 듯이 더 하는 듯했다. 그런 아이를 보고 있으면 화병이 나서 죽을 지경이었다. 작은아이가 속 썩일 때마다 큰아이에게 묻곤 했는데 그때도 내가 한참 투덜거리니 웃으며 이렇게 말했다.

"엄마, 다 소용없어요. 조금 하고 공부할 건데 엄마가 괜히 뭐라고 하면 공부 더 안 해요. 어차피 알아서 할 거예요."

큰아이 충고를 듣고 나는 눈을 질끈 감고 최대한 게임 이야기는 하지 않으려고 노력했다. 아이가 정작 해야 할 공부 이야기를 하기 위해 이를 꽉 물었던 날이 많다. 내 마음이 통했는지 고등학교 3년 내내 작은아이와 사이도 나쁘지 않았고 수능 직전 입시 마지막까지 이야기를 많이 나누었다. 필요한 교재를 사달라는 말도 자주 했고, 공부 과정을 상의도 하고, 공부가 어떻게 돼 가는지 묻지 않아도 잘 이야기해 주었다. 나그네의 겉옷을 벗기는 것은 거센 바람이 아니라 따스한 햇살이라는 것을 다시 한번 되새기는 기회였다. 나는 지금 아이에게 바람인지 햇살인지, 잘 생각해 보자.

입시가 끝나고 성인이 되면 관계만 남는다. 학창 시절은 물론 공부에 중요한 시기지만 부모 자식 관계에도 매우 중요한 시기다. 아이가 어릴 때는 상한 마음을 풀어 주기도 쉽다. 치킨이나 피자로도 마음이 녹는다. 하지만 고등학교 이후에는 노력하지 않으면 관계가 좋아지기 어렵다. 성인이 되면 더욱 어려울 것이고.

나도 고백하자면 성인이 된 아이에게 사과를 많이 했다. 그때 참 미안했다고. 그러니 공부만 생각해서 아이와 합의도 없이 막무가내로 스마트폰이나 태블릿을 엄마 마음대로 해서는 안 된다. 아이와 이야기를 많이 하고 충분히 합의가 되었을 때 무엇이든 가능해지는 것 같다. 다시 말하지만 권장하라는 건 절대 아니고, 공부를 위해서라도 스마트폰이나 컴퓨터 문제로 너무 싸우지는 말라는 이야기다.

그리고 반성은 하되 괴로워하거나 자책하지 않길 바란다. 나는 아이와 사이좋으면서 스마트폰 관리를 완벽하게 했다는 사람은 한 번도 못 봤다. 큰아이(2020년 대학교 입학) 이전 시기에는 가끔 봤지만 그때는 스마트폰 사용이 지금보다 훨씬 적었고 스마트폰으로 수업하지 않을 때라 가능했다고 생각한다. 최근에는 "스마트폰 때문에 정말 미치겠다."는 사람만 본 것 같다. 이런저런 방법론을 말씀하시는 분들도 그저 이론일 뿐, 본인들 자식은 어떻게 해서 성공했는지는 모르는 거다. 그리고 아이가 스마트폰을 손에서 놓지 못하는 건 우리 책임만은 아니다. 초단위로 바뀌는 시대에 프로그램도 배워야 하고 각종 전자기기도 잘 다뤄야 시간을 절약할 수 있다. 이 과도기에 최대한 관계를 망치지 않으면서 더 공부할 이유를 찾고 노력하도록 도와 보자.

tip

저학년까지 전자기기 이렇게 관리해 보세요

1. 최대한 기기 사용을 늦추자

시작 시기를 가능한 한 미뤄 보자. 아이가 원하지도 않는데 기죽을까 봐 미리 사주는 우를 범하지 않길 바란다. 두세 살부터 유튜브를 보고 자란 세대는 얼마나 관리가 어려울까. 유아기부터 스마트폰을 보고 자랐는데 어느 날 줄이고 끊기가 얼마나 힘들겠나. 유아기에 스마트폰을 자주 봤더라도 초등학교 저학년 때는 친구 또는 가족과 몸으로 노는 시간을 늘려서 스마트폰 사용량을 줄이자. 세상에 스마트폰 말고도 재미있는 게 많다는 걸 알려 줘야 한다. 물론 뼈를 깎는 노력이 필요할 것이다.

2. 사줄 때 처음이 중요하다

시대가 바뀌어서 스마트폰이나 태블릿을 무조건 못 쓰게 하는 데는 무리가 있다. 학교 과제도 컴퓨터로 해야 하고 조별 활동을 위해 카톡도 써야 한다. 프로그램도 다룰 줄 알아야 한다. 그러니 언젠가 사줘야 한다면 단단히 마음먹길 바란다. 스마트폰 관리는 처음 시작이 가장 중요하다. 하루에 몇 시간이나 사용할지, 어떻게 쓸지, 무엇까지 가능한지, 관리 앱을 사용할지 말지… 뭐든 처음에 단단히 준비하고 약속한 다음에 사줘야 한다. 시작할 때 이런 규칙을 정하지 않았다가 나중에 관리하려면 100배 힘들다. 뒷목 잡고 쓰러지기 전에 예방이 중요하다.

3. 예외 없이 규칙을 지키자

규칙을 어겼을 때는 엄격하게 해야 한다. 어긴 것에 대한 패널티가 분명히 있어야 한다. 공부 습관 잡을 때 어떤 규칙도 마찬가지지만 특히 스마트폰 사용은 더욱더 그렇다. 약속한 사용 시간이 끝나고 안쓰러운 마음에 더 사용하게 해줄 거라면 애초에 사용 시간을 길게 잡는 등 명확한 규칙을 세워야 한다. 규칙이 터무니없으면 아이가 지키지 않으려고 하기 때문에 지킬 수 있는 규칙을 세우고 아이와도 꼭 합의를 하자. 일주일에 하루 이틀은 조금 여유를 주는 게 좋다. 우리 아이들은 주말에 더 할 수 있도록 규칙으로 정해 놓은 덕분에 주중에 잘 참을 수 있었다.

시험에 좌절한 아이를 다시 책상에 앉게 하는 건 결국 엄마다

초등학교 저학년 때는 시험 결과가 좋지 않아도 쉽게 극복한다. 타격을 줄 만큼 중요한 시험도 거의 없고, 타격을 받았더라도 다시 책상에 앉히기가 그리 어렵지 않다. 대부분의 초등학교 공부는 게임 레벨 업 하듯이 내가 공부한 만큼 성장하는 게 바로 보이는 편이니 한 단계씩 향상되는 실력을 보면 공부할 의지도 금방 살아난다. 또 부모의 사랑과 격려가 그대로 스펀지처럼 스며드는 시기이기도 하다. 지적 호기심, 효능감, 부모의 격려 모두 공부의 동기가 되고 멘탈 관리가 된다.

그런데 초등학교 고학년이나 중·고등학교 시기는 조금 다르다. 쉽게 극복하지 못하고 오래 힘들어하는 경우가 있다. 특히 문제가 되는 것은 무력감에 빠졌을 때다. 위로를 받고 일정 기간 휴식을 취한 후 훌훌 털고 일어나서 다시 공부해야 하는데 웬만큼 기다려도 시작하지 못하는 경우 말이다. 한 번 실패를 해봤으니 다음엔 안 그래야지 하면서 더 열심히 공부하면 좋겠는데 이전과 비슷한 패턴으로 스마트폰만 보면서 널브러져 있으면 지켜보는 부모도 힘들다.

아이들이 공부를 다시 시작하지 못하는 데는 이유가 있다. '내가 공부를 한다고 실력이 늘까?', '등급을 올릴 수 있을까?' 하는 의문 때문에 마음을 잡지 못하는 경우가 많다. 특히 본인 생각에 열심히 했는데도 성적이 잘 안 나왔다면 더더욱 다시 시작하기 힘들어한다. 오히려 공부를 안 했다면 '내가 왜 그랬을까? 앞으로 열심히 해야지!'라고 결심을 하는데, 열심히 했는데도 결과가 안 좋다면 시험에 대한 두려움이 생긴다. 이런 경험을 중·고등학교 특히 고등학교에서 많이 겪게 되니 나는 반농담으로 "정기적으로 좌절할 일이 생긴다."라고 말하곤 했다.

중학교 때까지 절대평가를 받다가 처음 접하는 상대평가에서는 등급의 압박이 상당하다. 열심히 해도 극복하기 어려울 것 같은 두려움에 잠식돼 버리면 훌훌 털고 일어나 다시 시작하기 힘들다. 아무리 해도 성적이 안 오르는 공부를 누가 열심히 하고 싶겠나. 실력은 1차 함수처럼 공부에 비례해서 성장하지 않고 계단식으로 오른다. 아이들도 그걸 알지만 얼마나 더 해야 다음 계단을 오르게 될지, 과연 다음 계단으로 올라갈 수 있을지 생각을 하다 보면 무기력에 빠지게 된다.

이때 엄마의 역할이 중요하다. 공부는 열심히 하는데 성과가 없는 시간은 누구에게나 있다. 그 시간을 어떻게 버티고 다음으로 넘어가는지에 따라 아이는 달라진다.

"너는 한 단의 깊이가 넓은 계단을 올라가는 중이야. 이 단 끝까지 충분히 걸어야 다음 단이 보이는데 이제 거의 다 온 것 같아. 너의 노력은 어디 가지 않고 차곡차곡 쌓이고 있어."

나는 아이 옆에서 이렇게 이야기를 해주면서 한 단 오를 때까지 잘 참아 보자고 격려했다. 에너지가 쌓이면 분명히 올라간다고 아이들에게 확신을 줘야 한다. 나는 그걸 굳게 믿기 때문에 늘 확신에 차서 말했다. 누구라도 마찬가지라고, 충분히 하면 예외 없이 올라간다고 말이다. 부담을 줄여 주는 말이나 마음을 위로하는 토닥임 등 다양한 방법으로 아이를 다독일 수 있지만, 노력하면 성장한다는 기본 마인드가 깊숙이 뿌리내리도록 하는 것이 가장 중요하다. 그래야 어떤 어려움에도 흔들리지 않고 다시 일어날 수 있다.

한번은 큰아이가 나에게 고민을 털어놓았다.

"엄마, 다른 과목은 하면 될 거 같은데 국어는 아무리 열심히 해도 성적이 안 오를 것 같아요. 정말 열심히 하면 실력이 성장할까요?"

나는 이렇게 대답했다.

"너는 계단의 맨 앞에서 이제 출발한 거야. 어릴 때부터 많이 해왔다면 조금만 더 하면 바로 다음 단으로 올라가겠지만, 네가 수학이나 영어 공부하느라 덜 한 만큼 더 열심히 쌓고 쌓아야 다음 단을 오를 수 있어."

이번에 많이 했으면 혹시 바로 결과가 나오지 않더라도 실력이 많이 쌓였을 테니까 다음 시험 그다음 시험에 빛을 보게 될 거라고, 그래서 지금 열심히 해야 하는 거라고 다독였다.

큰아이가 시험을 망친 날에도 "짧은 기간 공부하고 너무 기대가 컸네."라고 말해 주었다. 시험 기간에 바짝 열심히 해서 성적이 오르길 기대하는 것 자체가 염치없는 거라고, 오랜 시간 열심히 해온 친구가 많은 모양이라고 말이다. 우리 아이가 공부를 안 한 건 아니지만 더 잘하는 친구들은 분명 더 많이 열심히 한 사실을 알려 줘야 했다. 그리고 "네가 열심히 했으면 실패한 게 아니라 다음으로 올라갈 에너지를 쌓은 것이니 그 자체로도 큰 성과야."라고 말해 주었다. 내가 자주 하는 이야기라 아이가 얼마나 진심으로 들었는지는 모르겠지만 말이다.

인간의 뇌에는 '거울 신경세포'가 있어서 상대방의 행동과 기분을 어느 정도 공감하고 따라 할 수 있게끔 설정되어 있다고 한다. 아는 사람이 하품하면 나도 따라서 하품하는 이유다. 하지만 이 세포는 선택적으로 반응해서 공감대를 형성한 사람일수록 더 잘 반응한다. 모르는 사람이 하품하면 따라 하지 않는 이유다.

부모가 하는 말과 행동을 아이가 잘 보고 듣지 않는다고 생각하겠지만 우리가 같은 믿음을 일관되게 말하고 들려주면 아이들은 그렇게 성장할 것이다. 노력하면 성장한다는 믿음! 무엇보다 열심히 했지만 실패했다고 생각하는 아이들에게 결코 실패가 아니라고 이야기해 주자.

비단 아이들뿐 아니라 엄마들도 마찬가지다. 육아나 다른 일에서도 노력하면 성장한다는 건 예외가 없다. 나 자신도 바꾸기 힘든데 아이들을 바꾼다는 게 결코 쉽지 않다. 당연히 힘이 든다. 그저 꾸준히 노력하는 사람들의 결과를 믿고 아이에게 이야기해 주면 된다. 일관된 부모의 생각은 효과가 있다. 입시는 장기전이기 때문에 오늘부터라도 실천한다면 꼭 효과를 볼 것이다.

tip

한두 달 벼락치기 해놓고 기대에 부푼 아이, 본인 성적에 실망했다면

아무리 속 썩이던 아이도 사춘기가 지나면서 다시 한번 열심히 공부해 보고 싶어 하는 때가 온다. 시기는 다르지만 한 번쯤은 꼭 온다. 공부 잘하고 싶고 부모님 기쁘게 해드리고 싶은 마음은 똑같다. 그래서 한 달이건 두세 달이건 열심히 공부한다. 중간중간 놀기도 하지만 온 힘을 다해서 공부하는 친구들이 있다. 그렇게 노력한 두세 달을 떠올리며 다음 시험에 많은 기대를 건다. 안 하다가 열심히 했으니 당연히 성적이 오르겠지 기대하는 마음이 생긴다. 그래서 공부한 결과가 나오는 첫 시험이 매우 중요하다. 결과에 따라서 계속 공부할지 바로 포기할지 결정될 수 있다. 이때는 부모의 반응이 중요하다.

예상하다시피, 첫 시험에서 결과가 좋을 확률은 아주 낮다. 두세 달을 미친 듯이 공부했다고 성적이 쑥 오르면 누가 어릴 때부터 열심히 공부를 하겠는가. 성적이 많이 오른다면 축하할 일이고, 조금 올라도 잘한 거다. 더 열심히 한 친구가 많다면 성적이 그대로이거나 오히려 떨어질 수도 있다. 그런데 엄마가 "너 열심히 공부한다고 하더니 나가서 놀았구나! 엄마 속이고 게임만 했지?"라고 말하면, 아이는 더 이상 엄마와 이야기하지 않게 된다. 본인도 괴로운데 엄마까지 기름을 부어 버리면 열불이 터진다. 열심히 공부할 이유가 없어지는 것이다. 성적이 조금 올랐어도 이렇게 말해 줘야 한다. "오~ 잘했네. 다 열심히 하는데 이 정도 올랐으면 정말 대단한 거야!"

칭찬하면서 무심한 듯 과하지 않게. 아이를 기를 때는 연기가 많이 필요한데 이때가 바로 그런 순간이다.

아이가 서운해한다면 멘탈만 살짝 잡아 주자. "너 양심도 없다. 5년, 10년 넘게 열심히 한 애들을 두세 달 공부하고 따라잡으려고 생각했어? 이 정도면 충분해. 엄마는 희망을 봤어. 하면 되네!" 더 길게 말하다가 말 꼬인다. 엄마도 속상하니까. 아이 스스로 실망하지 않도록 해주는 게 가장 중요하다. 노력을 계속할 수 있도록만 해주면 성적은 분명히 오른다.

인생을 살면서 본인이 무언가를 열심히 했는데 생각만큼 결과가 안 나올 때가 얼마나 많겠는가. 당연한 거라고. 이렇게 조금씩 발전하는 거라고. 그리고 꼭 된다는 믿음을 보여 줘야 한다. 최고는 되지 못할지 몰라도 분명히 포기했을 때와는 비교도 안 될 만큼 발전한 자신을 보게 될 거라고 말이다. 인생 뭐 있나. 조금씩 달라지다 보면 그렇게 인생이 바뀌는 거지.

아이가 공부 권태기를 겪어도
엄마는 멈추면 안 된다

아무리 심성이 착하고 공부도 상위권이라고 해도 문제 한 번 없이 어른이 되지는 않는다. 크든 작든 어떤 식으로든 아이가 흐트러질 때가 있는데 그 시기를 어떻게 보내느냐가 중요하다. 길지 않은 학창 시절에는 한해, 한 학기의 방황도 크게 작용한다. 막연히 아이가 돌아오기만 기다리고 있으면 안 된다. 방황하는 시간을 조금이라도 줄이도록 도와주고, 다시 돌아왔을 때 큰 타격 없이 새로 출발할 수 있도록 준비해야 한다. 아무 대책 없이 시간만 보내면 다시 공부 트랙으로 돌아왔을 때 적응하기힘들고 얼마간 해보다가 다시 포기할지도 모른다.

　방황하는 아이를 기다릴 때 내가 맨 처음 한 일은 어처구니없게도

'공부 권유하기'였다. 공부 안 하는 아이를 기다리면서 한 일이 공부 권유하기였다니 '뭐야?'라고 생각하겠지만 가장 중요한 일이다. 아이들은 공부가 힘들어서 그런지, 열심히 해도 어차피 안 될 거라고 생각해서 그런지 공부를 조금 해보다가 포기하는 경우가 많다. 어떤 직업도 공부와 무관한 일이 없는데 권태기를 겪는 동안에는 공부가 덜 중요한 직업을 선택하면 된다는 생각이 드는 모양이다. 하지만 공부 말고 다른 것으로 성공하기란 얼마나 힘든 일인가. 1등, 10등, 100등 모두 나름대로 인정받는 분야가 공부인데 방황할 때는 그렇게 힘들어한다. 그러고는 시간이 지나면 후회한다.

"엄마, 어릴 때 내가 뭘 알았겠어요. 그때 공부 좀 열심히 하라고 말해 주지…."

오히려 엄마를 탓하기도 한다. 아무리 속 썩여도 포기할 수 없는 단 한 사람! 어떻게든 구슬려서 조금이라도 더 공부하게 해야 한다. 할 때까지 충분히 더 해보자.

나는 아이에게 공부를 권유하면서 주요 과목 하나만이라도 공부하자고 설득했다. 아이가 공부 트랙으로 돌아왔을 때 주요 과목 하나라도 되어 있으면 다시 달릴 힘을 얻을 수 있다. 힘들게 다시 시작했는데 하나도 안 되어 있으면 또 포기해 버리기 쉽다. 이건 특별한 아이에게만 해당되는 이야기가 아니다. 열심히 달린 친구들이 저만치 가 있는데 아무리 해도 근처도 못 갈 것 같다면 공부가 되겠는가. 그러니 공부가 하기 싫어도 딱 한 과목은 챙기자고 구슬려 보자.

"딱 한 과목만 하자. 다른 건 안 해도 되니까 이것만 해."

한 과목이라도 되어 있어야 다른 공부도 할 맛이 난다. 그 과목이 수학이나 국어면 좋다. 둘 중 하나라도 꼭 시켜 두길 바란다. 그래야 돌아왔을 때 조금 주춤하더라도 다시 힘차게 달릴 것이다.

작은아이는 2년 조금 넘게 공부를 게을리했다. 그렇게 오랜 시간 공부를 덜 하게 될 거라고는 생각도 못 했다. 처음에는 금방 회복되겠지 하는 기대로 많은 시간을 다투며 보냈다. 하지만 아이는 한 과목도 제대로 하지 않고 시간을 흘려보내고 있었다. 모든 과목을 다 챙기자니 더 힘겹게 느껴진 듯하다. 여기 조금 저기 조금 과목별로 엉성하게 탑을 쌓아 가고 있었다. 나는 결단을 내려야 했다. 이 시간을 어떻게 보내야 후회가 없을까? 어떻게 해둬야 회복이 쉬울까? 고민에 고민을 거듭했다. 지금 생각하면 작은아이 공부 관리는 한 편의 시트콤처럼 느껴진다. 하지만 모두 다 지나고 나서 느끼는 감정이고 그 한가운데 있을 때는 정말 두렵고 괴로웠다. 내신은 이미 안드로메다로 날아갔는데 뭘 어떻게 해야 한단 말인가?

다행인 건 작은아이는 둘째라는 거다. 큰아이 입시를 치러 보고 주변 친구들 입시 결과를 보니 수학이나 국어만 잘 잡아 두면 정시가 어느 정도 가능했다. 그래서 그나마 공부하라면 하던 과목인 수학이라도 챙기기로 했다. 다른 과목도 하라고 하긴 했지만 전혀 챙기지 않고 나도 더는 묻지 않았다. 하지만 수학만큼은 꼭 확인하려고 했다. 답지를 베껴 가져오든 진도가 느려지든 어떻게든 묻고 챙겼다. 그래서 다행히 수학 모의고사 점수는 많이 떨어지지 않았다. 고2 어느 날 수학 학원을 알아봐 달라면서 다시 공부를 시작했는데 그때도 너무 낮지 않은 반으로 배정되었다. 자존심이 크게 구겨지지 않은 상태로 다시 시작할 수 있었다.

그러니 아이가 공부를 안 하고 방황할 때는 한 과목만이라도 챙기자. 당근과 채찍 모두 동원해서 주요 과목 하나를 챙기는 것이다. 그러면 아이가 트랙으로 돌아왔을 때 조금이라도 수월하게 다시 달려 줄 것이다.

공부 안 하는 아이를 보면서 너무 많이 울지 말고 믿고 기다려 보자. 우리가 노력하는 만큼 아이가 바뀔 것이고 적어도 기억할 것이다. '방황하던 그 시간, 그때 엄마가 옆에 있었지. 그래서 이거 냈어.' 이렇게 회상할 수 있다면 얼마나 다행인가. 후회 없이 해보자. 단언컨대 분명히 끝이 있다. 그날을 기다리며 오늘도 이 악물어 보자.

tip

아이를 기다리는 동안 엄마가 해야 할 일

아이가 언제 돌아올지 모른다. 3개월이 될지 2년이 될지. 한동안 뒤처진 과목들을 빨리 보충하려면 학원이든 교재든 필요한 게 있다. 이때를 위해서 주요 과목 학원이나 교재는 계속 알아봐야 한다. 아이가 다시 공부한다고 할 때 바로 교재를 사주고 필요하다면 학원에 보내야 한다. 나도 작은아이가 "수학 학원 다녀야겠어요."라고 하자마자 바로 학원에 전화하고 레벨 테스트를 보도록 했다. 평소에 알아봐 둔 학원 두 개 중에서 아이가 선택한 곳에 바로 연락한 것이다. 그 학원은 5~6개월 다니고 그만뒀지만 그때 지체하지 않은 덕분에 공부 트랙으로 쉽게 돌아온 것 같다. 학원이든 교재든 준비된 리스트가 있어야 한다. 엄마는 그런 일 하는 거다. 공부는 어차피 아이가 하는 거니까. 다시 달릴 아이를 위해서 준비를 해두자.

엄마가 믿는 만큼 아이도
자신을 믿고 사랑하게 된다

아이를 생각하면 뭔가 불안하고 준비도 덜 된 느낌이다. 사랑하는 우리 아이가 잘됐으면 좋겠고, 잘했으면 좋겠고, 인정받으면서 편하게 잘살면 좋겠는데… 늘 부족해 보인다. 아이 걱정하는 그 마음은 다 같다. 그래서 우리는 어젯밤 그렇게 화를 냈고 오늘 아침에도 잔소리를 한 것이다. 화를 내고 나면 내가 너무 심했나 또 속이 상한다.

아이가 정말 하고 싶은 게 있을 테지만 마냥 보고 있을 수도 없다. 다른 집 아이들은 알아서 열심히 공부도 잘하는 것 같은데 우리 아이는 왜 이렇게 스마트폰에 게임에 빠져 사는지 정말 보고 있기가 힘들다. 혹시나 나이 들어 후회하게 될까 봐 조금이라도 더 잔소리를 하게 된다. 아이가 잘 안 될까 봐 나중에 고생할까 봐 걱정이 된다.

아이에게 필요 이상으로 잔소리를 하고 화내는 진짜 이유는 뭘까? 적정한 훈육 말고 그 이상으로 화를 내는 게 과연 효과가 있을까? 나는 엄마가 아이를 믿지 못해서 과하게 화를 내는 거라고 생각한다. 아이를 믿지 못하니 걱정되고 불안해서 쓸데없이 화를 낼 때도 많다.

나는 아이가 열심히 한다고 하는데도 성적이 저조할 때 속상하긴 했지만 크게 걱정하지는 않았다. 한순간도 공부가 중요하지 않다고 생각한 적이 없지만 공부가 유일한 목표는 아니다. 중요한 목표일 뿐이다. 아이들이 행복하게 독립할 수 있다면 내가 할 일은 다 한 거다. 나는 아이들이 어른이 돼서 힘들고 불행하게 살 거라고는 생각하지 않는다. 어디서든 자신의 일을 하면서 보람을 얻고 적어도 자신의 삶을 사랑하며 열심히 살 거라는 확신이 있다.

힘들어도 이겨 낼 수 있고 잔머리를 굴려서라도 나름 잘 살 것이다. 공부를 잘하면 잘하는 대로, 못하면 못하는 대로, 어디 가서 뭘 해도 잘해 내면서 살 것이다. 결국은 자신에게 맞는 행복을 잘 꾸려 나갈 거라고 굳게 믿는다. 공부를 열심히 할 때는 더욱더 그랬고 열심히 하지 않을 때도 곧 열심히 달려 줄 거라고 생각해서 그랬나 보다. 아이들 입시 결과가 나오기 전부터 늘 했던 생각이다.

설사 아이 성적이 뛰어나지 않더라도 받아들일 수 있었다. 공부가 당장 싫은 건 아이 몫이니 감수하며 살 거라고 생각했다. 우리도 어릴 적에 공부를 원하는 만큼 잘하지 못했다고 해서 지금 삶이 불행하다고 느끼진 않으니까. 현재 불행하다면 아마 다른 이유일 것이다. 힘들긴 해도 우리 모두 주어진 환경에서 최대한 행복을 만들어 가고 있지 않은가. 사실 인생 뭐 있나?

아이들이 대단한 성공은 아니더라도 하고 싶은 일을 하면서 행복하고 기쁘게 살길 바랄 때 엄마가 진짜 해야 할 일은 무엇일까? 나는 아이를 믿고 지지하는 일이라고 생각한다. 믿음은 사랑의 다른 표현이다. 조금 늦게 가고 서툴러도, 공부를 잘하지 못하더라도 우리 아이들이다. 화내고 잔소리만 한다면 아이는 반대로 움직인다. 나이 들어 엄마의 화내는 모습만 기억한다면? 상상하기도 싫다.

믿는다는 건 언젠가 성공한다는 믿음이 아니라 아이가 독립해서 행복하게 잘 살 수 있다는 믿음이다. 어른이 돼서 한 사람의 몫을 하고 사회에 필요한 사람이 되는 것 말이다. 우리는 그저 아이가 조금 더 유리하게 선택할 수 있기를 바랄 뿐이고 도울 수 있을 만큼만 최선을 다해 도우면 되는 거다.

아무리 내 아이라도 어떻게 무작정 믿어 준단 말인가 싶을 수도 있다. 하지만 타당한 이유가 있을 때 믿어 주는 건 학교 선생님이나 이웃 주민같이 남들이 믿는 방법이다. 내 아이를 내가 믿지 않으면 누가 아무 이유 없이 믿어 주겠나? 부모가 그렇게 믿고 나아가 아이도 자신을 믿을 수 있어야 한다. 엄마가 믿는 만큼 아이도 자신을 믿고 사랑하게 된다.

"정말 잘했어. 우리 아들, 우리 딸!"

"네가 바라는 대로 행복하게 잘 살 거야. 네가 원해서 노력하는 대로 될 거야."

아이도 자신이 잘 살아갈 것이라는 확신이 있어야 한다. 그래야 더 노력할 수 있다. 특히 사춘기 아이들은 바로 안다. 엄마가 나를 믿는 다는 것, 나를 지지한다는 것, 말투와 눈빛으로 사랑의 느낌을 고스란히 받는다. 그 믿음만 있어도 아이들은 스스로 움직인다. 책상에 앉는 힘이 되는 것이다. 엄마의 강력한 믿음은 어떤 상황에서도 흔들리지 않는 자 존감의 뿌리가 된다. 아이가 어른이 되고 우리가 늙어서 옆에 없을 때도 그 믿음을 기억하며 우뚝 서 있을 것이다.

tip

엄마가 아이를 믿는다는 것

모소대나무는 중국의 극동 지방에서만 자라는 희귀종으로 4년이 지나도 3센티미터밖에 자라지 못한다. 1년 365일 동안 1센티미터도 크지 않는 것 이다. 만약 농부가 모소대나무의 성장 비밀을 모른다면 기다리지 못하고 뽑아 버릴 것이다. 하지만 길고 지루한 성장의 시간이 지나 5년이 되는 해 부터는 매일 30센티미터씩 자란다. 단 6주 동안 15미터 이상 훌쩍 커서 울 창한 숲을 이룬다. 3센티미터밖에 자라지 못한 4년의 시간 동안 도대체 무슨 일이 있었던 걸까? 그냥 쉬고 있었을까? 그 4년은 지상이 아닌 지하 에서 수백 미터나 뿌리를 뻗는 과정의 시간이다. 4년 동안 뿌리의 기반을 다진 모소대나무는 짧은 시간 훌쩍 자라나 15미터가 넘지만 세찬 바람에도 절대 꺾이지 않는다.

우리 아이들에게도 그런 시기가 있다. 지금도 힘들게 버티고 있는 아이들이 있을 것이다. 늦게 시작했거나 한동안 방황했거나, 열심히 하는데 결과가 바로 나타나지 않을 수도 있다. 하지만 속상해하지 마시라. 당장 결실이 없어도 믿고 기다려 줘야 한다. 지금은 알지 못하겠지만 지나고 보면 조급하고 우울했던 이 시기가 뿌리내리는 시간이었다는 사실을 알게 된다.

단지 공부 이야기만이 아니다. 어른이 되면 세찬 바람을 맞을 일이 더 많다. 인생을 살다 보면 얼마나 힘든 일이 많은가. 실수할 수 있고, 실패할 수 있고, 아플 수도 있다. 그야말로 다양한 종류의 바람이 분다. 그럴 때 굳건히 서 있기 위해서는 뿌리를 깊이 내려야 하는데 지금 우리가 아이에게 해주는 격려의 말, 믿어 주는 행동 하나하나가 아이를 버티게 하는 단단한 뿌리가 되어 줄 것이다. 특히 사춘기라면 뼛속까지 기억하는 순간들이 있다. 이때 부모가 강하게 믿는 아이라면 어떤 비바람에도 쉬 흔들리거나 뽑혀 나가지 않을 것이다. 아이를 흔들고 괴롭히는 어떤 환경에서도 아이가 버틸 힘은 결국 부모가 주는 사랑과 믿음에서 오는 것 아닐까? 최대한 깊게 뿌리내리도록 응원하면서 쑥쑥 자랄 그날을 기대해 보자.

엄마의 화법이 까칠한
사춘기 아이를 움직인다

가끔 나를 온화한 엄마로 오해하는 분들이 있다. 나는 약간 다혈질에 한 성격 하고 아이들에게도 '잘한다', '착하다' 등 듣기 좋은 말만큼 공부 잔소리도 제대로 하는 스타일이다. 그래서 아이들과 트러블이 상당했다. 아이들에게 매우 자주 공부 이야기를 했는데, 어떤 때는 돌려 말하기도 했지만 대부분 큰 소리로 고민도 없이 직설 화법을 날렸다.

"공부 열심히 하자!"

"이제 공부할 시간이지?"

"지금이 얼마나 중요한 시기니."

"도대체 왜 그렇게 공부를 안 하는 거야?"

오늘도 말했고, 어제도 말했고, 그제도 말했고…. 이렇게 시작하는 대화는 아이들 귀에 하나도 들어가지 않는다. 아무리 좋은 말도 반복하면 듣는 둥 마는 둥 귓등으로 흘리게 마련이다. 반복되는 공부 이야기가 얼마나 싫을까? 어차피 소용없고 같이 있기 싫은 사람만 된다. 특히 중·고등학교 사춘기 때에는 최대한 공부 이야기를 줄였다.

공부 이야기를 아예 안 할 수는 없다. 기본적인 방향이나 의사 전달은 해야 한다. 나는 사춘기 아이들과 대화할 때 지키는 나만의 규칙이 있었다. 공부 이야기는 일주일에 한두 번만 몰아서 하는 것이다. 언제, 얼마 동안, 무엇에 대해서 이야기할지 아이들에게 미리 알렸다.

"저녁 먹고 나서 엄마가 할 말 있어. 공부 이야기 할 건데 딱 15분만 대화하자."

하고 싶었던 이야기를 정리해서 준비해 두고 대화를 했다. 그러면 아이도 15분 정도니 참을 만하다. 대화하다 보면 시간이 금방 가니까 집중하도록 서로 마주 보고 진지하게 이야기를 나눠야 한다. 약속한 시간이 되면 바로 멈춰야 하고.

물론 시간을 정해서 이야기하다가 큰 소리로 싸우기도 한다. 하지만 공부 이야기 한다고 미리 언질을 주고 시간도 정해서 하면 훨씬 무난하게 대화가 된다. 엄마 스스로도 시간을 정해서 잔소리를 하라는 거다. 잔소리는 일주일에 20분씩 두 번만 하기로 마음먹고 아이를 지켜 보자. 이것만 제대로 지켜도 훨씬 덜 싸운다.

여기에 더해 극사춘기에만 소소하게 지킨 5가지 규칙이 있었다. 평소에는 이런 소리 저런 소리 해도 아무렇지 않던 아이가 갑자기 엄청 까칠해진다. 다행히 입시가 끝나면 예전의 무난했던 아이로 돌아오니 너무 걱정하지 않아도 된다. 작은아이가 속 썩일 때도 끝이 있다는 걸 알았기 때문에 어렵지 않게 참을 수 있었다. 가정마다 아이마다 민감한 부분이 다르다. 아이에 맞게 규칙을 정해서 지켜 보자. 사춘기도 무난히 지나가고 좋은 기억이 남을 것이다.

• 잠들 때는 되도록 공부 이야기 하지 않기

잠자리에 들 때 공부 이야기를 하면 밤새 잔소리를 한 효과가 난다. 그 기분으로 잠들어서 밤새 지친다. 되도록 즐거운 대화를 하거나 아무 이야기도 하지 않는 게 좋다. 매번 그래서 그랬는지 작은아이는 싸워도 잘 때는 나를 찾았다. 잠들 때마다 "잘 자, 사랑해!" 하고 불을 꺼주곤 했는데 가끔은 "알러뷰 소머치!" 등 재미있게 해보려고도 했다. 발음을 웃기게 하면 더 좋다. 1초라도 웃는다.

• 아이에게 선택권을 많이 주기

공부할 때도 교재나 순서 등을 대부분 스스로 선택하게 하고, 일상생활에서도 직접 선택할 수 있도록 하면 좋다. 말도 명령형보다는 청유형으로 해보자. '밥 먹어'보다는 '밥 먹자'가 낫고 그것보다는 '밥 차려 놨어'가 더 좋다. 빨리 안 나와서 식은 음식을 먹는 것도 본인의 선택이니 굳이 소리 지르며 빨리 나오라고 할 필요도 없다.

- 싫은 소리 하나 하기 전에 좋은 말 10가지 해주기

아이들이 어리다면 이해가 안 되겠지만 사춘기 아이라면 이야기가 달라진다. 사실 이 정도면 '남의 자식이다' 생각하면서 하는 거다. 그래 야 속이 편하다.

- 화나서 싸워도 얼마나 사랑하는지는 구체적으로 말해 주기

"네가 이렇게 화나고 속상하게 해도 어릴 적에 준 기쁨과는 비교도 되지 않아. 그래서 봐주는 거야." 이렇게 솔직하게 말한다. 오글거릴 수 도 있지만 그래도 이런 말을 많이 해줘야 한다.

- 잘못한 건 사과하기

부모가 아무리 잘한다고 해도 사람이라 실수를 하기 마련이다. 실수 를 했을 때는 아이에게 꼭 사과를 하자. 별거 아닌 것 같지만 참 중요하 다. 큰아이는 고등학교 2~3학년에 늦은 사춘기가 왔는데 이런 말을 많 이 했다. "엄마가 그때 그런 말 한 거 잘못하신 것 같아요. 그런데 왜 사 과를 안 하세요? 어른은 사과하면 안 되는 건가요?" 그리고 사과한 후 에는 사과해 줘서 좋았다며 기뻐했다. 잘못한 건 어른도 사과하는 거다.

공부를 봐주며 나의 하루하루가 사라지는 기분이 든다면

집공부를 시키다 보면 매일 같은 시간에 같은 패턴으로 아이를 봐줘야 하니 너무너무 힘들다. 아이가 일주일에 하루 이틀은 학원에 가도 학원 공부 효과를 보려면 엄마가 따로 챙겨야 할 게 있으니 할 일이 끝이 없다. 힘든 거 너무 잘 안다. 나의 30대, 40대 하루하루가 그렇게 사라지는 기분이다. 아이가 둘, 셋이면 몇 배로 힘이 든다. 무엇보다 아이들 어릴 때는 부모도 경제적으로 안정되지 못한 시기니까 이런저런 걱정거리가 많다. 대부분 비슷할 것이다.

고백하자면 나도 너무 힘들어서 중간중간 손을 놓거나 적당히 한 적도 많다. 나는 온유하고 한결같은 사람이 아니다. 힘들 때 화내고 그걸 또 자책하고… 말도 못 한다. 아이들도 내 말을 듣고 순순히 "네, 공부해야죠!" 하는 성격이 아니었다. 자기 주도로 공부시킨 아이들이라 뭐든 자기 주도다. 입시를 끝낸 지금도 순하게 내 말을 듣는 경우가 별로 없다. 지금이야 대학생이 됐고 내 손이 덜 가니까 여유가 생긴 거지 초·중등 때는 답답하고 특히 결과를 모르는 미래에 대한 두려움으로 많이 힘들었다. 수없이 흔들리고 무너지는 순간에도 내가 버틸 수 있었던 이유 몇 가지를 엄마들에게 들려주고 싶다.

다 잘하려고 하지 않기

아이도 잘 키우고, 저녁도 맛있게 해주고, 집도 깨끗하게 치우고… 모든 일을 다 잘하려고 하면 멘탈이 무너지기 쉽다. 세상에 다 잘하는 사람이 어디 있을까. 그런 사람은 드라마나 위인전에나 존재한다.

그냥 인정하자. '나는 살림을 못하는 사람이다.' 적어도 아이들 공부를 봐줘야 하는 시기에는 살림이 중요한 게 아니다. 집이 좀 어지러우면 어떤가. 먼지만 없게 잘 닦으면 되지. 집 안에 물건 조금 널브러진 거 참아야 한다. 몰아서 치우기도 하고. 안전하고 건강하게만 키우면 된다고 생각하자. 배달 음식 가끔 먹는다고 뭐 어떻게 안 된다. 건강한 식사가 중요하지만 엄마 정신건강 챙기는 게 먼저다.

시댁이나 친정 일도 너무 잘하려고 하지 말자. 내가 힘들면 집이 엉망이 되는데 이것저것 과하게 신경 쓰지 말고 힘을 조금 빼라는 말이다. 마음의 여유가 생길 때 또 잘해 드리면 된다. 우리가 아이들 제대로 봐 줄 수 있는 시간은 길어야 10년 정도다. 못 하는 건 못 하겠다고 힘든 건 힘들다고 솔직하게 표현하자. 이것만 지켜도 마음이 한결 편해진다.

콩에 물 주면 콩나물이 되는 진리 믿기

엄마가 하는 일이 겉으로 티는 안 나지만 아이들은 분명히 엄마가 하는 대로 자라고 있다. 콩에 물을 잔뜩 부어 담가 두면 1~2주 뒤에 알아서 콩 나물로 자라 있으면 좋겠지만 그러면 썩는다. 단 하나의 사건으로 아이 에게 기적이 일어나지 않고 매일 하는 작은 일들이 아이를 조금씩 변하 게 하는 것이다. 한동안은 이렇게 해보다가 아닌 것 같으면 조금 바꿔서 해보고 또 바꿔서 다르게 해보고… 엄마가 계속 꾸준히 하면 아이들은 반드시 그만큼 성장한다.

엄마가 조금씩 매일 하는 공부들, 아이의 공부 습관을 잡기 위한 엄 마의 노력들이 아이를 키우고 있다는 것을 잊으면 안 된다. 가끔 시간을 놓치기도 하고 하루를 빼먹어도 그다음 날 다시 아이를 보기 때문에 아 이들이 변한다는 것 꼭 기억하기 바란다. 콩에 물을 주자마자 다 빠져나 가도 그 일을 매일 하면 쑥쑥 콩나물로 자라는 진리를 믿어 보자.

아이와 함께 나도 성장하는 시간임을 기억하기

아이들 입시 준비 10년은 나도 성장하는 시간이었다. 똑같은 일이 반복되고 앞으로도 바뀔 가능성이 전혀 없다면 육체는 물론 정신적으로도 몹시 힘들다. 아주 작은 것이라도 뭔가를 성취해 나갈 수 있어야 행복을 느낄 수 있다. 아이들에게 효능감이 중요하다고 하는데 엄마도 마찬가지다. 아이만 키우지 말고 엄마 자신도 성장하는 시기로 삼자.

뭔가 대단한 일이 아니어도 된다. 책을 읽고 짧게 기록을 해봐도 되고 블로그를 개설해서 아이들 학교 가 있는 시간에 독서록을 만들어 올리는 것도 좋다. 아무것도 아닌 것 같지만 1년만 해보자. 아이가 지금 하고 있는 공부를 기록해 두어도 좋다. 교재 사진도 올리고 후기도 적어보고… 반년만 해보면 완전히 달라진다. 평범한 아줌마에게도 상상할 수 없을 만한 기회가 주어질 것이다. 아이들에게만 꾸준히 하라고 하지 말고 내가 무언가를 꾸준히 하는 걸 보여 주자.

나를 기쁘게 해주는 취미를 찾아봐도 좋다. 나도 여러 가지를 했다. 아이들과 함께 공부한다고 공인중개사 자격증을 취득했고, 그림을 그려서 카카오 이모티콘과 네이버 스티커를 제작해 치킨 값 정도는 벌고 있다. 무엇보다 아이들만 바라보고 있으면 고학년에는 더 힘들어진다. 가끔은 나를 위해 시간을 쓰고 딴생각도 해야 입시 마라톤을 버틸 수 있다. 아이를 위해서, 행복한 나 자신을 위해서 꼭 작게라도 시도해 보자. 우리도 아이들과 같이 성장해야 한다.

나 자신 먼저 챙기기

아이를 키우다 보면 말로 설명할 수 없는 일들이 벌어진다. 아이들은 때때로 '더럽게' 말을 안 듣는다. 남편도 가끔 말 안 듣는 큰아들 같다. 아이들 어릴 때는 돈 문제도 많고, 게다가 부모님이 아프시기까지 하면 가슴이 찢어진다. 힘든 일이 한꺼번에 쏟아지면 다 내려놓고 싶다. 어떤 날은 이유도 모르게 그냥 우울해진다. 직장 그만두고 어느 날 아침, 창가로 밝은 햇살이 환하게 쏟아지는데 우울해서 혼났다.

그럴 때는 별거 없다. 나를 위해서 아이 공부고 뭐고 조금 쉬어야 한다. 배달 음식 먹고 하루 이틀 쉬는 거다. 나 먼저 살자. 힘들어 죽겠는데 꾸역꾸역 하면 우울이 더 오래 간다. 쉬면서 재충전해 다시 달리는 거다. 그래야 아이들도, 아이들 공부도 잘 관리할 수 있다. 항상 나는 소중하고, 가치 있고, 우리 부모님의 소중한 딸이라는 것을 잊어서는 안 된다. 열심히 살고 있는 나 자신, 내가 제일 먼저다. 그렇게 버텨 보자.

공부 부담감에 하루하루 힘들어하지만 아이들은 생각보다 빨리 자란다. 수능 날이면 지난 시간이 떠오른다. 아이들이 자라면서 준 웃음, 여행의 추억, 자랑스럽던 기억… 그리고 잘못했던 일들도 떠오른다. 그렇게까지 했어야 했나? 더 잘해 줄걸. 이렇게 금방 커 버리다니. 아이가 수능 끝나고 나오는 모습을 보면 눈물이 먼저 나온다. 힘들겠지만 육아와 교육에 지치지 않으려면 지금 이 순간이 가장 행복한 시간임을 잊지 말아야 한다. 다시 오지 않을 소중한 시간임을.

입시가 끝나면 우리에게 남는 것

블로그 이웃 글을 읽을 때였다. 그 집은 아이들에게 가끔 책을 중고로 구해서 읽히는데 상태가 좋은 책이라며 사진을 올렸다. 지금은 단종된 유아용 과학 동화 전집이었는데 여러 권 표지를 찍어 올린 것이다. 그 사진들을 보는데 갑자기 눈앞이 흐려지며 눈물이 핑 돌았다.

우리 아이들이 어렸을 적 열심히 보던 전집이었다. 중고로 팔아 버려서 지금은 없는 책들인데, 사진 몇 장을 보니까 바로 알겠더라. 그중 한두 권은 아이들이 정말 좋아해서 너덜너덜해질 때까지 읽었다. 그때의 시간이 필름처럼 주욱 펼쳐졌고, 귀엽고 사랑스럽던 그때가 막 떠올랐다. 직장 다녀와서 피곤한 몸으로 읽어 주는 둥 마는 둥 했는데… 그 꼬마들이 어느덧 모두 성인이 되었다.

요즘은 손이 가는 피곤한 일이 없어서 그런가, 아이들 어린 시절을 생각하면 아련하기만 하다. 그리고 이렇게 생각이 이어진다. 지금 이 시간도 10년만 지나면 아련한 추억이 되겠구나. 얼마나 그리울까? 수험생 엄마는 힘들지만 분명히 소중한 시간으로 남을 것이다.

그런데 생각해 봐야 한다. 이런 시간이 우리에게는 그리운 추억인데 과연 아이들에게도 그럴까? 혹시 나만 그리운 시간이고 아이들에게는 기억하기도 싫은, 상처만 남은 시간이면 어쩌나? 거듭 이야기하지만 입시가 끝나면 관계만 남는다. 성적이 어떻든 아이는 성인이 되고 성적에 맞춰서 진학을 하게 되는데, 엄마와 자식 사이에는 관계가 남는다. 그래서 더 조심해야 하고 아이들 마음을 이해하기 위해 노력해야 한다.

특히 시험 기간을 어떻게 보냈는지가 기억에 많이 남는다. 공부 안 한다는 잔소리, 시험 못 보면 달라지던 표정, 잘 보면 잘 봤다고 심하게 좋아하니 커져만 가던 다음 시험에 대한 부담까지 모두 생각날 것이다.

그렇다면 어떻게 해야 시험 기간을 더 잘 보낼 수 있을까? 우리가 할 일은 진심 어린 격려다. 말없이 지켜보며 위로하고 공감하는 것이다. 침묵하기가 얼마나 힘든 건지 잘 알지만, 이때는 이를 악물고 노력해야 한다. 부부싸움도 피하는 게 좋다. 시끄러운 소리도 나쁘지만 불똥이 아이에게 튀는 불상사를 막아야 한다. 아내의 권리보다 엄마의 의무가 더 큰 거라고, 법륜 스님도 그러셨다. 남편님이 아무리 헛소리 남발하셔도 조금 참고 엄마의 자리에서 늘 조용히 있어 주자. 성적도 묻지 않고 친구 성적에 관심도 끄고, 잘했으면 수고했다 짧게 인정만 해주면 된다. 아이의 멘탈이 흔들리면 잡아 주고, 방방 떠서 좋아하면 조금 눌러 주자.

하루 잘 참다가도 아이가 공부 안 하는 모습을 보면 또 잔소리가 나올 텐데, 시험일이 아니고 시험 기간 전체를 조용히 넘겨야 한다는 걸 잊지 말아야 한다. 3~5일은 나 죽었소 해보자. 지난 시험 결과는 이야기하지 말고 내일 시험 볼 과목 이야기나 필요한 것만 물어보면 된다. 말을 더 한다고 결과가 달라지지 않는다. 사이만 나빠질 뿐이다. 아이가 하는 말에 그저 그렇구나, 그랬겠다 공감

정도만 하자. 그래야 아이들이 시험을 잘 본다.

솔직히 아이 멘탈이 아니라 엄마 멘탈이 문제다. 엄마가 먼저 멘탈이 무너져서 아이 멘탈까지 부숴 버리는 경우도 많다. 힘들고 두려워하는 아이에게 엄마의 두려움까지 그대로 전가시키는 것이다. 나도 한두 번 해본 일이다. 여하튼 엄마가 멘탈 꽉 잡고 멀리 봐야 아이도 덜 긴장하고 성적도 더 좋아진다. 그리고 시험이 아무리 중요해도 한 번으로 어떻게 안 된다. 나이 들면서 선배 엄마들과 이야기해 보면 걱정의 종류가 아예 다르다. 학창 시절의 걱정은 그렇게 큰 것도 아니었다. 그러니까 자기 멘탈을 먼저 붙잡고 담대하게 맞서 보자.

내가 정말 좋아하는 시가 있다. 나태주 시인의 〈사랑에 답함〉이다. 우리가 아이들을 어떻게 바라봐야 하는지 알려 주는 듯하다.

좋아할 이유가 있을 때 좋아해 주는 건 옆집 아줌마나 사장님도 한다. 그런데 우리는 엄마다. 예쁘지 않은 것을 예쁘게 봐주고 좋지 않은 것을 좋게 생각해 줄 수 있어야 한다. 아이가 공부를 잘하든 못하든 사랑해 주어야 하는 것이다. 입시가 끝나면 관계만 남으니 평생 찾고 싶은 엄마가 되도록 더욱더 노력하자.

제2장

명문대 보내는
집공부 시작하기

사교육 없이 선행이 가능할까? 사교육을 줄인 이유

선행 학습, 현행 학습을 떠나서 대부분의 공부는 사교육의 도움 없이 가능하다고 생각한다. 사교육은 혼자 공부하다가 꼭 필요한 경우에 보충적으로 활용해도 충분하다. '무조건 안 돼'라고 생각할 필요는 없지만 혼자 공부를 시도해 보지도 않고 무조건 사교육에 의지하는 건 정작 아이를 위한 길이 아니다.

우리 아이들도 학원을 전혀 다니지 않은 건 아니다. 큰아이는 고3 때 국어 1년, 수학 논술 5개월을 다녔다. 작은아이는 중학교 때 영어 5개월, 고등학교 때는 수학만 학원을 다녔는데 총 1년이 채 안 된다. 이렇게까지 하려던 건 아니었는데 저학년 때 학원을 안 다니고 집에서 공부하는 습관이 자리가 잡히니 나중에는 내가 사정을 해도 학원에 다니지 않겠다고 했다. "혼자 해도 돼요", "필요하면 말할게요", "지금도 충분해요" 그렇게 아이들이 나를 설득하는 수준이 되었다.

학원을 거의 안 보낸 가장 큰 이유는 혼자 공부한 게 제대로 남는다는 확고한 생각 때문이었다. 혼자서 공부해 보고 스스로 계획 짜고 고민하면서 성장하는 과정은 단지 한때의 성적만을 위한 게 아니다. 스스로 고민해서 결정하고 실행하는 습관은 시간이 흘러 고학년이 되고 심지어 성인이 돼서 독립한 후 무엇을 하더라도 중요하다고 생각한다.

주변에 아이 혼자 공부해서 '스카이' 가고 의대 간 지인이 많다. 모두 가난한 집 자식들이라서 좋은 학원에 다니거나 과외 한 번 제대로 못 받고 혼자 공부했는데도 다들 알아서 잘했다. 공부해 본 엄마들은 알 것이다. 스스로 공부해야 제대로 한다는 것을. 알지만 두려움에 못 시키는 경우가 많은 것 같다. 집에서 혼자 공부해 최상위권을 유지하고 명문대에 입학한 예가 한두 명이 아니다. 시대가 아무리 바뀌어도 공부는 결국 본인이 해야 하는 것 아닐까?

학원에 맡겨서 학원 진도대로만 공부하는 습관이 쌓이면 정말 중요한 순간에 자기 주도가 어려워진다. 학원이나 인터넷 강의, 과외 등 모든 도움은 본인이 열심히 하면서 필요할 때에만 활용하는 게 좋다. 고가의 학원은 아이 혼자서는 절대 안 될 때, 꼭 필요할 때만 짧게 활용하면 된다고 생각했고 그렇게만 했다. 학원 오가며 쓰는 시간과 에너지가 공부 집중에 오히려 방해가 된다고 생각했기 때문이다. 체력이 좋지 못해

쉬 피로를 느끼는 큰아이는 학원 다니는 친구들을 안쓰러워하기도 했다. 학원의 장점이 많더라도 혼자 할 때의 장점이 훨씬 크기 때문에 선택에 고민이 적었다.

학원을 안 다니면 학교생활에 더 충실할 수 있다. 학교 행사에 맞춰서 더 열심히 생활하게 된다. 학교생활 열심히 하는데 안 좋아할 선생님도 없다. 그리고 가족 행사도 중요하게 챙길 수 있다. 엄마 아빠 생일 등 가족 행사에 참석하느라 공부 덜 하는 거, 나는 나쁘다고 생각하지 않았다. 가족이 먼저고 그 나이에만 쌓을 수 있는 추억도 중요하다.

그리고 우리에게는 EBS가 있었다. EBS 선생님들 얼마나 실력이 좋으신지 과목별로 스타 강사 못지않게 인기 있는 분도 많다. 아이 수준별로 제공되는 강의가 많고 일부분만 수업을 받거나 원하는 부분을 반복해서 들을 수도 있다. 아이에게 더 맞는 강의를 골라서 들을 수 있다는 이야기다. EBS 말고도 학원비와는 비교도 할 수 없을 만큼 저렴한 사설 인터넷 강의가 많다. 단점도 있지만 가성비를 생각하면 충분히 감수할 만하다고 생각한다.

내가 집공부를 시킨 또 다른 이유는 경제적인 문제였다. 돈이 아까웠다. 지금은 서울에 평균 정도 되는 집을 대출 없이 가지고 있지만 결혼할 때는 반지하 단칸방에서 시작했다. 우리 부부처럼 어렵게 시작하는 가정은 살면서 도움을 받을 곳이 없다. 우리 가족밖에 없었고 대충 살면 아이들도 우리와 비슷하게 살게 될 게 눈에 보였다. 나야 뭐 그냥 살면 되는데 아이들도 우리처럼 힘들게 살게 하고 싶지 않았다. 아이들 공부 열심히 시키는 간절함과 같은 마음일 것이다. 한 달에 100만 원으로 10년이면 원금만 1억 원이 넘는다. 고등학교에 가면 더 많이 들 것이고. '학원비 그거 얼마나 된다고 그거 없어 못 사는 거 아니고 적금해서 부자 되는 것도 아니다'라고 생각하는 엄마들도 있다. 하지만 정말 부족하면 어떻게든 더 아끼게 된다. 학원비로 맛있는 걸 먹었으면 먹었지 아까워서 학원은 못 보내겠더라.

그리고 노후 준비도 제대로 하고 싶었다. 아이만큼 나도 소중하다. 젊을 때 농담 반 진담 반으로 우리 세대는 100세까지 살게 될 거라고 했는데, 실제로 수명이 점점 연장되고 있다. 긴 시간을 어떻게 살아가야 할지 생각을 많이 해야 한다.

나는 버티며 살고 싶지는 않다. 아이들 빨리 독립시키고 내 인생 살고 싶다는 생각이 많았다. 영혼을 갈아 넣어 키워서 성인을 만들었으면 이제 내 인생을 멋지게 살아야 한다. 부모님 때문에 오래전부터 병원에 자주 다녔는데 나이 들면 병원비가 예상보다 많이 들더라. 친정 부모님은 알아서 해결하셔서 옆에서 보기만 하는데도 자주 놀라곤 했다. 부모님이 노후 준비를 해두지 않았다면 내 몫이 됐을 텐데 감사하다는 생각이 들었다. 노후 준비가 자신뿐 아니라 자녀들을 위한 것이기도 한 셈이다.

집공부로 선행할 때
확인해야 하는 필수 사항은?

왜 아이를 학원에 보내는 걸까? 아이 혼자서 진도를 챙기기 어렵고, 엄마가 제대로 봐주고 있는지 걱정되기 때문일 것이다. 어디 학원은 어떻게 한다던데 우리 아이만 제때 못 할까 봐 두렵고 불안한 마음이 든다. 그런데 아무리 학원을 다녀도 기껏해야 두세 과목이지, 집에서 챙겨야 하는 과목이 있기 마련이다.

사교육의 도움 없이 집공부로 선행 학습을 하려면 다음 2가지만 확실하게 머릿속에 넣어 두자. '엄마 기준 정하기'와 '아이 수준 파악하기'. 과목별·학년별로 다를 수 있고 세세하게 따지려면 생각할 게 많지만, 이 2가지만 제대로 체크해도 훌륭하게 해낼 수 있다.

엄마 기준 정하기

우선 공부 목표, 공부할 과목, 공부 방법 3가지에 대해서 엄마의 기준을 확실하게 정한다. 이 기준만 명확하게 잡고 시작하면 사교육 없이 집공부만으로도 선행 학습을 할 수 있다.

· 공부 목표는 전국구 학군지

아이가 초등학교 다닐 때부터 엄마가 명확한 목표를 갖기는 참 힘들다. 제일 기본적인 목표는 명문대 입학인데 초등학생 때부터 대학 입시를 바라보고 공부시킨다는 게 말처럼 쉽지 않다. 누구나 엄마 노릇 처음 하는 거니까. 수능만 보고 달려가고 싶어도 뭐가 어떻게 되는지 몰라서 못 한다. 나도 당연히 그랬다. 매번 계획을 고쳐 가며 길면 2~3년, 짧게는 1년 앞만 보고 갔다.

중요한 건 목표를 반에서 1등 하기, 학교에서 상위권 하기, 이렇게 정하기보다는 기준을 전국구로 넓혀 보는 것이다. 지역 인재가 아니고서야 대학은 전국에서 순서대로 뽑는다. 옆 친구만 보고 있으면 우물 안 개구리가 될 수 있다. 우리 동네에서 제일이지만 전국 상위권은 아닐 수도 있다. 그러니 학군지 친구들의 진도와 수준을 파악해야 한다. 옆 친구와 비교할 필요 없고 어떤 친구가 혼자 막 달려가도 덜 긴장하고 더 멀리 보면서 생각할 수 있다. 목표는 전국구! 가능한 한 학군지라는 것을 잊지 말자.

• 공부할 과목은 국영수(과)

한 아이가 모 교수님께 일본어학과에 가려면 어떻게 해야 하는지 물었다고 한다. 교수님이 "국영수 잘하면 돼."라고 대답했다는 말을 듣고 얼마나 웃었는지 모른다. 어떤 과를 가려고 해도 결국은 국·영·수라는 것! 아무리 입시가 복잡하게 바뀌어도 변하지 않는 것은 국·영·수다. 대학에서는 똑똑한 아이를 뽑고자 하는 건데 그걸 우리나라는 국·영·수로 가르는 것이다. 한 과목 더하자면 과학. 다른 과목들은 정말 화낼 필요도 애태울 이유도 없다. 다 플러스 옵션이라고 생각하면 된다. 이것만 정확하게 기억하길 바란다. 외국어, 음·미·체, 드론, 코딩… 모두 중요하지만 입시에 직접적이진 않으니 너무 공들일 필요는 없다.

• 공부 방법은 자기 주도

공부 방법은 자기 주도다. 아이 스스로 공부하는 것을 목표로 해야 한다. 입시가 아니더라도 가장 중요한 기준이 되고, 공부를 생각하면 결국 이 방향이 가장 중요하다. 저학년 때나 엄마가 봐주는 거지, 결국 자기 주도를 얼마나 빠르게 얼마나 제대로 하느냐에 따라 아이의 최종 결과가 달라진다고 생각한다. 처음에는 '오늘 할 일 몇 가지' 이렇게 간단한 것을 적는 것부터 시작해서 장기적으로 과목별·교재별 계획을 세우고 스스로 진도를 챙기는 것으로 발전시켜야 한다. 고등학교는 결국 스스로 하지 않으면 의미 있는 좋은 결과를 바랄 수 없다. 자기 주도는 어떤 것보다 중요한 방향이다.

과목별 아이 수준 파악하기

일단 아이의 수준을 파악해야 한다. 국어, 영어, 수학, 과학 등 과목별 레벨을 진도와 깊이 두 가지 측면 모두 확인한다. 혼자 집공부를 하다 보면 진도도 문제인데 깊이가 더 큰 문제다. 집에서 혼자 고등학교 2년 과정을 선행 했다는데, 막상 고등학교 가서 시험을 보면 많이 틀리는 경우가 있다.《해리 포터》를 원서로 읽는다는데, 영어 레벨 테스트는 초급 수준이 나와 버리는 일도 흔하다. 깊이 다지면서 빨리 가는 게 가장 좋지만, 안 된다면 천천히 가더라도 기본은 다지면서 나가야 한다. 옆도 뒤도 보지 말고 아이 수준만 다지면서 말이다. 이후에 과목별 공부 이야기를 구체적으로 하겠지만, 여기서는 간단하게 아이 수준을 파악하는 방법에 대해서만 이야기해 보자.

· 국어

국어는 테스트를 봐서 실력을 판단하기가 어려운 과목이다. 고등학교 모의고사로 판단하기도 쉽지 않다. 그래서 국어는 너무 실력 연연하지 말고 꾸준히 하는 것 그 자체에 목표를 두는 게 좋다. 국어처럼 한 번에 올릴 수 없는 과목은 장기전이다.

초등학교 때는 국어뿐 아니라 전 과목을 열심히 하고 어휘를 많이 알아 가도록 해야 한다. 책을 많이 읽으면 더할 나위 없지만, 그게 안 되면 가벼운 교재로라도 조금씩 꾸준히 어휘를 익히길 바란다. 우리 아이들

어릴 적에는 국어 중요성이 덜할 때라서 교재 풀기는 많이 하지 못했다. 만약 다시 초등학교나 중학교 공부를 시키게 된다면 어휘, 지문 해석, 요약 등은 가볍게 하되 꾸준히 격일로라도 꼭 시킬 것이다.

중학교 때는 중등 과정을 열심히 하면서 어휘나 독해 교재를 준비한다. 나는 잘 몰라서 좋다는 교재는 거의 다 한 번은 사서 손대 본 듯하다. 중학교 때는 주에 하루 이틀 정해서 더 열심히 했는데, 이때도 어떤 레벨을 확인해 본 건 아니었다. 그저 꾸준히, 어떤 시험 하나에 일희일비하지 않고 꾸준함이 레벨이 된다는 생각으로 진행했다.

• 수학

수학 진도는 최종 목표를 고등학교 입학할 때 대수와 미적분 I까지 2년 선행, 혹은 대수까지라도 1년 반 선행으로 잡기를 추천한다. 이 정도가 학군지 상위권 중 가장 보편적인 것 같다. 예를 든다면 초등학교 6학년 때 중1 과정을 끝내고, 중학교 1학년 때 중2~3 과정을 끝내고, 중학교 2학년부터는 고1 수학, 중학교 3학년 때 고2 수학까지, 대략 이 정도 진도로 개념과 유형을 다지는 게 좋다.

아이 수준 파악은 이렇게 했다. 초등학교 과정은 단원평가 문제를 잘 푸는 정도면 그냥 넘어갔고, 심화서도 정답률 70퍼센트 정도면 넘어갔다. 경시대회 경험은 한두 번 해봐도 좋다고 생각한다. 아이가 단원평가는 다 맞아도 세상에 얼마나 어려운 문제가 많은지, 얼마나 잘하는 친구들이 많은지 알고 자극받는 것만으로도 도움이 된다.

중학교 과정은 개념서, 유형서 다지고 틀린 문제는 웬만하면 혼자서 풀도록 한다. 학교 시험 결과로 너무 안일하게 생각하지 말고 학군지 중간고사·기말고사 시험지로 확인해 봐도 좋다. 나는 근처 학군지 중학교 시험지를 구해서 아이에게 시험 시간보다 더 짧게 주고 풀게 했다. 매달 하는 건 아니고 가능하면 분기별로, 적어도 학기별로 한 번씩 확인해 보면 좋다.

고등학교 과정은 개념, 유형, 준심화 하고 나면 공부한 학년의 모의고사를 풀어 볼 수 있다. 고1 과정 선행할 때는 고1 9월과 11월 모의고사로 확인했고, 또 명문고 중간 및 기말 시험지로 시험 시간을 조금 짧게 해서 확인해 본 적이 있다. 솔직히 분기별로 매번 하지는 못했다. 1년에 한두 번이라도 학교 시험 시간처럼 정해서 잘하고 있는지 확인해 보길 바란다. 모의고사보다 내신 시험지를 풀다 보면 시간 압박이 상당히 심해서 아이가 많이 놀라게 된다. 여기서 점수가 안 나오고 막혀 버리면 한 번 더 다지고 넘어갈 수도 있다. 심화를 다 끝낸 게 아니기 때문에 완벽한 점수가 나오지는 않는다. 대략 보면서 아이가 자만하지 않도록 겸손하도록 신경 쓴다. 그런데 고등학교 현행 내신 공부할 때는 영혼을 갈아서 반복해야 한다. 훨씬 더 열심히 해야 한다.

· **영어**

영어 공부 진도 목표는 집집마다 다르겠지만 입시를 생각하면 고등학교 입학 전에 '고2 9월이나 11월 모의고사 1등급 + 문법 단단히' 이 정도로 높게 잡기를 권한다.

초등학교 때 집에서 원서만 읽다 보면 아이가 어느 정도 하는지 잘 모르는데, 영어 수준은 학원에서 레벨 테스트를 보면서 확인해도 좋다. 이때 학원 레벨 테스트가 절대적인 건 아니기 때문에 조금 못해도 아이를 잡지 말아야 한다. 학원 시험에 익숙하지 않기 때문에 처음에는 실력이 안 나온다. 레벨 테스트를 몇 번 보고 익숙해져야 아이 수준을 제대로 파악할 수 있다. 참고로 학원을 보낸다면 레벨이 낮은 반에 배정되는 게 장기적으로는 오히려 좋다고 생각한다. 아이가 쉽게 레벨업하며 자신감도 생기고 영어 공부 총량을 늘리기에 유리하기 때문이다.

중학교 때는 내신 문제가 학교마다 달라서 조금 애매하다. 중학교 고학년부터 고등학교 모의고사를 풀어 보긴 하되 맹신해서는 안 된다. 고1 모의고사 점수가 잘 나온다고 고등학교 영어를 가볍게 생각하면 안 된다. 고3으로 갈수록 지문 내용 자체가 어려워진다. 모의고사로는 대략 확인만 하고 꾸준히 독해서와 문법 교재로 계속 다져야 한다. 고등학교 내신은 수능형으로 나오기도 하지만 아직도 문법 비중이 높다. 학교마다 다르겠지만 문법도 확실하게 다져야 아이가 당황하지 않는다.

• 과학

과학은 수학과 영어가 되는 경우에만 하는데, 수학과 어느 정도 결이 같다. 사실 과학까지 수준을 파악하는 건 필수는 아니다. 한 번 제대로 보고 가는 정도도 쉽지 않으니 말이다. 그래도 아이 수준을 확인하자면 먼저 목표를 정해야 한다. 최종 목표는 '고등학교 내신 물리·화학(생명과학) 높은 점수'다. 게다가 물리·화학·생명과학·지구과학 모두 포함된 공통과학을 수능에서 보게 됐기 때문에 모든 학생이 물리와 화학을 공부해야 한다. 이전에는 생명과학과 지구과학을 선택하고도 의대나 공대에 갔지만 이제 인문계열 진학자도 물리와 화학을 공부해야 한다. 공통과학에 나오는 물리·화학이라도 확실하게 공부하기를 추천한다.

집에서 공부할 때 부모가 기대하는 수준이 아니라고 아이를 잡으면 절대 안 된다. 확인만 하고 다음 교재 어떤 걸 할지, 어떻게 공부시킬지 고민하는 데만 에너지를 써야 한다. 어차피 고등학교 때, 수능 볼 때 잘하면 되는 거다. 앞으로 어떻게 달라질지 모르고 다 과정일 뿐이다.

공부 잔소리 전에 엄마가 먼저 모범을 보여야 하는 것들

부모가 된 우리는 학생 때 왜 공부해야 하는지, 현실은 얼마나 힘든지 절감하고 있다. 아이가 지금 인생에서 얼마나 중요한 시간을 보내고 있는지 너무 잘 안다. 그래서 공부의 중요성을 직접적으로 강조하기도 하고 돌려서 말하기도 하고… 어떻게든 알려 주게 된다.

그런데 이것도 한두 번이지 매일 비슷하게 하는 말들은 크게 효과가 없다. 누군가의 좋은 말도 잔소리는 그냥 잔소리일 뿐이다. 훌륭한 잔소리니까 더 따르고 싶었던 적이 있는가? 그것도 공부하라는 소리를 말이다. 오래 고민해서 한 번 임팩트 있게 해야지 매일 반복해서는 효과를 보기는커녕 아이와 사이만 나빠진다. 입시가 끝나면 부모 자식 간의 관계만 남는데 결코 남는 장사가 아니다.

특히 나는 누군가의 말보다 행동에서 더 많이 배웠다. 말없이 행동으로 보여 주는 모습은 전달하는 깊이가 상당하다. 아이들도 마찬가지일 거다. 엄마의 말만 듣고 자라는 게 아니라 엄마의 말과 행동을 보고 듣고 자라는 것이다. 위인전 100권보다 더 효과적인 것은 엄마가 직접 보여 주는 모습이라고 확신한다.

엄마가 모범을 보일 때 뭔가 대단하고 거창한 일이 따로 있는 게 아니고, 엄마가 전문직이거나 돈을 잘 버는 사람이어서 자녀가 따라 하는 것도 아니다. 함께 길 가다 휴지 줍는 엄마에게 감동하고, 이웃에게 먼저 인사를 건네는 엄마를 존경하는 게 우리 아이들이다. 엄마가 전부인 아이들에게 엄마는 따라 하고 싶은 첫 번째 사람이라는 걸 항상 기억하자.

그렇다면 어떻게 해야 아이와 관계를 망치지 않으면서 공부를 더 하게 만들 수 있을까? 나도 생각대로 잘하지는 못했고, 잔소리 많이 해서 싫은 소리도 많이 들었지만 그래도 잘했다고 생각되는 몇 가지를 이야기해 본다.

아이들 앞에서 선생님 험담하지 않기

가장 기본은 선생님 험담을 하지 않는 것이다. 아이들이 흉을 봐도 선생님의 입장을 이해시켜 줘야 한다. 아이들이 가끔 학교나 학원 선생님 험담을 할 수도 있다. "정말 이해가 안 돼요. 도대체 왜 그러는 걸까요?" 하소연할 때도 있다. 명확하게 선생님께 문제가 있는 상황이 아니라면 어떻게 해야 할까?

나는 웬만한 것은 최대한 객관적으로 보려고 노력했는데, 선생님 관련해서는 거의 선생님 편을 들었다. 물론 충분히 전후 사정을 듣고 아이에게 공감은 해준다. "속상했겠네." "너도 많이 당황했겠다." 뭐 이 정도. 그리고 바로 선생님이 왜 그러셨는지, 왜 그럴 수밖에 없었던 건지 설명해 줬다. 일부러 그런 게 아니라 선생님이라는 직업 자체가 그냥 존경스러웠다. 물론 폭력 등 분명한 문제가 있는 선생님도 계시지만 아이들을 가르치는 직업을 선택한 분들이기에 훌륭하다고 생각한다.

나는 직장생활을 11년 넘게 했다. 사회생활을 하다 보면 정말 별의별 사람 다 만난다. 아이들도 사회에 나가서 독특한 사람을 만나면 또 그에 맞게 적응해서 살아야 한다. 그때마다 험담을 하면 아이가 얼마나 불행하겠나? 이것도 교육이다. 완벽한 사람이 어디 있나. "사회 나가 봐라. 선생님 좋으신 분이다." 이렇게 넘어가곤 했다.

무엇보다 학업 측면에서 생각해 보자. 선생님이 싫은데 그 수업이 재미있다, 그 수업 듣고 싶다, 이런 경우는 거의 없다. 최대한 아이가 선생님을 좋아하게 만들어야 공부도 더 열심히 하게 된다. 그러니 아이에게 선생님을 충분히 이해시키고 흉볼 일 있으면 아이가 듣지 않는 데서 하기 바란다.

거실에서 책 읽기

나는 책 읽기를 좋아하는 편이어서 스마트폰 없던 시절에는 늘 책이나 신문을 들고 다녔고 약속 장소도 주로 서점으로 잡았다. 공부를 그렇게 잘한 편도 아니면서 허영심 같은 게 있었는지 읽을거리를 늘 끼고 다녔던 것 같다. 그런데 이런 모습이 아이들을 키우면서 정말 중요하다. 엄마가 재미있게 책 읽는 모습을 매일 보여 주는 것이다. 엄마들이 아이들에게 책을 읽어 주려고만 하고 본인 책은 잘 안 읽고 빌리지도 않는다. 아이에게 책을 읽으라고 하기보다 엄마가 먼저 '레이저' 쏘면서 책을 읽어야 한다. 아이가 옆에서 말을 걸면 "잠깐, 여기까지만 읽고!"라고 해보자. '난 이 책이 지금 너무 재미있거든~' 이런 느낌을 계속 주는 거다.

엄마가 책을 좋아한다면 제일 좋겠지만 독서를 그리 즐기지 않더라도 아이들 보는 앞에서 그렇듯 진지하게 책을 읽어 보기 바란다. 책 읽는 척이라도 하라는 이야기다. 나도 TV 보다가 아이들이 하교해서 '띠띠띠띠' 현관 번호키 누르는 소리가 나면 급하게 책을 찾아 읽은 적도 있다. 연기를 참 잘한 듯하다. 매일 그랬던 건 아니지만 자주 책 읽는 모습을 보여 주려고 애썼다. 아이들이랑 책을 빌리러 가도 꼭 내 책도 빌리고, 시험 기간에 같이 도서관에 가면 나도 옆에서 책을 읽었다. 아이가 집에 가자고 해도 책을 조금 더 읽어야 한다며 더 있다 가자고 했다. 아이들 책 읽는 습관이 잡힐 때까지 적어도 초등학교 고학년까지라도 엄마가 모범을 보이는 게 좋다.

엄마도 공부하기

학원을 적게 보내고 인터넷 강의 위주로 공부를 시켰는데 처음에는 나도 걱정이 많았다. 무작정 학원에 다니기보다는 혼자 자기 주도로 공부해야 효과가 좋고 학원비도 아까워서 그렇게 하기로 결정했지만 정말 '인강'만으로 가능할까? 다시 오지 않을 아이들의 어린 시절을 이렇게 인강 공부 실험으로 보내도 되는 걸까? 가능하다고 하더라도 아이가 정말 열심히 잘해 줄까? 얼마나 궁금하고 걱정스러웠겠는가.

그래서 큰아이가 초등학교 6학년 때 중학교 수학 선행을 시작할 무렵 나도 직접 공부를 해봐야겠다고 생각했다. 돈 안 들이고 나이 든 여자도 잘할 수 있는 일을 찾은 게 공인중개사였고, 그 자격증 시험 준비를 인강을 들으면서 집에서 혼자 했다. 그해 1차에 붙었고 이듬해 2차 최종 합격했다.

학원을 갈 수도 있었지만 먼저 인강을 찾아봤고, 그중에서도 무료로 제공되는 강의를 찾아서 봤다. 아이에게 엄마가 공부하는 모습 보여 주는 것도, 인강을 활용하는 방법을 알려 주는 것도 좋았다. 특히 공인중개사 전 과목 교재를 1~2월에 다 샀는데, 3월에 내가 듣던 인강 사이트 강사와 교재가 다 바뀌었다. 할 수 없이 강의 진도와 맞지 않는 다른 교재로 수업을 들었다. 순서도 다르고 정리해 둔 포인트도 다른 교재였다. 아이들도 인강 수업 교재와 공부하는 교재가 다른 경우가 있었는데, 이때도 당당히 말할 수 있었다.

"기본 개념만 잘 들으면 교재가 달라도 문제 없어!"

무엇보다 시험을 앞두고 괴롭고 힘든 아이들 마음을 직접 느낄 수 있었다. 시험 날짜가 다가오니 나도 두려웠다. 채점할 때는 정말 미치겠더라. 아이들은 매번 얼마나 힘들까, 새삼 느껴졌다. 내가 사회 과목을 못하고 수학을 좋아하던 이과 출신인 데다 평소 법이나 부동산에 전혀 관심이 없었기 때문에 공인중개사 시험 준비를 정말 힘들게 노력하는 걸 아이들이 제대로 보았다. 아이들에게 해둔 말도 있어서 태어나서 가장 열심히 공부했던 듯하다.

이 자격증을 언제 쓸 일이 있으려나 모르겠지만 아이들에게는 당당해졌다. "돈 안 들이고 무료 인강으로도, 심지어 교재가 달라도 충분히 공부할 수 있는 거야. 마음먹기 달렸어." 이렇게 이야기할 수 있었으니까. 물론 모든 엄마 아빠가 자격증 공부를 하라는 이야기는 아니다. 그저 뭔가 하나라도 목표를 정해서 열심히 공부하는 모습을 아이에게 보여 주면 된다.

유튜브도 작은아이 보라고 더 열심히 했다. "엄마, 이걸 누가 봐요?" 하며 웃을 때도 나는 꾸준히 했다. "엄마는 아무도 안 봐도 동영상 100개는 올릴 거야. 엄마 스스로 약속을 했기 때문에 꼭 지켜야 해!" 자유로운 영혼인 작은아이에게는 사실 공부 같은 고상한 노력으로는 임팩트가 없었다. 극사춘기 고등학생 아이에게 유튜브라는 게 더 크게 느껴진 것 같다. 가능성이 전혀 없어 보였던 유튜브 채널이 점차 성장해서도 기뻤지만 꾸준히 하면 뭐든 된다는 걸 아이에게 직접 보여 줄 수 있어서 더 기뻤다.

또 작은아이 고3 때는 매일 걷기 운동을 했는데, 출산 후 처음으로 살이 많이 빠졌다. 아이가 고3인데 특별히 해줄 것도 없어서 그저 간절한 마음 풀 데가 없어서 밤마다 걸었더니 알아서 살이 빠졌다.

내가 한 일들이 누군가에게는 별것 아닌 것으로 보일지도 모른다. 또 누군가는 '굳이 그렇게까지?'라고 생각할 수도 있다. 하지만 공부하는 습관이 안 들어서 고등학교 때 고생할 것을 생각하면 초등학교나 중학교 때 연기라도 하면서 모범을 보여 줄 필요가 있지 않을까? 할 수 있을 때 할 수 있는 만큼은 후회 없이 해보자.

장기적으로 집공부 시키려면
어떻게 해야 할까?

집공부를 좀 더 효과적으로 하기 위해, 혼자 공부해도 공부량과 깊이가 부족하지 않도록 중요하게 챙겨야 할 것들이 있다.

노력하면 원하는 성적을 얻을 수 있다는 생각 심어 주기

집에서 공부하면 학원 선생님에게 받는 조언과 자극이 없기 때문에 엄마의 역할이 더욱 중요하다. 장기적으로 공부에 대한 가치관을 바르게 심어야 한다. 특히 중요한 생각은 열심히만 하면 원하는 점수를 받을 수 있다는 확신이다. 간단한 듯하지만 이 기본적인 생각만 확실하게 가지고 있으면 어떤 어려움도 쉽게 극복할 수 있다.

'노력하면 우등생이 될 수 있다. 실현 가능한 일이다!'라고 생각하면서 하는 공부와 '불가능할 수도 있어. 노력해도 안 될지 몰라'라는 생각으로 하는 공부가 어떻게 같을 수 있겠는가? 아이가 의문을 품는 순간 지쳐 포기할 수 있다. 물론 석사, 박사 공부는 타고난 머리가 있어야 할지도 모른다. 하지만 입시 공부는 노력으로 다 커버할 수 있다고 생각한다. 학교 성적과 수능은 노력해서 원하는 결과를 얻을 수 있다고 믿는다. 엄마가 확신하고 있어야 아이들에게도 늘 확신에 차서 말할 수 있다. 노력하면 다 가능하다고 말이다.

타고난 재능은 어차피 이미 정해진 것이고 바꿀 수 있는 부분은 노력뿐이다. 설사 타고난 머리가 중요하더라도 아이는 노력해서 극복할 수 있다고 믿도록 늘 신경 써서 말해야 한다.

공부할 과목의 장기 계획 설명해 주기

공부량을 늘리기 위해서는 아이와 장기 계획을 공유해야 한다. 아무리 공부를 잘하고 스스로 계획을 짜서 한다고 해도 공부의 전 과정을 다 알기는 어려우니 가능한 한 자세히 설명해 주는 게 좋다. 초등학교 때 고등학교 공부 계획까지 전부 얘기하라는 것이 아니다. 초등학생이라면 중학교 전이나 중1까지의 계획 정도, 중학생이라면 적어도 고등학교 입학까지의 예상 과정을 이야기해 준다. 2~3년의 과정을 미리 알려 주는 것이다.

큰아이는 단계를 올리거나 새로운 교재를 받으면 도대체 어떻게 돼 가는 거냐고 묻곤 했다. 다음에 뭘 하게 될지도 궁금해했다. 드라마 하나를 봐도 이게 몇 부작인지 알고 보면 예상하기가 수월하다. 16부작과 12부작이 달라서 지금 중간쯤 왔으니 어떻게 전개되겠다, 이제 마지막을 향해 달려가니 어떤 결말이 나겠다 상상해 보기도 한다. 아이들 공부도 마찬가지다. 이 공부를 어디까지 했고 앞으로 어떤 과정이 남아 있는지 궁금한 게 당연하다. 바로 앞만 보면서 달려가면 얼마나 답답하겠나.

아이는 교재를 바꾸거나 단계를 올려서 반복하는 걸 싫어하지만 장기 계획이 머리에 그려져 있으면 쉽게 이해하고 거부감도 확실히 덜해서 부딪치는 일이 적어진다. '어차피 해야 하는구나. 개념 다음에 유형하고, 그다음 준심화, 심화 이 순서네. 내가 지금 유형 두 번째 하고 있으니까 곧 준심화 들어가겠구나.' 이렇게 생각할 것이다. 이걸 언제까지 해서 올해 어디까지 끝내겠다, 이런 생각도 하게 된다.

아이가 학원을 다니면 학원 진도에 대해서 듣는다. 집에서도 똑같다. 앞으로 어떻게 진도를 나갈 예정인지 계획을 공유하자. 중간에 잘못 알았으면 아이와 함께 정정하면 된다. 고쳐 가면서 하더라도 아무 계획 없는 공부와는 확실히 다르니 반드시 장기 계획을 아이에게 잘 설명해 주기 바란다.

공부할 때 협상할 것과 하지 말아야 하는 것 구분하기

집공부를 하면 아이와 늘 협상을 하게 된다. 공부를 얼마나 할지 무슨 교재로 할지. 이때 협상을 해야 할 것과 하지 말아야 할 것이 있다.

사람은 누구나 자신이 원하는 삶을 살고 싶어 한다. 누군가에 의해서 끌려간다고 생각하면 재미와 의욕이 사라진다. 그래서 최대한 아이가 원하는 것을 선택할 수 있도록 하나라도 더 신경 써야 효과가 좋다. 협상해야 하는 것은 교재나 공부 방법 등 다양하다. 교재를 정할 때도 아이에게 교재를 보여 주고 함께 고른다. 공부 시간도 월수금 몰아서 많이 할지, 월화수목금 매일 할지 함께 결정하는 게 좋다. 진도 계획을 스스로 짜게 해서 지키도록 할 수도 있다. 과학이라면 화학 먼저 할지 물리 먼저 할지, 같이 할지 따로 할지 선택하도록 한다. 수학이라면 유형 교재 한 권을 여러 번 풀 수도 있고 교재 여러 권을 한 번씩 풀 수도 있다. 아이가 선택할 것이 아주 많다. 원하는 스타일대로 하면서 한두 달 늦는다고 잘못되는 거 아니니까 아이의 속도에 맞춰서 진행하면 된다. 아이와 여러 가지를 협상하라.

협상하지 말아야 할 것이 있다. 바로 이 공부를 해야 할지 말아야 할지다. 새로운 교재를 추가하거나 새로운 과목 공부를 시작할 때, 이 공부를 할지 말지는 선택지에 없어야 한다. 잔인해 보일 수 있지만 협상하지 말아야 하는 이유는 앞에서 말한 공부에 대한 기본 생각 때문이다. 노력하면 학교 공부는 정복할 수 있다는 생각 말이다. 해도 가능하지 않을 수 있다면 '이걸 꼭 해야 하나?' 하는 생각이 들 수도 있다. 하지만 노력하면 가능하다고 믿기 때문에 하지 않는 것은 선택지가 아니다. 공부는 그냥 해야 하는 것이고 하면 잘하게 된다는데 할지 말지 고민할 필요가 있을까? 아이 수준에 맞춰서 천천히 하더라도, 이번이 아니라 다음 학기에 하더라도, 할까 말까는 아예 고민하지 않는 것이 좋다. 이런 건 협상 대상이 아니다.

공부할 건 많고 시간은 없고… 조바심이 생기기 마련이다. 다행인 건 모두가 다 그렇다는 것이다. "네, 공부할게요." 알아서 하는 아이는 거의 없다. 다들 공부량 늘리려고, 깊이 있게 하려고, 진도 더 나가려고 고생한다. 힘들지만 엄마니까.

아이에게 노력하면 가능하다는 가치관을 심어 주고 장기 플랜을 공유해서 아이가 멀리 보고 갈 수 있도록 해주자. 공부를 할지 말지만 빼고 나머지는 대부분 아이의 의사에 따라 주는 게 좋다. 중학교까지만 이렇게 해두면 고등학교 가서는 뭘 해야 할지 큰 그림도 본인이 그릴 수 있게 된다.

비학군지 아이일수록
더 일찍 준비해야 하는 3가지

　나는 어디에 살든 아이가 원하는 꿈을 이루기 위해서 스스로 알아내기 어려운 것들을 대신 알아봐 줘야겠다는 생각이 있었다. 내가 알아보고 준비한 것들을 아이가 소화하지 못할 수도 있고 필요조차 느끼지 못할지도 모르지만 적어도 알고 있는데 하지 않는 것과 알지도 못해서 시기를 놓치는 것은 하늘과 땅 차이라고 생각했다.

　전문가가 아니니 당연히 완벽하지 못할 것이고 엄마의 주관이라는 필터를 거칠 수밖에 없겠지만 그래도 엄마로서 준비할 수 있는 만큼은 최대한 준비해 주고 싶었다.

학군지 상위권 친구들의 진도와 학습량 확인하기

나는 목표가 높았다. 학교 안에서 잘하는 정도로는 갈증이 풀리지 않았다. 학군지 아닌 곳에 살아서 그런지 혹 우물 안 개구리가 아닐까, 늘 의문이 따라다녔다. 누군가의 조언에 따른 것도 아니고 그저 내 의심과 높은 목표가 저절로 여기저기 검색을 하며 찾아보게 만들었다. 꼭 학군지 진도가 궁금했다기보다 동년배 최상위권 친구들의 공부량과 진도, 공부법 모든 게 궁금했던 것 같다.

우선은 네이버 '상위 1% 카페'에서 집공부, 혼공하는 아이들의 진도와 학습량을 자주 찾아보았다. 검색어도 다양하게, 만약 수학이라면 '수학 선행', '수학 진도', '수학 교재' 등 번갈아 검색하며 여러 글을 읽었다. 그렇게 학군지의 학원이나 진도 이야기를 자연스레 알게 되었다. 꼭 학군지가 아니어도 어디서든 잘하는 친구들은 있고 유명 경시대회 최상위 수상자들이 학군지에서만 나오는 것도 아니었다. 하지만 전반적으로 학군지로 알려진 곳이 공부를 많이 하는 지역임은 부정할 수가 없다. 학군지에 관한 글도 많고 관심 있는 학부모도 많았다.

특별히 기억에 남는 일이 있다. 모 수학 경시대회에서 전에는 수상자의 이름과 학교를 공개했다. 가운데 이름만 별표로 표시되었기 때문에 독특한 성이면 대충 누군지도 예상할 수 있었다. 경기도에 살면서 서울로 이사를 고려하고 있었는데, 이사하려고 생각하던 곳 후보지에 학군지가 있었다. 그래서 그곳의 주요 중학교 수상자 수를 모두 세어 보았다.

그때 큰아이가 초등학교 6학년으로 장려상을 받았는데, 그곳 중학교들에서는 몇 명이나 장려상 이상 받는지 확인해 보고, 우리 아이가 이사 가면 어느 정도 수준이 될지 판단해 볼 요량이었다. 대부분 유명 중학교였고 학군지라 상당수가 대회를 치른 것으로 예상했는데, 생각보다 수상자가 적었다. 우리 아이가 이사를 가도 충분히 경쟁력이 있겠구나 생각했다. 물론 지금은 수상자가 공개되지 않는다.

중학교 과정을 선행하던 때에는 학군지 중학교의 시험지를 찾아서 풀도록 했다. 시험이 어렵다고 소문난 학교의 시험지로 시험 시간보다 조금 적게 주고 풀어 보게 해서 어떤 수준인지 파악하기도 했다. 문제는 국어였다. 레벨을 단순히 학군지 시험지로 판단하기 어려웠고 전국 경시대회도 없었다. 지금도 국어는 아이의 전국 레벨을 확인할 기준이 되는 학원이 마땅히 없는 것 같다. 하지만 국어는 중요한 과목이니 레벨을 확인하기 어렵더라도 꾸준함이 곧 레벨이 된다는 생각으로 꾸준히 챙기길 바란다.

비학군지는 수시가 유리하니 내신 준비 더 열심히 하기

학군지나 명문고에는 내신을 열심히 해보다가 성적이 안 나오면 정시에 올인하는 아이들이 많다. 워낙 열심히 달려온 아이들이 많아서 '내신 지옥'이라는 걸 잘 알고 있기 때문이다. 그래서 어느 날 갑자기 '정시러'가

되어도 크게 흔들리지 않는다. "내신 안 나오네? 정시 가야지!" 주변에 이런 친구도 많아서 외롭지도 괴롭지도 않다. 학업 분위기도 대체로 좋은 편이고.

그런데 비학군지라면 상황이 달라진다. 비학군지는 학군지에 비해 상대적으로 공부 관심이 덜하고 입시 결과도 상대적으로 나쁘다. 특히 지방의 비학군지 평범한 일반고라면 더 그렇다. 모든 학교가 다 그렇다는 것은 아니지만 정시 경쟁력이 많이 떨어지는 편이다. 온라인 커뮤니티의 글들을 읽어 보면 내신 2등급대인데 모의고사는 5~6등급도 많다. 아무리 특정 학교의 이야기라고 해도 학군지와 비교했을 때 상위권이 적은 게 사실일 것이다.

전국에는 모의고사 1등급이 거의 없는 학교도 있다. 학군지는 내신 3~4등급대도 모의고사 1등급이 많은데 말이다. 모의고사 상위권이 별로 없는 곳에서 나 홀로 독야청청 정시 준비가 얼마나 잘 되겠는가? 아이가 웬만한 멘탈 아니고야 흔들린다. 내신 기간에 혼자 정시 공부할 분위기가 안 된다는 이야기다. 또 학군지와는 달리 학원이 멀고 원하는 학원을 골라 다니기도 어렵다. 상대적으로 수능 준비, 정시 준비가 쉽지 않다. 그래서 비학군지 아이들이 내신이 안 될 때 정시도 잘 못 챙겨 생각지도 못했던 대학교에 가게 된다. "그 친구 공부 잘했는데…." 이렇게 안타까운 친구로 남을 수 있다. 내신이 안 되면 엄청난 각오로 정시 준비를 열심히 해야 하는데 그게 쉽지가 않다.

특히 수시 최저 맞추는 정도로는 정시에서 목표 학교 비슷한 곳도 못

간다. 아예 급간이 다르다. 예를 들면 고려대학교 추천 전형은 최저가 '3합 7'이다. 국·수·영·탐 네 과목 중에서 세 과목 등급 합이 7 이내라는 말이다. 만약 시험을 못 봐서 국어 5등급, 수학 3등급, 영어 1등급, 탐구 3등급 맞았다고 해보자. 국어를 5등급으로 망쳤지만 수학, 영어, 탐구 세 과목의 등급 합이 7이라서 최저를 맞췄으니 합격 가능성이 있다. 그런데 이 수능 성적으로 정시 지원을 한다면 도대체 어디를 갈 수 있을까? '인서울' 끝자락이라도 가능할지 모르겠다. 이렇게 최저를 맞추는 수준으로 그 대학에 가는 게 아니라는 이야기다. 최저는 기본 조건일 뿐이다. 흔히들 전국체전과 올림픽의 차이라고 한다.

그러니 비학군지 아이일수록 내신 챙겨서 수시에서 승부를 봐야 입시 결과가 좋다. 수시 교과 노리는 게 가장 효과적이라고 생각한다. 종합도 내신이 안 되면 아무 소용이 없다. 일반고가 무슨 종합이냐 하지만 내신이 잘 나온다면 생기부 간소화와 블라인드 영향으로 평범한 일반고에서도 가능하다. 내신이 안 나오는 게 가장 문제인 것이다.

수시에 어떻게든 승부를 보려면 고등학교 1학년 1학기 첫 중간고사부터 완성형으로 모든 걸 쏟아부어야 한다. 그래야 1~2등급이 가능하다. 고등학교 때 시작하면 몹시 힘들테니 중학교 때 준비를 하는 게 좋다. 비학군지라면 더욱더 고1 첫 시험부터 원하는 점수를 받을 수 있도록 준비해야 입시가 수월해진다.

수학 선행 학습 열심히 하기

수학 선행은 비학군지에서 더 열심히 해야 한다. 수학이 충분히 돼 있어야 고등학교에 가서 내신 챙기기가 확실히 수월하기 때문이다. 수학은 언제나 중요하지만 중학교 때 준비하는 수학 공부의 질과 양은 고등학교 성적과 입시에 아주 큰 영향을 미친다. 초등학교 저학년부터 급하게 할 필요는 없고 5~6학년에 시작해서 중학교 때 선행 학습 열심히 하면 된다. 고등학교 입학 전에는 적어도 1년, 길게는 2년 정도의 선행을 목표로 삼는 것이다.

가끔 수학 선생님들 중에서 "중학교 때 선행 안 해도 된다. 고등학교 가서 해도 충분하다."라고 말씀하는 분도 있다. 틀린 말은 아니다. 수시를 일찌감치 접고 정시를 생각한다면 수학을 고3 11월 수능 전에만 완성하면 된다. 고등학교 1학년 때 시작해도 집중해서 한다면 고3 11월에는 충분히 완성할 수 있다. 그런데 선행 필요 없다고 말씀하는 선생님들의 상당수는 학군지 선생님이다. 학군지에서는 수시로도 명문대에 잘 가지만 정시로도 상당수가 명문대에 간다. 재수나 N수도 많기 때문에 고등학교 가서 정신 차린 친구들이 뒤늦게 스카이 입학, 그 어려운 일을 해내는 걸 많이 봤을 것이다. 그러니 당연히 "선행 안 해도 된다!" 자신 있게 말씀하는 거다. 특히 수학감이 아주 뛰어난 명문대 수학과 출신 선생님들이 그런 말을 할 때 우리 아이에게 얼마나 맞을지는 고민해 볼 문제다.

고등학교에 와서 개념을 이해하고, 유형을 다지고, 심화까지 언제 다 할 수 있을까? 수학적으로 뛰어난 아이라면 가능할 수 있지만 수학을 느리게 이해하는 아이일수록 천천히 반복하기 위해서라도 수학 선행이 꼭 필요하다고 생각한다. 설사 수학 공부를 무리 없이 해내더라도 문제가 많을 것이다. 수학에 그만큼 시간과 정성을 쏟다 보면 자연스럽게 다른 과목 공부와 수행평가에 쓸 시간이 적어질 테니까 말이다. 우리 아이도 시험 기간 초기에만 유형과 심화를 돌리고 시험 직전에는 다른 과목에 충분한 시간을 들여서 준비했다. 그래야 여러 가지 기출이나 다양한 문제집 다지기를 해볼 엄두라도 내고 수학이 돼 있어야 다른 과목 밸런스도 맞출 수 있다.

내신 중에 다른 과목도 미리 준비하면 안 되는지 궁금할 수 있는데, 수학 외에는 한계가 있다. 영어와 국어는 선생님 스타일에 따라 내신 문제가 달라진다. 하지만 수학은 다르다. 고등학교에 따라서 난이도 정도만 달라지지 큰 틀은 그다지 변함이 없다. 내신 중에 미리 제대로 준비할 수 있는 과목은 수학뿐이다.

다른 과목도 열심히 해야 하지만 중학교 때는 특히 수학을 열심히 공부해야 한다. 초등학교 고학년부터 시작하면 더 좋다. 내신을 잘 챙겨야 할 비학군지 일반고 아이라면 수학에 집중해서 유형은 완벽하게, 가능하면 심화까지 해두길 바란다. 중학교 때 해둔 수학 공부의 양과 질이 아이의 대학을 바꿔 줄 것이다.

어떻게 말해야 아이의 공부 결심이 오래갈까?

"엄마가 그렇게 말씀하시는 건 전혀 도움 안 돼요. 하나도 귀에 안 들어 온다고요."

작은아이 시험 때였다. 평소 신경 써서 지키던 대화 규칙을 무시하고 공부 이야기를 너무 많이 했다. 내 말이 조금이라도 아이에게 좋은 영향 을 미치겠지 생각했는데, 옆에 있던 큰아이에게 따끔한 소리를 들었다.

"영향이야 있겠죠. 공부가 더 하기 싫어졌을걸요! 화가 나면 공부에 집중하기까지 시간이 한참 걸려요. 저도 공부하라는 이야기를 들으면 오히려 공부가 안 됐어요. 화나서 외운 건 금방 잊어버리고. 아무 말 안 하는 게 도와주는 거예요. 그리고 공부해야 하는 거 본인도 알아요."

그랬다. 내가 청소를 자주 해야 하고 건강을 생각해 채소 위주로 먹어야 한다는 걸 잘 아는 것처럼. 아이가 국어 공부했다고 하면 "수학도 해라!", "내일은 더 열심히 해라!" 한다. 미래 희망 직업이나 꿈을 이야기할 때도 결국 "그러니 공부 열심히 해라!"로 귀결된다. 지금이 미래를 위해서 얼마나 중요한 시기인지를 거듭 강조한다. 물론 사랑해서 하는 말이다. 하지만 아이들은 얼마나 싫을까, 매일 듣는 그 말이. 그러니 엄마에게 이런저런 이야기 꺼내기도 싫고 문도 쾅 닫고 들어가 버린다. 이럴 땐 어떻게 말해야 좋을까?

인정하기

우선은 인정이다. 속 썩이는 아이라도 분명히 장점이 있고 스스로 잘하는 게 있다. 그걸 정확하게 인정해 줘야 한다. "네가 아프지 않고 건강해서 엄마를 행복하게 해주네!", "글씨를 정말 반듯하게 쓰는구나!", "하루도 지각한 적이 없잖아. 성실함이 제일 중요하지, 최고야!"

인정이 중요한 아이들, 특히 남자아이들은 엄마에게 인정받고 싶어서 여러 가지 행동을 한다. 그럴 때 뭉뚱그려 "잘했어!" 하지 말고 구체적인 말로 인정을 해주면 좋다. 성적이 오른 과목이 있으면 "이번에는 화학을 잘했네. 특별히 신경을 많이 썼구나!"라고 말하는 거다. 처음에는 구체적으로 칭찬하는 게 어렵겠지만 생각보다 효과가 크다. 남편이

나에게 가끔 이런 말을 한다. "당신이 끓여 준 미역국보다 더 맛있는 미역국을 먹어 본 적이 없다니까!" 바로 용돈 올려 주고 싶어진다. 미역국 어디서 먹어도 다 맛있는데 남편은 사회생활을 아는 거다. 그 느낌 아니까. 구체적인 칭찬을 들으면 더 열심히 요리하고 싶어지는 경험 모두 해 봤을 것이다.

우렁각시 스타일로 조용히 코칭하기

아이가 놓쳐서는 안 되는 중요한 정보를 알려 주고 시간을 아낄 수 있도록 챙겨 주면 좋다. 좋아하는 분야가 있다면 관련 책들을 찾아서 보여 주고, 습관이 잡힐 때까지는 스케줄을 같이 짜보자. 과목별 교재 찾기나 공부 진도 알아봐 주기, 엄마가 배워서 아이와 같이 해가는 것도 정말 중요하다. "공부해라!" 말만 보태지 말고 필요한 도움을 주라는 이야기다.

고학년에는 교재 사달라면 사두고, 공부 일정이나 자료 프린트해서 책상 위에 놓아 두고, 무엇보다 먹을 것을 잘 챙겨 줘야 한다. 처음부터 잘하는 아이는 없다. 혼자 해서 천천히 배워도 좋지만 엄마가 도와줘야 하는 부분은 도우면서 조용히 챙겨 주자. 공부 습관 잡아 주는 조용한 코칭. 잔소리는 빼고 우렁각시 스타일로 필요한 도움만 주면 된다.

결핍 경험과 현실을 직시할 수 있는 직언 하기

요즘은 1년 내내 어린이날인 느낌이다. 나이가 들면서 나도 고지식해지는 건지, 아이들에게 과한 물건들 사주고 경험하게 하는 것에 불편한 마음이 든다. 부모는 매일 힘든 다큐멘터리를 찍으면서 아이들은 꿈같은 동화 나라에 살게 하는 경우가 많다. 평생 그렇게 해줄 수 있다면 문제 될 게 없지만 대부분 그럴 수 없다. 아이들이 자라서 생각과 다른 현실을 만나면 더 힘들 것이다.

경제적인 결핍을 전혀 경험하지 못하게 하는 것도 진정 아이들을 위하는 길이 아니다. 특히 공부를 위해서는 더욱 그렇다. 결핍을 경험하면 삶의 목표를 정할 때도 더 현실적으로 생각하고 더 간절한 마음으로 노력하게 된다. 중고 책부터 이면지 사용까지, 조금은 별난 낭만 없는 엄마였지만 후회는 없다. 공부한 만큼 정비례해서 부유하게 사는 건 아니지만 가능성이 높아진다는 데는 동의할 것이다.

어떤 전공과 직업에 대해서 이야기할 때도 수입, 평판, 근무 시간 등 현실적인 이야기를 해주는 편이다. 너무 낙관적이거나 비관적이지 않게, 현실을 있는 그대로 말해 주는 게 중요하다. 성적을 이야기할 때도 마찬가지다. 원하는 성적과 직업을 얻어서 바라는 삶을 살기 위해서는 얼마나 노력해야 하는지 알려 준다. 아이가 현실을 제대로 파악할 수 있도록 하는 게 당장은 힘들지 몰라도 장기적으로는 더 좋다. 스스로 공부하게 하려면 이런 시간도 꼭 필요하다는 것을 잊지 마시라.

모범 보이기

엄마가 먼저 엄마의 일을 열심히 해야 한다. 아이에게 인생은 살 만하고 노력할 가치가 있다는 걸 보여 주고 그렇게 행동해야 한다. 남은 인생 50년은 열심히 살면서 제대로 보여 주자.

한번은 밤늦게 유튜브 대본을 작성하고 영상을 편집하는데 작은 아이가 말을 걸었다.

"나는 엄마 아빠를 보고 자라서 대충 살긴 힘들 것 같아요. 엄마 열심히 살잖아요. 아빠도 당연히 그렇고."

아이의 말에 가슴이 뻐근했다. 아이 눈에는 그렇게 보였나 보다. 어버이날 긴 편지는 못 써도 가끔 엄마에게 힘을 주는 말도 할 줄 안다. 아이들은 우리를 보고 그대로 자란다. 우리 아이들은 이미 다 커서 본인 생각과 감정을 말로 표현하지만 어린 아이들은 말없이 그냥 따라 할 것이다. 워킹맘들도 힘들겠지만 이 부분에서는 누구보다 아이에게 좋은 영향을 주고 있다는 것을 잊으면 안 된다. 아이를 위해서, 우리 자신을 위해서 모범을 보이자.

소중한 사람이라고 확실하게 말하기

제일 중요한 건 아이가 얼마나 가치 있는 사람인지 확언해 주는 거다. 꼭 필요한 사람이고 존재만으로도 사랑스럽다는 것을 차고 넘치게 느끼도록 해주자. 이건 첫 번째 '인정하기'와 비슷하면서 다르다. 인정은 조금이라도 잘하고 있는 점을 구체적으로 칭찬하는 거라면 소중한 사람이라는 말은 무조건적인 것이다.

"잘하든 못하든, 어떤 이유로든 너무너무 사랑해!"

그러면 아이들은 행동한다. 공부도 쉬 놓지 않고 슬럼프에 빠져도 잘 극복한다. 심한 사춘기라면 하루 이틀이 아니라 1년, 2년 해보자. 맨날 화내던 남편이 꽃다발 한 번 사왔다고 마음이 녹는 건 아니지 않은가. 아이들도 천천히 분명히 변한다. 엄마의 사랑에 보답하고 싶고 스스로 의미 있는 사람이 되고 싶으니까 자신을 위해서 더 열심히 할 것이다. 초등학생이나 중학생이면 좋겠지만 이미 고등학생이어도 늦지 않았다. 오늘부터 하면 되는 거다.

공부 욕심 없는 아이가
집공부 해도 괜찮을까?

공부라는 게 스스로 하려는 마음을 먹어야 실력이 좋아지고 성적도 잘 오르는데, 아이가 공부 욕심이 없는 경우 엄마의 고민이 깊어진다. '어떻게 하면 공부 욕심을 키워 줄 수 있을까?', '공부 동기를 어떻게 만들어 줄까?' 이런 고민에 빠진다. 한편으로는 갑자기 공부 욕심이 생겨서 책을 펴고 공부 의지를 불태우는 날이 오지 않을까 기대하기도 한다.

그러나 공부 욕심이라는 환상을 버려야 한다. 공부를 잘하려면 불타는 공부 욕심이 필요한 게 아니라 오늘 해야 할 수학 교재 세 장을 푸는 것, 영어 단어 20개 외우는 것이 필요하다. 특히 공부를 하지 않던 아이를 공부하게 하려면 특별한 비법이 아니라 그저 오늘 할 국어 학습지 한

장 풀기를 시작해 한 달을 채우고 세 달을 유지해 습관화하는 것이 중요하다. 밥 먹으면 이 닦는 것처럼 몸에 밴 습관으로 만드는 것 말이다.

작은아이가 학군지 영어 학원에 다닐 때의 일이다. 다닌 지 몇 달 후 처음 치른 레벨 테스트에서 수준에 맞지 않는 제일 높은 반으로 배정되었다. 수업 시간 내내 프리 토킹에 영어 에세이를 쓰는 반. 아이는 수업만 하고 오면 상기된 얼굴로 불같이 말을 뱉어 냈다.

"엄마, 이상해요. 학원 친구들은 계속 공부만 해요. 쉬는 시간에도 계속 공부해요. 완전 이상하다고요!"

수업 내용과 과제 이야기는 전혀 없고 학원 다니는 몇 달 내내 친구들이 공부만 한다는 말뿐이었다. 같이 수업 듣는 친구가 일곱 명이었는데, 친구들이 쉬는 시간에도 계속 책을 읽고 문제를 풀었던 모양이다. 학군지 최고 반 친구들의 학습량을 처음 본 아이는 충격을 받았다. 결국 버티지 못하고 그만뒀지만 아이가 학원 친구들을 보고 충격받았다는 사실에 내심 기뻤다. 이렇게 열심히 하는 친구들을 봤으니 얼마나 자극이 되었을까.

어처구니없게도 그 자극은 두 달을 가지 못했다. 아이는 한동안 더 열심히 하는 듯하더니 결국 평범했던 내 아들로 돌아왔다. 그리고 나도 많이 깨달았다. 이렇게 자극을 받아서 갑자기 공부 욕심이 생길 수는 있어도 오래 유지하기는 어렵다는 것을. 강력한 동기를 꾸준히 유지하는 사람들은 위인전에나 나오는구나. 평범한 사람들은 이런 마음을 오래 유지하기 어렵기 때문에 목맬 필요가 없다는 결론을 내렸다.

입시는 100미터 경주가 아니고 마라톤이다. 고3 11월에 수능을 치르기까지 정말 긴 시간 노력해야 한다. 불타는 공부 욕심으로 한두 달은 노력할 수 있지만 3년, 5년 계속 불태우기는 힘들다. 한동안 열심히 하다가도 중간중간 슬럼프가 오고 좌절할 일이 생기는데 공부 욕심만으로는 버티기 힘들다.

많이 아는 일화가 있지 않은가. 김연아 선수에게 연습할 때 무슨 생각을 하느냐고 물었더니 "무슨 생각을 해, 그냥 하는 거지."라고 답했다고 한다. 김연아 선수는 습관처럼 할 일을 꾸준히 해왔고, 꾸준함이 쌓여서 눈부신 결과를 낸 것이다. 욕심만으로 가능한 일이 아니다.

다이어트를 할 때 우리 열정만 보면 벌써 47킬로그램이 됐어야 한다. 그런데 아직 뱃살이 이렇고 팔뚝살이 이렇다. 살을 빼는 건 불타는 열정과 욕심보다는 오늘 30분 걷기를 시작하는 것, 식이조절을 실천하는 것… 이것을 한 달, 두 달 습관처럼 유지해야 이룰 수 있는 결과다.

공부도 하나둘 습관을 만들어서 해나가다 보면 작은 성과가 나온다. 성적이 크게 오른다기보다 '내가 꾸준히 며칠 동안이나 했네', '이 책을 진짜 끝냈구나' 하는 식의 성과 말이다. 이때 꾸준히 하는 것만으로도 아이들을 칭찬해 주어야 한다. 아이가 칭찬에 힘을 얻고 또 최소한 그만큼은 유지하고 싶은 마음이 생긴다. 그리고 시간이 쌓여야 한다. 당장 티가 안 나고 힘든 과정이지만 그런 습관이 만들어 낸 결과로 공부 의지가 생겨날 수 있다.

물론 어떤 특별한 경험을 통해서 아이 스스로 공부 욕심이 생기고 의지를 오래 불태운다면 더없이 기쁜 일이다. 하지만 앞에서 말한 것처럼 쉽지 않고 인위적으로 만들어 줄 수도 없다. 다른 집 공부 욕심 많아 보이는 아이도 잘 보면 그냥 해야 할 일 열심히 하는 친구일 것이다. 그러니 우리 아이 공부 욕심을 어떻게 만들어 줄까 고민하기보다는 오늘 아이가 해야 할 일을 완수하도록 어떻게 도와줄까, 똑같은 걸 해도 어떻게 해야 즐겁고 효율적으로 잘하게 될까, 이걸 어떻게 다음 달에도 1년 뒤에도 꾸준히 하는 습관으로 만들 수 있을까, 그런 고민만 하면 된다. 공부 욕심보다는 오늘 아이가 하는 것, 그것만 생각하기 바란다.

공부량이 적고 진도 챙기기가
어려워서 고민이라면?

집공부 할 때 엄마들의 가장 큰 고민은 진도와 공부량이다. 남의 집 아이
는 알아서 열심히 척척 하는 것처럼 보이지만, 그 집도 얼마나 많은 시간
동안 시행착오를 겪고 얼마나 이를 악물고 공부를 시켰겠는가. 편하고
쉽게 아이를 공부시키는 집은 없다. 착하고 말 잘 듣는 아이는 동화책에
만 있지 현실에는 없다.

아이가 집에서 교재를 풀 때 속도가 느려서 공부량을 챙길 수 없으면
어떻게 해야 할까? 먼저 확인할 것은 아이가 안 하는 건지, 못 하는 건지
파악하는 것이다. 그러면 그에 맞는 해결 방법이 나온다.

아이가 안 할 때

집에서 느릿느릿 문제 푸는 아이를 보고 있는 건 사리를 만드는 일이다. 그런데 엄마도 청소 깨끗하게 하고, 반찬 여러 가지 차려서 식사 준비하고, 빨래까지 하루에 다 척척 잘하지 못한다. 어떤 날은 힘들어서 안 하기도 한다. 아이들도 마찬가지라 뭐든 가능하게 계획을 짜야 한다. 지키기가 터무니없이 어려우면 시작조차 안 하게 될 수 있다. 아이와 충분히 대화해서 가능한 양인지 먼저 확인하자.

이후 아이가 문제를 빨리 풀지 않는 이유를 찾아보자. 나는 아이들이 문제를 빨리 끝내면 내가 양을 너무 적게 줬나 싶어 조금 더 주기도 했다. 그러면 아이들은 빨리 풀고 나면 또 풀 것을 받으니 굳이 빨리 할 필요가 없어진다. 양을 잘 확인해 보고 적절한 양을 끝내면 절대 더 시키지 말고 자유시간을 줘야 한다. 예를 들어 공부 시간을 2시간으로 정했다면 공부하고 남은 시간은 쉬라고 한다. 1시간 20분 공부하면 40분 쉬고, 1시간 40분 공부하면 20분 쉴 수 있게 해야 한다. 그래야 조금이라도 더 놀기 위해서 문제를 빨리 푼다.

다른 이유로 아이가 안 할 수도 있다. 빨리 하지 않아도 게임을 하거나 놀게 해주는 경우다. 아이들도 누울 자리를 보고 다리를 뻗는다. 절대 그냥 노는 아이는 없다. 특히 저학년이라면. 그러니까 해야 할 공부를 안 하면 다른 건 못 하게 하거나 꼭 패널티를 줘야 한다. 대단한 게 아니더라도 말이다.

아이가 어린 경우 엄마도 옆에서 책을 읽으면 좋다. 아이가 혼자 잘 하는지 몸만 배배 꼬고 있는지 옆에서 지켜보는 거다. 설거지와 빨래가 쌓여 있어도 조금 더 봐주다가 아이가 자리 잡으면 그때 하시기 바란다. 아이가 어릴 때는 아이가 1순위다. 조금 크면 엄마가 해줄 일도 없으니 필요할 때 엄마 역할을 해줘야 한다.

아이가 못 할 때

안 하고 못 하고의 경계가 애매할 수 있다. 공부를 할 때 어떤 과정을 처음 보면 당연히 천천히 풀다가 점점 속도가 빨라진다. 부모들은 빠르게 풀 거라고 기대하지만 시작할 때는 생각보다 빠르게 하지 못한다. 누구든 느린 과정을 거친다는 이야기다. 국가대표급 영재가 아니고서야 천천히 푸는 시기가 있다. 특히 저학년은 반복을 많이 시키지 않기 때문에 매번 느리게만 보인다. 여러 번 반복한 게 아니라면 느린 게 당연하다. 그럼에도 아이가 공부를 너무 못 한다면 이렇게 해보자.

• 우선순위 정하고 나머지는 빼기

먼저 우선순위를 정한다. 중요하다고 생각되는 것만 남기고 전부 빼는 거다. 공부 이외의 것도 아이가 하고 싶어 하는 것 한두 가지만 정하고 무조건 뺀다. 운동도 한 번에 두 가지 안 하고 악기도 하나씩만 한다.

운동과 악기를 병행해도 하루에 절대 두 개가 겹치지 않게 한다. 일정을 아주 간단하게 만들고 아이가 할 일을 줄여 준다. 나도 당연히 그랬다. 컴퓨터, 역사, 외국어 등 경험하게 해주고 싶은 것은 정말 많았지만 조절했다. 경험을 위해서 주렁주렁 시키는 엄마도 있는데 가짓수가 많은 것은 공부를 위해서는 '비추'다.

• 계획은 아이의 속도에 맞춰 간단하게 짜기

'오늘 할 일 남기기 vs 늦게까지 무리해 가며 계획 지키기' 두 가지 모두 문제가 있다. 이럴 때 나는 무리해서 어떻게든 끝내게 하기보다는 할 일을 조금 남기더라도 취침 시간을 지키고 내일을 준비했다. 무리하면 다음 날도 하기 싫고 시작부터 피곤해진다. 남은 양은 주말에 여유를 두고 하기 위해 계획을 짤 때부터 하루는 비워 둔다. 초등학생도 바쁘다. 또 아이들이 수행평가니 뭐니 중·고등학생만 돼도 변수가 많아지는데, 초등학교 때부터 하루도 빠짐없이 계획이 있다는 것 자체가 문제다.

만약 아이가 계획한 공부를 매일 다 못 하고 넘어간다면 그건 계획 자체가 잘못된 것이다. 아이마다 속도가 다르기 때문에 내 아이에게 맞게 조절해야 한다. 조금 느리더라도 멈추지 않고 꾸준히만 하면 목적지에 도달할 수 있다. 입시는 어차피 마라톤이기 때문이다. 계획은 간단하게 짜서 쉽게 기억나야 좋다. 오늘 공부할 게 뭐더라? 한참 생각하고, 찾아보고, 파일을 열어 봐야 하면 참 공부하기 싫고 어려워진다. 교재 수도 많지 않게, 과목당 두 권을 넘기지 않는다. 계획한 것을 시각화해서 잘 보이는 곳에 붙여 두어도 좋다. 아이가 계획을 달성해 가고 있는 걸 게임처럼 확인하면 더 수월해진다.

• 교재 하나에 주력하는 시간 갖기

기본적으로 하루에 공부하는 건 두 과목을 넘기지 않는다. 우리 아이들의 경우 국어, 영어, 수학 세 과목을 집공부로 했기 때문에 어렵지는 않았다. 하루에 수학-영어, 수학-국어 식으로 두 과목씩 공부시켰다. 수학도 두 학기를 함께 나가지는 않고 현행 외에는 한 학기씩만 진도를 나갔다. 예를 들어 2학년 1학기 때 선행도 3학년 1학기 심화와 3학년 2학기 개념 식으로 두 학기 진도를 함께 나가는 학원이 많은데, 우리는 3학년 1학기 개념과 준심화를 끝내고 3학년 2학기로 넘어갔다. 항상 한 학기씩 공부해서 조금 빠르게 진도를 나갈 수 있었다.

그리고 언제까지 어떤 교재를 꼭 끝낸다는 계획이 있으면 다른 과목을 일시적으로 멈췄다. 영어 교재를 꼭 끝마치고 싶은데 시간 안에 공부할 게 많을 때는 다 멈추고 영어만 며칠 하기도 했다. 특히 수학은 일주일 정도 한 교재를 떼는 것을 1순위 목표로 잡은 적이 있다. 우리 아이들은 영어는 계속 못 하는데 수학은 했다. 얼마 안 남은 교재를 떼기 위해서 며칠 수학만 공부하라고 해도 좋아했고, 시원하게 한 권 끝내면 아이도 나도 무척 개운했다. 교재를 떼는 시원한 맛을 아이들이 느끼면 의욕이 생기고, 그 맛에 또 다음 교재를 시작한다.

계획한 진도와 조금 다를 수는 있다. 하지만 공부는 마음이 동해야

112

오래 잘하기 때문에 가끔은 이렇게 계획을 무시하기도 했다. 미션 클리어한 쾌감! 아이가 원하는 보상도 꼭 해주자. 그러면 그 맛에 정말 열심히 공부할 것이다.

• 새로운 어휘와 개념 챙기기

진도를 빠르게 나가고 싶을 때 가장 기본이 되는 건 어휘와 개념이다. 모든 과목에서 어휘력이 바탕이 돼야 진도가 빠르게 나간다. 국어뿐 아니라 수학조차 문제가 이해돼야 잘 풀 수 있다. 아이가 다음 단원을 시작하거나 새로운 개념을 배울 때는 단원의 어휘를 정확하게 이해하고 있는지 확인해 준다. 수학도 아이가 기본 어휘와 개념을 간단히 설명할 수 있는지 확인해야 한다. 새로 시작할 때 어휘와 개념을 모아서 설명해 주고 함께 공부하는 시간을 짧게 가져 보시기 바란다. 그러면 훨씬 빠르게 진도가 나가고 더 정확히 이해하게 된다.

아이들에게는 엄마 아빠가 전부다. 자신을 가장 사랑해 주는 부모님에게 인정받으려고 아이들이 참 많이 노력하고 있을 것이다. 엄마 눈에는 느려 보이지만 엄마를 닮아서 그렇다. 조금 느려도 아이가 목표를 잊지 않고 꾸준히 하도록 도와주시기 바란다.

의대생 큰아이의 입시는 드라마,
공대생 작은아이의 입시는 시트콤

두 아이는 태어날 때부터 달랐다. 성향도 외모도. 큰아이는 워낙 조심성이 많아서 15개월이나 돼서야 겨우 걸을 수 있었다. 조금이라도 불안하면 발을 떼지 못하는 성격이었다. 태어난 직후에도 30분 잠깐 자고 2시간씩 울어 대서 나를 힘들게 했다. 7~8개월이 다 되도록 밤에도 푹 자지 못해서 이걸 도대체 언제까지 할 수 있을까 늘 지쳐 있었다. 모든 것이 까다로워서 원하는 상태가 아니면 울고불고하는 아이. 한번은 길게 늘어놓은 장난감들을 지나가다 발로 흐트러뜨렸더니 지구가 떠나가라 울어 젖혔다. 큰 눈이 웃을 때는 그렇게 예쁜데 한번 울기 시작하면 눈물이 참 많이도 쏟아져서 힘든 시간이었다.

먹는 것에도 까탈스러워서 밥 한 번 제대로 먹여 본 적이 없다. 유아식부터 초등학생 때까지 엄마가 원하는 만큼 많이 먹어 준 적이 있었던가. 지금은 키가 또래 평균 키를 넘지만 초등학교 입학 때만 해도 앞에서 두 번째 친구의 어깨에 겨우 닿을 정도로 작았다. 감기도 잘 걸리고. 어린 시절 참 많이도 걱정을 끼친 아이였다.

그런 큰아이를 기른 후여서 그랬는지 작은아이는 정말 다르게 느껴졌다. 작은아이는 8개월부터 가구를 잡고 일어났고, 10개월이 되었을 무렵 걸을 수 있었다. 울지도 않고 잠도 새근새근 잘 잤다. 3개월 되니 밤에도 바로 푹 자던 아이. 먹는 것도 뭐든 잘 먹었다. 체격이 크진 않았어도 또래만큼은 자라 주었다. 대신 어디에서나 뛰어다녀서 마트를 가든 도서관을 가든 잡으러 다니기 일쑤였다. 활동적인 아이라 에너지를 다 풀어야 집에 들어갔다. 유치원 다닐 때는 매일 아파트 놀이터에서 2시간은 뛰어다녔나 보다.

두 아이는 타고나기도 이렇게 달랐는데 형과 동생으로 태어난 순서가 타고난 성향을 더 강하게 만든 것 같다. 한번은 마트 실내 놀이터에 둘을 맡기고 예정된 시간보다 조금 늦게 갔다. 큰아이는 왜 엄마가 약속한 시간에 오지 않고 전화도 받지 않느냐고 얼굴이 새빨개져서 엉엉 울고 있었다. 반면 작은아이는 중간중간 형을 봐 가면서 열심히 놀고 있었다. 큰아이는 동생까지 지켜야 하는 책임감에 힘들었고, 작은아이는 형이 있으니 세상 걱정 없이 편하게 논 것이다. 이런 성향이 지금까지도 이어지고 있다.

아이들의 타고난 성향은 집공부를 하고 입시를 치러 내는 과정에도 영향을 미쳤다. 큰아이는 아이 성향에 맞춰서 열심히 길렀는데, 작은아이는 완전히 다른 육아를 시작했던 것 같다. 큰아이 육아가 도움이 된 면이 있지만, 오히려 방해가 더 많이 됐다고 해도 틀린 말이 아니다.

큰아이 이야기

큰아이의 공부와 입시 과정에서는 한 순간도 긴장하지 않은 적이 없다. 속상한 일도 있었지만 대부분 가르치는 대로 따라와 줬고 때로는 내 기대 이상으로 잘 해 주기도 했다. 결과만을 말하는 것이 아니다. 스스로 계획을 세우고 지키는 모습에서 내가 더 배운 것도 많았다. 지금 생각하면 어떻게 그걸 다 해냈는지 고맙고 대견할 뿐이다.

큰아이 입시 때는 수시가 70퍼센트 후반이었기 때문에 성적이 나쁘다고 중간에 내신을 놓을 수 있는 상황이 아니었다. 생활기록부에도 동아리나 '세부 능력 및 특기사항'(세특)은 당연하고 대회 수상, 봉사, 독서 등 현재는 반영되지 않는 많은 것이 기재되어 다 충족시켜야 하는 시기였다. 입학사정관 선생님 가운데 동아리를 중요하게 보는 분을 만날지, 독서를 중시하는 분을 만날지, 중요한 게 봉사인지 세특인지 알 수 없었다. 그래서 모든 영역을 고루 열심히 준비하자고 했는데 아이가 그걸 다 해준 것이다.

결국 학교 대회 수상에서 교과우수상을 제외하고도 50건 이상, 봉사도 교내와 교외 포함 150시간 이상, 독서도 50권 이상 모두 완수했다. 고등학교 1학년 때는 한 달에 세 번 정도 주말에 양로원 봉사를 갔는데, 학원을 다녔다면 못 해냈을 것이다. 독서도 희망 전공 관련 책은 많이 읽고, 다른 영역도 모두 골고루 읽어야 해서 그 리스트 짜는 문제를 두고 꽤 고심했던 것 같다. 어떤 친구들은 책을 대충 읽기도 하고 부모님이 대신 읽고 쓰기도 했다던데 우리 아이는 고집이 대단해서 내가 손도 못 대게 했다. 부족해도 무조건 스스로 해야 직성이 풀리는 아이다.

간단히 결과만 적었지만 이 모든 것을 하나하나 해낸 노력은 짧게 적을 수가 없다. 피곤한 몸으로 간절하게 준비하던 그 순간들을 부족한 내 글솜씨로는 절대 다 표현하지 못한다. 3년이 10년처럼 느껴진 고등학교 시기였다. 하여튼 이런 노력으로 서울대, 고려대, 카이스트 1차 서류 전형에 모두 합격했을 때 그동안의 노력이 헛되지 않았다는 생각에 정말 기뻤다.

특히 내신 기간 마음 졸이던 순간순간은 아직도 그 느낌이 선명하다. 고등학교 첫 시험부터 입시라는 걸 막연히 알고는 있었지만 그렇게 모든 시험마다 마음에 몸살이 날 만큼 같이 힘들 줄은 상상도 못 했다. 너무 사랑해서 정말 간절해진다. 아무리 힘들고 졸려도 책상에 앉던 그 노력, 놀고 싶은 마음을 눌러 가며 공부하던 그 시간 모두 헛되지 않기를 바라고 또 바라게 된다. 충분히 보상받지는 못하더라도 노력은 배신하지 않는다는 믿음에 상처가 나지 않길 바라는 거다. 모든 엄마는 이 마음을 잘 알 것이다. 특히 내신을 치러 본 고등학생 엄마라면 굳이 길게 설명할 필요도 없다.

시험을 치르고 있는 시간에는 TV를 봐도 음악을 들어도 진정이 되지 않았다. 그렇게 좋아하는 커피 맛도 느끼지 못한 채 연거푸 마셔 가며 오전이 가기를 기다리곤 했다. 시간이 흘러 현관 번호키가 들려지고 '띠띠띠띠띠띠…' 소리가 나면 온몸이 전율했다. 얼굴 표정을 어떻게 하고 있어야 하는지 가슴이 쿵쾅거렸다. 현관문을 열고 들어온 아이의 상태에 따라서 액션을 취할 만반의 준비를 했다. 잘 봤으면 살짝 눌러 주며 내일 시험을 준비시키고, 못 봤다고 하면 마음을 단단하게 만들어 줘야 했다. 그것 말고는 딱히 해줄 것이 없어서 마음만 졸인 듯하다. 한번은 아이가 현관문을 열고 들어와서는 교복도 벗지 않고 나를 안았다. 그러고는 소리 내 울었다.

"엄마, 엉엉엉… 엄마, 엉… 엉….."

나는 어떤 말도 하지 못하고 그냥 등을 다독여 줬다. 우는 아이를 그냥 지켜볼 수밖에 없었던 그때의 마음은… 글쎄, 제대로 전달할 자신이 없다. 얼마나 아프고 얼마나 힘들까? 도대체 뭐가 어떻게 됐기에 이러는 걸까? 아무것도 묻지 못하고 나도 같이 빨개진 눈으로 아이의 등을 어루만졌다.

그렇게 얼마나 울었을까, 아이가 입을 열었다.

"시험을 너무 못 봤어요. 다음에는 정말 더 열심히 공부할 거야."

속상하면서도 한편으론 다행스러웠다. '결과가 나쁠 때 핑계도 없이 노력 부족을 원인으로 생각하는구나. 넌 더 노력할 거고 분명히 더 잘하게 될 거야.' 이런 생각을 했던 것 같다. 하지만 당시에는 속상한 마음이 훨씬 커서 아이와 같이 울었다. 아이를 기르면서 겸손해지고 숙연해진다. 항상 마음대로만 되지는 않았고 힘들고 좌절할 일이 정기적으로 있었다.

고등학교 생활, 특히 내신 준비는 각본 없는 드라마다. 한번은 아이가 시험을 망쳐서 도대체 몇 등급이 나올까, 회복이 가능한 등급일까 크게 걱정했다. 그런데 당시 그 과목이 난이도가 높아서 1등과 2등의 점수 차이가 컸고 등급도 나쁘지 않게 나왔다. 반면 어떤 때는 점수가 100점이었는데 많이 쉬웠는지 동점자가 많았고, 교만한 마음으로 치른 기말고사에서 실수가 많아 3등급이 된 적도 있다. 시험을 못 봤다고 좌절해 있어도 안 되고 잘 봤다고 방심해서도 당연히 안 된다. 상대평가는 내가 어려우면 친구들도 어렵고 내가 쉬우면 다들 쉬운 것이다. 마지막 순간까지 최선을 다할 때만 후회가 없다.

아이를 지켜보는 매 순간 같이 울고 함께 웃었다. 엄마는 아이의 드라마에 등장하는 조연이지만 마음은 주인공 이상으로 간절하다. 엄마라면 다 알 것이다.

큰아이 입시에서는 수시도 챙길 게 많았다. 자기소개서도 필요했는데 서울대, 카이스트, 고려대 모두 질문이 달랐다. 우리는 입시 컨설팅을 받아 본 적이 없다. 아이가 쓴 기본 내용에 학교 선생님이 코멘트를 해주셨고 집에서 함께 마무리했다. 원서를 쓰고 서류를 준비하는 고3 여름은 참 정신없고 힘이 들었다. 아이와 내가 원하는 학교가 일치하면 수월한데 마지막까지 수시 여섯 장 카드를 두고 큰 소리가 오갔다. 결국 우선순위는 대부분 아이의 결정에 따랐다. 엄마는 후회가 될지언정 12년간 공부를 직접 해온 아이가 자신의 진로를 선택하지 못한다면 참 아이러니한 일이다.

수능 시험 이후 대학들의 1차 합격자가 발표될 때마다 가슴을 졸였다. 특히 서울대 1차가 발표됐을 때는 정말 가슴이 웅장해지는 느낌이었다. 서울대는 1차 합격이 최종 합격자의 2배수여서 어떤 학교보다 최종 합격 확률이 높아지기 때문이다. 그해 고려대 1차 합격은 5배수라서 최종 합격 확률이 20퍼센트였지만 서울대는 50퍼센트나 되었다.

대학 구술 시험을 거쳐 최종 결과가 나왔다. 그해 첫 최종 합격 발표는 서울대였다. 합격을 확인하던 순간이 아직도 생생하다. 이름과 수험번호를 치면 합격, 불합격을 자세히 확인하기 전에도 바로 당락을 알 수 있다. 불합격이면 짧은 화면으로 끝나고 합격이면 이후 준비를 위해서 화면 가득 글과 표로 채워져 있다고 했다. 아이는 그때 게임을 하고 있었는데 마지막 확인 버튼은 직접 누르게 했다. 화면이 바뀌고 글과 표로 가득 채워진 화면이 떴다. 합격이었다.

나와 작은아이는 태블릿을 들고 방방 뛰었다. 큰아이는 아직도 게임을 하는 중이어서 "와~" 하며 좋아하기만 했다. 게임을 끝내고 학교 선생님과 할머니께 전화를 드렸다. 그날의 느낌을 어떻게 설명할 수 있을까? 아이가 이후 반수를 해서 의대에 합격했을 때보다 이 첫 합격의 순간이 더 기억에 남는다. 사실 의대 반수 때는 시험을 많이 못 봐서 마지막 보험 삼아 지원한 학교로 가게 되어 큰 감동이 없었다. 당시는 수능 시험 후 3주 정도 방에서 나오지도 않고 누워 있었다. 1차에 모두 붙었지만 최저에서 딱 1점 때문에 네 학교에서 한 번에 떨어지는 경험을 했기 때문이다. 9월 모의고사를 잘 본 탓인지 수능 시험 직전에 해이해졌던 모양이다. 아쉬움을 가득 안고 그렇게 큰아이 입시를 마쳤다.

작은아이 이야기

작은아이 공부는 확실히 수월했다. 큰아이에게 들려줬던 영어 음원은 당연히 작은아이도 들었다. 책도 과학 잡지도 형이 읽을 때 그림이라도 짚어 가며 함께 봤다. 작은아이는 큰아이보다 더 어릴 때부터 다양한 유아 프로그램을 자연스럽게 같이 경험했다. 일부러 가르치려 하지 않아도 저절로 알아 가는 게 있었다. 나이 차이가 네 살이나 나서 무슨 도움이 될까 생각했지만 저학년 때까지는 비슷하니 여러모로 좋았다.

작은아이에게는 여러 가지 미안한 것도 있다. 아이가 어떤 과정을 하고 싶다고 할 때 득과 실을 많이 따졌다. 큰아이를 기르면서 필요 없다고 생각되거나 힘든 과정 같았으면 해보지도 않으려는 마음이 생겼다. 초등학교 때 영재원을

120

지원할 때도 그랬다. 작은아이 때는 영재원을 지원하고 싶으면 누구라도 할 수 있었는데 마음속으로 굳이 이걸 해야 할까 고민했다. 큰아이가 중학교에서 대학 부설 영재원을 다니고 있었기 때문에 갈급함이 없었나 보다. 만약 이 아이가 첫째였다면 고민도 없이 지원했을 테고 먼저 지원하겠다는 아이를 대견해했을 텐데 말이다. 고민 끝에 지원한 교육청 영재원도 학원에 다니지 않고 책만 읽은 아이가 당당히 합격했다.

중학교에 올라가서는 큰아이가 한 것처럼 집에서 여러 과목 선행 학습을 해 나갔다. 오래 앉아 있기 싫어하는 아이를 책상에 앉혀 두는 게 이렇게 힘든 일이구나, 참 많은 생각을 했다. 큰아이가 한 만큼 전부 하지는 않았지만 적당한 속도로 선행 공부를 했다. 중학교 2학년 때 고등학교 과정에 들어가는 정도의 속도였다.

그런데 중학교 3학년 때 코로나를 계기로 아이는 합법적으로 컴퓨터와 한 몸이 되었다. 수업을 들어야 한다며 방문을 닫고 있었는데 나중에 들어 보니 수업 시간에도 적지 않게 게임을 했다고 한다. 그때부터 많은 것이 흐트러지기 시작했다. 집에서 공부하던 여러 과목의 속도가 늦어지고, 심지어 수학은 풀이 없이 답만 달렸다. 해답지를 보면서 정성껏 답만 베끼고 있었던 것이다. 다른 과목은 다 하지 않더라도 수학만은 챙기자고 참 열심히 구슬리고 다독였다. 엎친 데 덮친 격으로 그때 시작된 사춘기가 그토록 오래갈 줄 몰랐다. 다시 공부하겠다고 말하기까지 2년이 넘게 걸렸다.

고등학교 첫 모의고사 점수는 중학교 2학년 때까지 공부한 게 있어서인지 적당히 나왔다. 그런데 첫 중간고사부터 처음 보는 성적을 가져왔다. 늘 1등급, 어쩌다 2등급이 적혀 있던 큰아이 성적표만 보다가 작은아이 성적표를 보니 웃음만 나왔다. 첫 시험부터 이렇게 받아 오니 아이에게 말은 안 했지만 수시는 안 되겠다는 생각이 들었다. 한동안 잘하다가 나중에 떨어지면 정말 안타까울 텐데 첫 시험부터 못 봤으니 고민도 되지 않았다. 내신 기간에 웃고 떠들기도 했다. 심지어 내신 시험지를 채점도 하지 않는 아이 덕분에 고등학교 기간 내내 힘든 날은 며칠이 안 되었던 것 같다.

아이는 힙합 공연도 보러 가고, 절친 멤버들과 여기저기 놀러 다니고, 게임도 수능 직전까지 참 많이 했다. 그런데 어느 날 갑자기 수학 학원 좀 알아봐 달라고 부탁을 했다. 그날이 나에게도 온 것이다. 드디어 사춘기가 끝나고 공부를 하려나 보다! 하늘에 무지개가 보이는 듯했다. 그렇게 고등학교 2학년 늦은 봄부터 1년 반 정도 정시 준비를 했다.

정시 준비 기간에도 학원에 다니지 않고 혼자 공부했다. 성적이 안 나오는 과목 학원 좀 가보자고 구슬려도 아주 단호했다. 나를 설득하는 그 말에 쏙 빠져서 아이가 원하는 대로 그대로 두었다. 우리 부부는 큰아이의 노력도 믿지만 작은아이의 깡과 끼를 잘 알고 있었다. 어차피 의학 계열이 아니라면 어떤 학교를 나와도 이후 세상살이는 아이가 할 몫이라고 생각했는데, 작은아이는 어딜 가도 한 사람 몫 이상은 충분히 해서 잘될 놈이라는 강한 믿음이 있었다. 그래서 열심히 하라고 하면서도 혹여나 원하는 성적이 안 나오더라도 큰 걱정은 하지 않았다.

심지어 수능 날 우리 부부의 만행에도 아이는 담담했다. 수능 날 아침, 내비게이션에 수험장을 찍고 운전해 가고 있었는데 도중에 주소를 잘못 찍었다는 걸 알아차렸다. 바뀐 경로로는 시험장에 도착해도 입실 마감 시간일 터였다. 태어나서 가장 떨었던 순간이다. 오토바이를 불러야 하나 어쩌야 하나 등에서 식은땀이 흘렀다. 우리 부부는 당연히 큰 소리로 싸웠고 뒤에 탄 녀석이 오히려 부부싸움을 말리고 있었다. 결국 중간에 차에서 내려 전철을 타게 됐는데 "찬바람 쐬니 정신 번쩍 들고 좋네."라고 말하던 녀석이다. 전철에서 내려 걸어가면서 사진도 찍고 영상도 찍고… 어쨌건 늦지 않게 수능 시험장에 들어갔다.

　이렇게 아찔한 시트콤 한 편이 완성되어 잊지 못할 추억이 되었다. 힘들게 치른 수능은 국어만 제외하고 우리 예상만큼은 성적이 나왔다. 그날 아침을 생각하면 국어 못 본 탓을 할 만도 한데 아이는 한 번도 투정하지 않았다. 원서를 쓸 때도 희망 학과 한두 곳을 말하고는 알아서 써 달라며 놀기 바빴다. 그리고 고등학교 졸업식 날 한양대 최초 합격 통지서를 받았다.

제3장

초중고 다 통하는
기본 학습 전략

혼공 시간 확보와
집중력 발휘하기

집공부를 잘하기 위해서 가장 중요하게 챙겨야 하는 2가지에 대해서 이야기하고 싶다. 이 2가지는 큰아이가 꼽은 것이지만 나도 전적으로 동의하기 때문에 학습 전략의 첫 번째 주제로 이야기한다.

혼공 시간 확보하기

큰아이가 공부를 잘하기 위해서 가장 중요한 포인트로 꼽는 건 혼자 순수하게 공부하는 시간, 즉 '혼공' 시간 확보다. 학원을 몇 개 다니든 과외를 몇 과목 하든, 수업 듣는 시간과 오가는 시간 전부 제외하고 혼자 익히는 시간이 확보되어야 한다. 학교 수업이나 인터넷 강의, 학원 수업 등은 온전히 체화되는 시간이 아니다. 수업 내용을 나만의 방식으로 혼자 이해하고 기억하는 시간이 꼭 필요하다. 책이나 교재를 보고 오롯이 혼자 익히는 시간이 그대로 실력으로 쌓이게 된다. 구슬을 꿰는 시간이 필요하다.

혼공이란 계획을 짜고 지키고 정리하고 완벽하게 될 때까지 혼자서 끌고 가는 전 과정을 말한다. 읽고 이해하고 곱씹고 문제 풀고 확인하고 또 확인하고… 아이가 혼자 '캐리'하는 거다. 저학년보다 고학년으로 올라갈수록 더욱더 중요해지고, 결국 성적에 큰 영향을 미친다.

혼자 공부하는 시간이 확보되지 못할 만큼 다니는 학원이 많으면 오히려 공부에 방해만 된다. 과목별로 학원을 다니는데 성적은 하위권인 친구들도 있다. 학원 다니고 인터넷 강의 들은 시간을 공부한 시간이라고 생각해서는 안 된다.

저학년 때부터 학원에 다니면서 과목마다 학원 진도에 맞춰 생활하면 나중에 혼자 계획하고 부족한 부분을 보충하기가 힘들다. 어느 정도 실력이 된 것 같아서 학원을 그만두면 성적이 뚝 떨어지는 경험을 하게 된다. 학원은 활용해야 하는 건데 전적으로 의지하다 보면 이런 부작용이 생긴다. 혼자 해본 경험이 적어서 생각만큼 성적을 유지하고 발전하기가 어려운 거다. 그래서 저학년 때는 시험을 좀 못 보더라도, 과목 진도가 늦고 조금은 돌아가더라도 주요 과목에서 혼자 계획을 짜서 지키고 힘들면 수정해서 다시 해보는 시간을 갖게 해주는 게 좋다. 한두 과목이라도 꼭 해보시기 바란다.

무조건 학원을 다니지 말라는 이야기가 아니다. 학원은 꼭 필요할 때 보충하는 정도로 보내는 게 좋다. 혼자 아무리 해봐도 길이 보이지 않거나 혼자 하면 너무 하기 싫어서 도통 진도가 나가지 않을 때, 또는 엄마와 트러블이 심할 때 보내면 좋다. 혼자 해보다가 학원에 가면 더 효과적으로 이용할 수 있다. 그리고 고등학교 2~3학년 때 진검승부를 위해서 한두 과목 정도는 학원에 다니는 게 좋다고 생각한다.

다시 강조하지만 전제 조건은 학원에서 배운 걸 제대로 곱씹는 시간을 꼭 확보해야 한다는 것이다. 그래서 극상위권 친구들 중에는 학원을 다니고 싶어도 많이 다니지 못하는 경우가 많다. 배운 내용을 혼자 소화할 시간을 확보할 수 없으니 학원을 다니고 싶어도 못 다닌다. 두 아이를 다 키우고 보니 스스로 하는 것의 중요성이 더 크게 느껴진다. 대학입시가 끝이 아니다. 인생을 살면서 목표를 세우고 하나씩 성취하는 과정을 연습하게 되는 것이다. 참 중요하고 꼭 필요한 과정이다.

집중력 발휘하기

공부를 잘하기 위해서 꼭 필요한 것으로 꼽은 두 번째는 집중력이다. 단기간 집중해서 한 공부는 집중하지 못한 채 오래 앉아 공부한 것에 비할 수 없다. 아이 표현대로라면 집중해서 공부가 잘되는 시간이 있는데, 그때는 뼈에 글자가 그대로 새겨지는 느낌이라고 한다. 같은 시간을 공부해도 효율이 훨씬 높다는 이야기다. 이렇게 중요한 집중력을 충분히 발휘하려면 의지가 있어야 하고 무엇보다 몸 컨디션이 좋아야 한다. 집중이 안 되면 무조건 앉아 있기보다는 잠시라도 쉬면서 에너지를 충전하는 게 좋다.

우리 아이는 잠이 많았다. 고3 때도 집에서 7시간은 잤고, 그러고도 학교 가서 꼭 자습 시간에 잤다고 한다. 그런 아이가 학원 다니느라 왔다갔다 시간을 썼다면 집중력을 제대로 발휘하지 못했을 것이다. 학원 여러 개를 다녔다면 학원 전기료 내주는 아이가 됐을 테고. 짧은 시간 공부해도 아이가 집중해서 공부할 수 있는 몸 상태인지를 늘 확인해 봐야 한다.

큰아이 말대로 공부 잘하는 데 꼭 필요한 2가지가 혼공 시간과 집중력이라면, 사교육을 많이 받는 게 긍정적이기만 한 건 아니다. 결론은 공부 잘하려면 학원 수만 늘리지 말고 혼공 시간을 집중해서 보내야 한다는 것이다.

그리고 정말 다행이다. 나는 사교육비를 줄이기 위해 혼공을 해야 한다는 생각이었고, 아이는 혼공이 훨씬 효과적이기 때문에 과도한 사교육은 '비추'라고 했으니 말이다. 경제적으로 힘든 상황에서 돈이 없다고 아이 공부 잘 시키기를 포기해야 하는 게 아니다. 학원을 아이가 원하는 만큼 보내지 못하는 집이 있을 것이다. 보내 주고 싶어도 아무리 계산기를 두들겨도 답이 안 나오는 경우 말이다. 나도 그랬다. 아이 공부는 잘 시키고 싶은데 돈은 한정되어 있었다. 30~40대에는 경제적인 기반도 다져야 하는 시기라 매 순간 고민이 많았다.

하지만 너무 괴로워하지 말기를 바란다. 아이들이 혼자서 시행착오를 겪어 가며 자신에게 맞는 공부법을 알아내고 혼공 시간을 조금씩 늘려 보는 게 좋다. 그런 시간이 없으면 나중에 더 고생하기도 한다. 어차피 평범한 집에서 모든 것을 다 완벽하게 해줄 수는 없다. 꼭 필요한 학원만 보내고 학원비를 아껴 두었다가 정말 필요할 때 쓰자. 그렇지만 당연히 정서적으로는 꽉 채워 주어야 한다. 아이가 혼자 힘들게 공부하는 모습 칭찬해 주고, 늘 응원하고 사랑하고 있다는 것을 넘치도록 느끼게 해주면 된다.

최상위권 아이의
교과서 중심 학습법

"교과서 위주로 공부했어요."

한때 수능 만점자들이 인터뷰에서 늘 하던 말이다. 선뜻 이해가 잘 안 되기도 하고 말도 안 된다는 생각에 피식 웃음이 나기도 했다. 그래서인지 개그 소재로 자주 패러디된다. 공부를 그렇게 잘하는 데는 당연히 특별한 비법이 있을 거라고 생각하기 마련이다. 교과서는 누구에게나 동일하게 주어지는 교재고 너무 당연하게 기본적으로 공부하는 거라 뭔가 다른 걸 기대하게 된다.

하지만 '교과서 위주로 공부했다'라는 한마디에 12년 공부의 핵심적인 비법이 들어 있다. 교과서에는 전문가가 엄선한, 해당 학년에 꼭 알아야 할 필수 내용이 담겨 있다. 교과서에 나온 내용을 충분히 이해하고 어휘를 모두 익히면 저절로 결핍 없는 공부가 되는 것이다. 수업을 잘 받기 위해 미리 단원의 목표를 살펴보고 복습을 철저히 하면 공부 루틴이 그대로 완성된다. 해당 단원에서 알아야 할 것을 제대로 소화하고 넘어가는 습관은 우등생 공부의 기본이다.

하지만 단지 교과서의 중요성만을 말하려는 건 아니다. '교과서 위주로 공부했다'는 말은 학교생활 전반에 대한 태도를 보여 준다. 학교 수업을 중요하게 여겼을 것이고, 선생님 말씀도 열심히 들었다는 것을 의미한다. 수업에 빠지지 않거나 늦지 않기 위한 성실함은 기본으로 장착했을 것이고, 누구보다 학교생활 자체를 열심히 했다는 거다.

내가 확대 해석한 건지는 모르지만 답은 늘 학교에 있다고 생각했다. 학교생활과 학교 행사를 어떤 것보다 우선순위에 두었다. 학교 수업에 열심히 임하는 건 당연하고, 초등학교나 중학교 저학년 때는 학교에서 주최하는 대회나 행사에 대부분 참여하려고 했다. 과학탐구 토론 대회부터 발명품 대회, 영어 말하기 대회, 그림 그리기, 악기 연주 등. 학교나 교육청에서 주관하는 영재교육원 등에도 지원했다.

대회 결과나 합격 또는 수상 여부 자체는 중요하지 않다. 당연히 더 좋은 결과를 얻으려고 노력해야 하지만 그게 다는 아니다. 학교 대회나 행사는 하나를 참여해도 많은 것을 배우게 된다. 보고서도 많이 써 보고 다양한 발표 경험도 쌓인다. 선생님에게 더 자세히 묻고 친밀하게 소통하며 발전하는 기회도 생기고 함께하는 친구들과 협업하면서 대인관계의 기본도 제대로 익힐 수 있다. 유료로 진행되는 학교 밖의 특별한 강의나 캠프가 아니어도 다양한 능력을 키울 수 있는 기회는 학교에도 무궁무진하게 많다.

최근에는 과목별 공부 진도에 방해가 된다고 학교 행사에 아이를 굳이 참여시키지 않는 경우도 많은 것 같다. 단순 경험보다는 교과 실력을 중요하게 여기고, 해야 할 일이 많은데 그런 것까지 참여해야 할까 싶은 모양이다. 그 시간에 수학 문제 조금 더 풀고 영어 단어 좀 더 암기하는 게 좋다고 생각할 수 있다. 발표 능력이나 대인관계 능력, 협업 능력 등은 당장 드러나지 않으니 그리 중요하게 보이지 않을지도 모른다.

나도 다른 어떤 능력보다 교과 실력이 더 중요하다는 데 동의하고 누구보다 열심히 준비한 사람이다. 고학년이라면 지나치게 많은 시간을 들여 학교 행사를 준비하는 것도 추천하지 않는다. 하지만 초등학교 때 참여하는 작은 대회 하나하나가 모두 중·고등학교 때 도움이 되고 장기적으로는 대학생활이나 사회생활에도 영향을 미친다. 특히 중요한 시기에 꼭 필요한 능력들을 미리 준비하는 과정이 된다. 자신의 의견을 발표하는 능력도 성장하고, 우수한 발표 자료를 짧은 시간에 비교적 쉽게 작성할 수 있게 된다. 그러면 정작 바빠지는 고등학교 때 내신 수행평가나 발표 준비에 부담이 적어진다. 자료 수집부터 정리, 효과적으로 발표하기까지 모두 자신 있는 분야가 되기 때문이다.

고학년에 올라가서 그때 배우고 익혀도 되지만 고등학교 때의 1시간은 초등학교나 중학교의 1시간과 같지 않다. 나는 우리 아이들이 저학년 때의 다양한 경험들로 고학년의 소중한 시간을 더 많이 확보할 수 있었다고 생각한다. 또 이런 자신감으로 대학 입시 전형 중 면접이나 구술 평가가 있는 어떤 전형도 회피하지 않고 다 지원할 수 있었다. 입시를 위해서도 사교육보다 공교육에서 하는 것들을 최대한 활용한 셈이다.

성적이 안 나오면 보완하기 위해서 학교가 아닌 유명 학원이나 과외, 기타 다른 방법을 모색하게 된다. 심지어 학원에 집중해야 하는데 학교 숙제가 많다고 불만을 토로하는 엄마들도 있다. 주객이 전도된 셈이다. 하지만 사교육 행사보다는 공교육 행사에 참여하는 자세가 더 진지할 것이다. 학교 행사가 아니면 아무래도 중간에 포기하기도 쉽고 가볍게 여길 수도 있다. 같은 시간을 보내도 학교에서 하는 일정에서 배우는 내용이 훨씬 많다.

'교과서를 중요하게 생각한다'는 말은 학교생활 전반에 최선을 다한다는 의미다. 학교생활을 우선시하면 아이는 학생이라는 신분으로 최선을 다해야 할 것이 무엇인지 늘 생각하게 된다. 나태해지고 싶을 때도 자신의 위치를 각성하고 열심히 공부하게 할 수 있다. 교과서 위주로 공부시켜 보자.

아이 주도
공부 계획 세우기

상위권을 꾸준히 유지하는 친구들이 공통적으로 가지고 있는 능력은 무엇일까? 나는 아이 스스로 공부 계획을 세우고 실천하는 습관이라고 생각한다. 아이가 공부해야 할 과목은 스스로 끌고 가야 한다. 국어, 영어, 수학… 어떤 과목의 월등한 성적보다 훨씬 중요한 가장 기본적인 우등생의 무기다.

계획을 세우고 지키는 게 무슨 특별한 능력이냐 하겠지만, 이게 안 되면 원하는 공부를 시간 안에 완벽하게 끝내지 못한다. 중학교 때까지는 어찌어찌 따라가는 듯하다가도 고등학교 이후 우왕좌왕 흔들리는 경우가 많다. 아이 스스로 끌고 가는 역량이 있어야 하는데 제대로 해본

적이 없으니 어려운 게 당연하다.

고등학교 입학 전에 딱 하나 챙겨야 한다면 자기 주도 공부 습관을 들이라고 조언하고 싶다. 제대로 익혀서 습관을 들여 놓으면 전 과목 균형을 맞춰서 높은 성적을 유지할 수 있다. 공부를 떠나서 평생 중요한 습관이다.

성적이 갑자기 튀어 오르는 아이들이 있는데 계획을 세우고 지키는 공부 루틴을 제대로 배우고 지킨 경우가 많다. 한 과목씩 한 단원씩 쌓아 가면 원하는 목표에 도달하게 된다. 많은 양을 다 끝낸 시점의 최종 목표만 바라보면 너무 까마득하다. 시도조차 힘들어질 수 있다. 너무 먼 곳을 보기보다 오늘 할 일, 이번 주 할 일만 생각하면서 지켜 가는 거다. 그러다 보면 이달에 할 일을 모두 완료하게 된다.

공부 시간에 대한 메타 인지가 안 되면 지키지 못할 계획을 세우게 된다. 교재를 휘리릭 넘겨 보고 '3시간이면 되겠네' 했다가 실제로는 5시간 또는 10시간이 걸려서 마지막까지 다 보지도 못하고 시험장에 들어간다. 계획 세우기도 계속 해봐야만 과목별로 일정 범위의 공부에 실제로 시간이 얼마나 걸리는지 체감하게 된다. 구체적으로 해봐야 고등학교 올라가서 시험 계획을 제대로 세우고 공부도 미리미리 해둘 수 있다.

그런데 비교적 간단해 보이는 '계획 세워서 실천하기' 루틴도 처음부터 누구나 다 잘하는 건 아니다. 초등 우등생이 하는 걸 안 해보면 고등학교에 가서도 못 한다. 학원 숙제 해 가기도 바빠서 스스로 계획을 세울 생각조차 안 하기도 한다. 그래서 이걸 굳이 이렇듯 길게 설명해야 할까 싶을 수도 있지만 최대한 자세히 적어 보려고 한다. 작은 것부터 꼭 실천해 보시기 바란다. 사실 엄마가 혼자 계획을 세우면 훨씬 편하지만 아이에게 주도권을 넘겨 주기 위해서 귀찮아도 조금씩 시켜 보는 거다. 초등학교부터 고등학교 때까지 나눠서 설명해 보겠다.

초등학교 공부 계획 세우기

아이가 초등학생이면 엄마가 혼자 계획을 세울 때가 많은데, 아이가 혼자 하기 전에는 엄마가 하는 것을 그대로 보여 주면 좋다. 아주 소소한 것이라도 아이와 대화하면서 계획을 어떻게 세우는지 아이에게 그대로 보여 주자. 보고 자란 것 무시 못 한다.

소소한 일부터 습관으로 만드는 것으로 시작한다. 초등 저학년에는 우선 목록 작성하기부터 해보자. 도서 목록, 문구류 구입 목록 등. 날짜마다 읽을 책의 제목을 적어 본다. 말로만 하지 말고 수첩이나 종이에 꼭 기록해 보면서 습관으로 만드는 거다.

어릴 때는 시간 중심으로 계획을 세우다가 크면서 과제 중심으로 옮겨 간다. 책 읽기 1시간 30분, 수학 연산 20분, 영어책 1시간… 이렇게 하다가 나중에는 수학 2페이지, 영어 단어 10개… 이런 식으로 해야 할 과제 중심으로 짠다. 과목별로 다른 과정을 거칠 수 있지만 결국 목표는 과제 중심으로 옮겨 가야 한다.

고학년이 되면 그날 공부할 목록을 적어 본다. 페이지를 구체적으로 적지 못해도 아이가 오늘 해야 할 일이 무엇무엇인지 알고만 시작해도 좋다. 장기 계획 세우기는 아직 어렵고 단기로 그날그날 할 것들을 확인할 수 있으면 된다.

그러다 한 과목 공부 계획을 구체적으로 적어 본다. 수학을 예로 들어 보자. "이 문제집을 다음 달까지 끝내려고 하면 하루에 얼마큼씩 하면 될까?" 그러면 하루에 공부할 페이지 수가 대략 정해진다. 목표하는 날까지 남은 일수에서 아이가 공부를 못 하는 날을 빼면 구체적인 일정이 나온다. 우리는 6학년이 돼서 선행 학습할 때쯤이었던 것 같다. 한두 번만 보여 주면 아이들도 그대로 따라 한다. 영어 챕터북도 목표하는 날까지 다 읽으려면 하루에 읽어야 할 양이 대략 나온다. 그걸 간단히 적어 보게 한다.

나머지는 엄마 주도로 하더라도 한 과목씩 더 해보면서 조금씩 아이의 주도권을 늘려 주면 된다. 과학 실험 보고서 쓸 때 과학 실험 일정을 이야기하면서 제대로 연습해 볼 수 있다. 언제까지 이론 수집, 언제까지 준비물 구입, 언제까지 실험 1단계, 그다음 2단계… 이런 식으로 계획을 세워보는 것이다.

단순 목록 만들기에서 그날 공부할 목록 짜기, 한 과목 스케줄 적어 보기 순서로 진행한다. 이렇게 초등학교 때는 소소한 기록하기부터 맛보기 하는데 주요 과목으로 해보면 좋다. 자신이 스스로 짠 계획은 더 열심히 지키려고 하므로 계획 세우기가 여러모로 유용하다.

중학교 공부 계획 세우기

• 시험 계획

시험 계획은 대체로 비슷하다. 시험 일정이 나오면 준비 기간 하루하루 과목을 할당한다. 보통 수학과 과학은 일찍 시작하고 암기 과목은 시험 직전으로 배치한다. 중요한 것은 날짜마다 과목별로 해야 할 공부량을 정하는 거다. 투두to do 리스트를 과목별로 적고 완수할 때마다 체크하면서 진행한다. 시험 계획은 어떻게 세우느냐보다 아이가 얼마나 지키느냐가 중요하다.

• 평소 공부 계획

큰아이는 나도 어이없다고 할 만큼 계획 세우는 데 시간을 많이 썼다. 계획 짜기가 정말 중요하다고 이야기를 해오긴 했지만 내가 봐도 답답할 정도였다. 중학교 때 날짜별로 해야 할 과목과 양을 엑셀 시트로 짜서 관리했다. 내가 결혼하고 20년 넘게 엑셀로 가계부를 만들어서 쓰고 있는 터라 내가 하는 걸 아이가 많이 봐왔고, 처음에는 간단하게 날짜와 과목 정도만 짜 줬던 것 같다. 그 뒤로 아이가 자기 방식대로 더 꼼꼼하게 업그레이드했다. 아이가 계획 짠다고 노트북을 가져가면 한숨부터 나왔다. 저녁 내내 계획만 짠 적도 많다. 풀고 있는 문제집을 책상에다 쌓아 놓고 페이지를 넘겨 가면서 가능한 한 꼼꼼하게 기록했다.

과목별로 셀을 나누고 다시 문제집별로 나누고 각 페이지를 적어 놓는 방식인데 그렇게 2년 이상을 했다. 특별한 일정이 있는 날은 빼고 보통 한 주에 5일 계획을 세웠다. 목표한 공부량을 다 못 하면 주말 이틀에 부족한 공부를 다 해결하고 책도 읽었다. 프린트해서 보기 편한 곳에 두고 매일 확인하면서 공부했다. 일단 계획을 짜면 일주일 정도 해보고 과목별로 살짝 조정하면서 했는데, 이렇게 진행하는 동안은 원하는 양을 원하는 시기에 다 할 수 있었다.

고등학교 공부 계획 세우기

고등학교 때는 중학교 때 하던 만큼 꼼꼼하게는 하지 않았다. 정작 더 열심히 계획해야 할 시기인데 말이다. 아이는 해야 할 것도 많고 피곤하고 귀찮다고 했다. 나도 중학교 때처럼 할 필요는 없겠다고 했지만 중학교 때 꼼꼼하게 해봤기 때문에 고등학교 때도 적당히 조율할 수 있었다고 생각한다. 어쨌든 고등학교 입학 후에는 일상 공부는 자세히 따로 파일로 관리하는 건 못 본 것 같다. 단, 시험 계획표는 종이에 작성했다. 솔직히 내가 불안해서 아이에게 제발 이거라도 작성하라고 했다. 눈으로 확인해 가면서 하라고. 큰아이는 고등학교 때 늦은 사춘기가 와 말도 잘 안 들었는데 그래서인지 그때는 간단한 계획 위주였다. 고등학교 공부는 정말 자기가 해야지 방법이 없더라.

작은아이의 경우 시험 계획은 본인이 세우면서 참견도 못 하게 했지만, 평소 공부는 나와 이야기를 많이 나눴다. 내가 진도를 어디까지 해야 한다고 하면 아이는 그건 너무 많다고 실랑이를 하곤 했다. 장기 계획이 머릿속에 들어 있지 않거나 나와 다른 거였다. 정시 준비할 때도 매일 계획표에 그날 할 일을 적어 가며 확인했다. 다 한 것은 ○표, 하지 않은 것은 ×표를 했는데, △ 표시는 하지 않도록 신경 썼다. 아이는 △는 ×로 생각하면 된다고 했다. 확실하지 않게 한 것은 한 것도 아니라는 것이다. 그렇게 매일매일 계획을 지켜 가면서 원하는 공부량이 나왔던 것 같다.

공부가 정말 좋아서 하는 아이가 얼마나 되겠나. 해야 하니까 하는데 원하는 양을 한 번에 다 할 수는 없다. 그러니 조금씩 나눠서 하는 거다.

'해야 할 과목의 교재를 정해진 기간으로 나눠서 매일 지켜 나가기.'

이 당연한 공부 습관은 이과에서 계속 전교 1등을 한 큰아이가 중학교 때부터 지켰고, 뒤늦게 정신 차려 한양대를 정시로 간 작은아이가 수능 준비할 때 지킨 패턴이다. 학원을 다니든 과외나 인터넷 강의의 도움을 받든, 스스로 계획을 세워서 매일매일 지켜 나가는 습관은 누구에게나 필요하다. 무엇보다 이 습관이 몸에 배면 엄마가 아주 편하다.

글을 정확하게 이해하는
문해력 기르기

최상위권 아이의 엄마들은 공부 비법으로 독서를 강조한다. 독서도 단순히 글자를 읽는 것에 그치는 게 아니라 글을 정확하게 이해할 수 있어야 한다. 문해력이 중요하다. 같은 시간 책이나 교재의 지문을 읽어도 아이의 문해력 수준에 따라 이해하는 정도가 다르다. 누구는 70퍼센트를 이해하고, 누구는 90퍼센트, 누구는 100퍼센트 이해한다. 글자는 알고 있으니까 글을 모두 이해했다고 착각하기도 한다. 충분히 이해하지 못했다는 사실을 알기만 해도 다행인데, 이해한 줄 알고 넘어가는 경우도 있다.

다음 날도 비슷할 것이다. 같은 시간 읽었는데 또 70퍼센트, 90퍼센트, 100퍼센트… 이렇게 1년이 지났다고 해보자. 1년 후에도 똑같이 70퍼센트, 90퍼센트, 100퍼센트 이해하고 있을까? 그렇지 않다. 1년 동안 이해의 차이가 계속 벌어져 왔기 때문이다. 이해하는 수준의 격차가 벌어지면서 같은 시간 읽는 양도 달라진다. 글을 잘 이해할수록 같은 시간에 더 많은 양을 읽게 된다. 누군가는 더 많이 이해하면서 더 많이 읽는 것이다.

이렇게 초등학교 6년, 중학교 3년, 고등학교 3년을 보낸다면 기하급수적인 차이까진 아닐지 몰라도 제곱, 세제곱쯤은 차이가 나게 될 것이다. 그 차이는 그대로 국어 성적으로 드러나고 "집을 팔아서도 성적을 올리지 못하는 과목, 국어"라는 말을 하게 된다. 국어뿐이겠는가, 당연히 전 과목 성적과도 관련이 있다.

아이가 글을 충분히 제대로 이해하려면 어떻게 해야 할까? 방법은 간단하다. 글을 많이 읽어서 배경지식을 쌓고 어휘력을 충분히 늘려야 한다. 저학년부터 제대로 준비하면 고학년에는 짧은 시간 공부해도 효과가 훨씬 크다. 저학년의 노력은 눈사람을 만들 때 안쪽 눈 뭉치를 만드는 작업이다. 크게 만들어 놓고 굴리기 시작하면 훨씬 수월하다. 게다가 시간이 지날수록 그 차이에는 점점 가속도가 붙는다. 그래서 고학년에는 큰 수고를 들이지 않아도 더 빨리 더 큰 눈사람을 완성할 수 있다. '수능 때까지'라는 기한이 있는 눈사람을 말이다. 최상위권과 중위권의 차이가 여기서 벌어지기 시작하니까 저학년에 가능한 한 눈 뭉치를 크게 만들어서 굴릴 준비를 하자.

배경지식 쌓기

아이가 어릴 때는 독서를 편중되게 하더라도 자기가 좋아하는 분야를 제대로 읽으면 좋을 거라고 생각했다. 우리 아이들은 이공계로 진학할 계획이어서 수학책과 과학책만 읽어도 크게 신경을 쓰지 않았다. 그런데 국어 지문을 보면 영역별로 골고루 나온다. 국어 선생님들은 배경지식을 몰라도 잘 풀 수 있는 독해력을 기르라고 조언한다. 하지만 배경지식을 알면 훨씬 수월한 것을 인정하지 않을 수 없다. 이미 알고 있는 내용의 지문을 만나길 바라게 된다. 우리 아이들은 경제, 법, 철학, 역사, 사회 관련 지문이 나오면 버벅대면서 어찌나 오래 읽는지 안쓰러울 지경이었다.

게다가 2028년 바뀌는 입시에서 독서의 중요성은 더 커졌다. 모든 아이가 공통과학과 공통사회를 봐야 하는데, 사회탐구 영역 통합사회는 9개 과목(한국지리, 세계지리, 세계사, 동아시아사, 경제, 정치와 법, 사회문화, 윤리와 사상, 생활과 윤리)이 모두 섞여 나온다. 통합과학도 물리, 화학, 생명과학, 지구과학이 섞인 과목이다. 이제는 국어뿐 아니라 통합사회, 통합과학 때문에라도 독서를 골고루 해야 한다. 문과적·이과적 소양이 다 필요한데 이 균형을 맞추는 데 책만 한 게 없다. 골고루 관심을 가지고 문과와 이과 기본 지식이 부족하지 않도록 신경을 써 보자. 특히 문과 머리 친구들이 과학을 얼마나 힘들어하는지, 고등학교 입학 후 하소연이 가득하다. 책 리스트를 보고 꼭 보강하기를 바란다.

책을 잘 안 읽는다면 독해서를 봐가면서라도 꼭 보충해야 한다. 요즘은 독해 교재들이 영역별로 골고루 엄선한 글을 제공해서 큰 도움이 된다. 그래도 기본은 언제나 독서라는 것! 너무 뻔하지만 그만큼 중요해서 다시 한번 강조한다.

어휘력 늘리기

아이가 책은 많이 읽는데 이상하게 국어나 다른 과목 공부로 연결되지 않는 경우가 있다. 책을 많이 읽는다고 무조건 문해력이 높아지는 건 아니다. 어휘력이 선행되어야 제대로 이해하고 같은 시간 읽어도 효과가 커진다.

어휘력을 늘리는 데 한자만 한 게 없다. 우리말에 한자어가 70퍼센트 가까이 돼서 한자를 알면 당연히 어휘 습득이 빨라지고 모르는 단어를 만났을 때 유추하기도 쉽다. 글을 전체적으로 이해하기 수월해진다는 이야기다. 한자를 한 글자 한 글자 반듯하게 쓰지 못해도 되고 나중에 잊을 수도 있다. 그래도 급수 한자라도 하면서 기본 원리를 익혀 보기를 권한다.

책이나 기사에 나오는 어휘를 익히는 게 가장 좋은 방법이지만 엄마가 원하는 만큼 아이가 공부하기에는 부족할 것이다. 이럴 때는 어휘 교재 공부도 좋다고 생각한다. 한자 성어, 속담, 한자 어휘가 다 포함된 초등학교 어휘 시리즈나 중학교 어휘 시리즈 다 좋다. 한자는 단기간 기본기만 익히더라도 어휘 시리즈는 고등학교 전까지 꾸준히 공부하는 게 좋다. 고등학교에 가면 워낙 독해나 문법 공부할 것이 많아서 어휘 교재를 맘 편히 공부할 시간이 없다. 중학교 3학년쯤 돼서 1등급 어휘력을 시작하면 가장 좋은데 이게 워낙 두껍고 어렵다. 우리 아이들도 하다가 포기했는데 지금도 아쉬워한다.

모든 공부가 다 그렇지만 어휘력 공부도 미리 해두면 중·고등학교 때 조금이라도 더 잘 수 있고 수행평가도 더 열심히 준비할 수 있는 시간이 확보된다. 고등학교 때 꺼내 쓸 수 있는 시간을 저축한다고 생각하고 열심히 하시기 바란다.

시험 대비 암기법과
암기 노트 정리법

시험 대비 암기법

아무리 국·영·수 기본기가 뛰어나다고 해도 내신 시험에서는 암기가 필수다. 특히 짧은 시험 기간에 내신 범위를 다 소화하는 능력이 필요하다. 이해가 필요한 과목이라도 암기가 되지 않으면 좋은 내신을 받기 어렵다. 모의고사는 늘 상위권이면서도 단기간에 암기를 잘하지 못하면 내신 성적이 좋지 못한 경우가 있다. 암기라고 가볍게 생각하지 말고 좋은 방법이 있다면 꼭 알아 두어야 한다.

아이가 잘 안 외워진다고 할 때 다음과 같은 방법을 이용해 볼 수 있다.

- 포스트잇에 기록해서 여기저기 붙여 두고 반복해서 보기

- 녹음해서 등하교하며 듣기

- 다른 사람 가르치기(인형이나 엄마)

- 퀴즈 내고 맞히기

- 단어를 유치하게 연상해서 외우기

- 암기할 내용 초성만 따서 외우기

- 중요 사건을 스토리로 만들어서 외우기

공부법은 아이마다 달라서 특정할 수 없고 자신에게 맞는 방법을 찾아서 공부하는 게 최선이다. 하나씩 시도해 보고 가장 좋은 방법을 찾아 두자. 우리 아이는 퀴즈 내고 맞히기, 다른 사람 가르치기를 많이 이용했고 무엇보다 암기 노트와 요약 노트를 만들면서 외웠다. 그 내용을 조금 더 자세히 설명해 보겠다.

시험 대비 암기 노트 정리법

요약 노트는 사회, 과학, 한국사, 기타 과목만 필요할 때 만들었고 국·영·수는 굳이 따로 만들지 않았다. 국어는 책으로 단권화하는 게 더 좋다. 일부는 적어서 외우더라도 전체를 녹여서 흡수해야지 무턱대고 적어서 외울 수 있는 과목이 아니다. 일부 과목에서 시험 범위의 암기량이 많을

때 시도해 보기를 추천한다.

시험 대비 암기 노트 만드는 순서는 4단계다. 만든 후에 암기하는 것이 아니고 만들면서 암기하는 것이 핵심이다. 노트 만드는 과정이 암기 방법인 셈이다.

• 1단계: 전체를 여러 번 읽기(최소 다섯 번, 전체적인 흐름 파악)

내신의 장점은 범위가 있다는 것이다. 공부할 양이 정해져 있다는 게 얼마나 다행인가. 암기 과목이라도 3~4주 전부터 책을 여러 번 읽어 둔다. 수학이나 다른 과목 공부할 때도 간단하게라도 읽어 둔다. 나는 아이에게 열 번을 읽으라고 했지만 아이는 다섯 번이면 될 것 같다고 했다. 공부할 양이나 아이 수준에 따라 횟수는 달리 하면 된다. 처음에는 시험 범위 진도가 다 나가지도 않았을 것이다. 그래도 전체를 읽으며 이해하면 뒷부분은 자연스럽게 예습이 되기도 한다. 그러면 중요한 부분은 더 잘 기억에 남는다. 읽는 건 그리 오래 걸리지 않는다. 그래도 회를 거듭할수록 이해되는 정도가 달라진다.

제대로 읽지도 않고 바로 노트 정리를 시작하는 친구들이 있다. 몇 번 읽으면 글이 물리고 아는 내용처럼 느껴지기 때문이다. 그러면 앞부분은 노트 양이 엄청 많다가 뒷부분은 힘들어서 간단히 적고 넘어가게 된다. 공부를 장님 코끼리 다리 만지듯 하게 되는 것이다. 무조건 전체를 여러 번 읽는 게 좋다. 그리고 책에 나오는 그래프나 표, 지도를 같이 열심히 봐야 한다. 시험은 꼭 지도나 표를 활용해서 나오는데 글만 많이 읽는 경우 여러 번 봐도 점수가 좋지 않다. 지도, 그래프, 표는 더 열심히 보도록 주의를 줘야 한다.

• 2단계: 목차를 적고 암기하기(큰 가지)

나는 목차를 정말 중시하면서 공부시켰다. 수학은 물론 모든 과목에서 어떤 공부를 해도 마찬가지다. 도대체 뭘 공부하고 있는지, 지금 어디쯤 진행하고 있는지 목차가 기준이 된다. 전체적으로 큰 가지를 머릿속에 확실히 넣어 둬야 균형 있는 공부를 할 수 있고, 여기가 어딘지 얼마나 중요한 부분인지 알고 공부하게 된다. 여러 번 읽을 때도 매번 목차를 먼저 확인하고 시작한다. 계속 반복해서 보면 목차를 자연스레 기억하게 되는데, 자연 암기가 안 될때도 어떻게든 목차를 먼저 암기시키자. 그러면 더 수월하게 공부를 진행할 수 있을 것이다.

• 3단계: 암기할 것 정리하기(잔가지)

책의 내용을 여러 번 읽고 목차까지 머릿속에 새겼으면 이제 암기 노트를 만든다. 이때 책이나 문제집 내용을 그대로 적으면 시간 낭비다. 보고 읽은 내용을 자신의 단어로 설명하고 정리해서 간단히 적는 거다. 암기 노트의 내용이 너무 많으면 외울 내용도 많아지고 책과 이원화되면서 더 힘들어진다. 정말 중요한 내용만, 특히 암기가 어려운 부분만 정리한다. 글자를 너무 크지 않게 쓰고 색볼펜을 사용해서 이미지도 만든다. 큰아이는 A4 용지 반을 접어서 빼곡히 적고 간간이 그림도 그리면서 외웠다. 정리하고 나중에 따로 외우겠다면서 예쁘게 적는 데만 신경을 쓰면 글씨 연습만 하는 거다. 적으면서 계속 암기해야 한다.

• 4단계: 각 단원마다 백지 정리를 하면서 암기하기

암기하는 방법은 아이마다 다양한데 우리 아이는 백지 정리를 하면서 외웠다. 가장 흔하고 기본적인 방법이라 내가 처음부터 가르쳤다. 다른 소소한 암기법이 있어도 기본적으로 가장 효과가 좋고 많이 사용되는 방법이라고 생각했다. A4 용지에 목차와 암기 노트 내용을 적어 얼마나 암기되었는지 확인해 보는 거다. 노트를 그냥 읽다 보면 아이는 본인이 다 암기하고 있다고 착각하는데, 막상 백지를 펴 놓고 적으려면 생각이 잘 안 난다. 처음에 검정색으로 목차부터 내용을 적고 적지 못한 부분은 확인해서 빨간색으로 적어 채운다. 이렇게 두세 번 하면 많이 외워진다.

양이 매우 많을 때는 이 방법도 쉽지 않다. 암기 노트로 3~4장 안쪽으로 정리될 때만 효과가 있는 것 같다. 그 이상의 양이라면 더 여러 번 읽고 키워드를 적어 보는 게 시간이 절약되고 효과도 좋았다. 마지막에는 꼼꼼하게 표나 지도 등을 보며 읽고 백지 정리로 마무리한다.

아이 친구들이 가끔 암기 노트를 빌려 달라고 했다. 그럼 아이는 바로 빌려 줬는데 다시 주지 않아도 전혀 신경 쓰지 않았다. 오히려 그걸 가져가서 봐도 큰 의미가 없을 거라고 말해 주었다고 했다. 두세 번 쓰면서 외우는데 완전히 외운 부분은 굳이 쓰지 않기도 하는 등 본인 상황에 맞춰 정리되어 있기 때문이다. 부족한 부분을 보완해서 본인이 필요한 것만 외우기 쉽도록 정리한 노트니까.

단기 암기를 잘하는 아이는 모의고사 성적은 잘 나오지 않아도 내신이 좋고 수시에 강한 편이다. 국·영·수 기본기를 다지면서도 단기 암기는 어떻게 하는지 초등학교나 중학교 때부터 충분히 연습해 두는 게 좋다. 아무리 모의고사를 잘 봐도 제 학년에 수시로 가는 게 입시 결과는 가장 좋으니 내신 공부 방법도 간과하지 말고 잘 익혀야 한다.

세상에 기억력과 암기력을 타고나는 아이가 몇이나 될까? 단기간에 집중해서 열심히 공부하는 수밖에 없다. 뭔가 특별한 방법이 있다기보다 반복해서 읽고 암기하는 스킬을 연습하는 것뿐이다. 엉덩이 무겁게 오래 앉아서 공부하는 아이가 시험을 잘 본다는 기본 원칙을 잊지 마시라.

인터넷 강의로
공부 습관 잡는 4단계 루틴

가끔 "우리 아이는 인강이 안 맞는다", "인강으로 공부하는 건 잘 못한다", "인강으로는 실력이 늘지 않는다" 등의 이야기를 듣는다. 그런데 인터넷 강의 효과가 안 나오는 제일 흔한 경우는 공부 순서가 바뀌어서 그렇다. 보통 인강으로 공부를 한다고 하면 교재를 펴보기도 전에 인강 화면부터 켜는데 그것이 문제다.

공부는 교재를 펴고 읽어 가며 혼자 개념을 이해하려고 노력하는 과정이 제일 우선이다. 처음이라 이해가 잘 안 되거나 어려운 심화 과정을 혼자서 소화하지 못할 때 보충적인 방법을 찾게 되는데, 그때 학원을 가거나 과외를 받거나 인강을 듣는 방식이어야 한다. 그런데 무조건 인강

화면부터 켜고 있으니 순서가 전혀 맞지 않고 실력도 늘지 않는다.

인강 화면부터 켠다는 건 등이 가려운데 목부터 허리까지 다 긁는 격이다. 가렵지도 않은 부분까지 다 긁느라 쓸데없이 에너지를 쓴 데다 정작 가려운 부분은 시원하지도 않다. 제발 가려운 부분을 잘 확인해서 제대로 긁자.

일타 강사의 강의를 들었다고 모든 아이가 100점 맞고 1등급이 되는 건 아니지 않나. 똑같은 내용을 듣고도 성적은 천차만별이다. 교재나 강의보다는 결국 그것을 어떻게 활용하고 아이 스스로 얼마나 많이 훈련했느냐가 중요하다.

우리 아이들은 개념을 처음 시작하는 일회독 때 인강을 들으면서 공부했다. 개념 책으로도 충분히 이해가 되는 부분은 인강을 듣지 않고 문제를 바로 풀기도 했다. 처음 푸는 과정이라도 강의의 80퍼센트만 들으면서 공부한 것이다. 그러니까 인강을 보며 공부한 시간은 전체 수학 공부 시간의 30퍼센트도 안 되는 정도였다.

효율적인 인강 듣기 루틴

우리 아이들이 중학교 때 인강으로 고등학교 과정을 선행 학습하던 방법이다. 수학 개념 1회차 공부 방법인데, 이때 제일 정성을 들여야 다음이 쉽고 효과도 좋다.

• 1단계: 강의 듣기 전 개념 교재 읽기

강의 들을 부분의 개념 부분을 충분히 읽고 예제 문제까지 이해가 되는지 풀어 본다. 의심도 없이 풀어진다면 이어서 본 문제들을 풀면 된다. 조금이라도 이해가 안 된다면 그때 인강을 듣는다. 여기서 중요한 건 개념을 읽지 않고 시작하면 강의 효율이 반도 안 된다는 점이다. 1시간 전체를 처음부터 끝까지 하나도 놓치지 않고 듣기는 힘들다. 어느 순간 인강을 영화처럼 감상만 하게 된다. 그래서 대부분 열심히 들어야 하겠지만 이해가 안 되는 부분, 모호한 부분을 집중해서 듣는 게 더 효과적이다. 무조건 개념 교재부터 공부하고 시작하는 게 핵심이다.

• 2단계: 인강 듣기(1시간)

선생님의 개념 설명을 잘 듣는다. 개념을 설명하실 때는 딴짓하지 말고 제대로 들어야 한다. 본인이 필요한 부분은 더 집중해서 듣고 이해가 안 되는 부분은 반복해서 듣는다. 본인이 강한 부분은 빠르게 지나가고 약한 부분은 여러 번 반복해서 들을 수 있는 게 인강의 가장 큰 장점이다. 중요한 건, 문제가 화면에 뜨면 영상을 멈추고 아이 혼자서 문제를 풀어 봐야 한다는 것이다. 방금 공부한 개념이 문제에서 어떻게 사용되는지 스스로 한번 정리를 해보는 거다. 그리고 다시 강의를 틀어서 선생님의 풀이를 보고 내 풀이가 맞는지 확인한다. 이런 식으로 중간중간 문제를 직접 풀어 가며 강의를 듣는다. 문제는 풀지 않으면서 영화 감상하듯 보면 전혀 효과가 없다.

보통 강의를 듣고 나면 공부를 많이 했다고 생각하기 쉬운데, 우리는 강의가 끝나면 '이제 공부 시작할 시간이네!' 이렇게 생각했다. 인강은 공부 시작을 돕는 마중물일 뿐이다.

• 3단계: 문제 풀이(복습·다지기 / 1시간 이상)

강의 후 바로 문제를 풀면서 기억하고 오개념이 있었는지 확인하는 과정이 필요하다. 보통은 바로 풀면 어느 정도 잘 풀린다. 어느 단원인지를 알고 풀기 때문에 문제의 단서가 되기도 하고, 개념을 완벽하게 이해하지 못해도 선생님의 풀이 방법이 기억나기 때문이다. 완벽히 이해된 건지 단순 풀이의 기억인지는 문제를 반복해서 풀어 봐야 알 수 있다.

이렇게 개념 1회를 끝내고 다시 처음부터 혼자 풀어 본다. 2회부터는 인강을 듣지 않아도 되니 속도가 빨라지지만, 개념이 잘 기억나지 않아서 처음과 비슷하게 틀리기도 한다. 계속 고민해도 안 되는 부분은 부분적으로 강의를 다시 듣는다.

• 4단계: 인강의 또 다른 활용(고등학생의 경우)

큰아이 이야기이니 일반화할 수 없을지도 모르지만, 노력하는 누군가에게는 힌트가 될 것이다. 우리 아이는 인강을 컨디션이 좋을 때도 들었지만 컨디션이 좋지 않고 공부하기 싫을 때도 들었다고 한다. 머리 쓰기 싫다는 기분이 들 때 평소에는 잘 듣지 않던 문제 풀이 강의를 멍하니 들었다는 것이다. 공부가 하기 싫으면 대부분은 유튜브를 보거나 게

임을 하거나 카톡을 한다. 하지만 그런 것들을 하다 보면 공부 리듬이 깨져서 책상에 앉아 머리를 식히는 방법으로 인강을 들었던 것이다.

물론 큰아이는 잠이 많아서 고3 때도 시험 기간에도 7시간 이상은 꼭 잤다. 졸리면 자는 아이다. 그런데 졸린다기보다 공부하기 싫을 때 그래도 책상에 앉아서 꾸역꾸역 리듬을 유지하려고 할 때 인강을 들었다. 한마디로 '인강 들으며 공부 리듬 유지하기'다. 다시 공부해야겠다 생각이 들 때까지만 들었다고 했다. 이때 대충 듣는 것 같아도 대부분은 혼자 풀던 거니까 다지기가 되었고, 좀 다르게 푸는 문제가 나오면 집중해서 보기도 했단다. 처음부터 끝까지 멍하게만 듣기도 힘들었을 테니 말이다. 중학교 때는 공부하기 싫으면 그냥 쉬거나 책을 읽었는데, 고등학교 때 대학 입시를 앞두고는 공부 리듬을 지키는 것도 중요해서 이렇게 활용했던 것 같다.

고등 수행평가 대비
글쓰기와 발표하기 연습

우리 아이들은 서울 외곽의 평범한 일반고와 과학중점고를 다녔다. 특목고나 자사고, 전사고는 우리 아이들과 사정이 다를 것이다. 표본이 둘뿐이라 일반화하기는 어려우니 감안하고 읽어 주면 좋겠다.

'세특'이나 '생기부' 꾸미는 활동은 선택이지만 수행평가는 내신을 위해서 모두 해야 하는 필수 과정이다. 게다가 비중이 적지 않아서 보통 30~40퍼센트 정도 들어간다. 실질 반영 비율은 낮지만 열심히 공부했고 잘하는 과목인데도 꼼꼼하게 챙기지 못하면 수행평가로 인해 성적과 등급이 내려간다.

수행평가 준비에서 가장 중요한 건 시간 줄이기 연습이다. 좋은 보고서를 쓰기 위해서 시간을 많이 들이면 누가 못 하겠나? 고등학교는 시간 싸움이라 최소한의 시간을 들여서 최대의 효과를 봐야 한다. 수행평가가 시험 전후로 몰려 있기 때문에 더욱더 그렇다. 중학교도 마찬가지지만 고등학교의 절실함은 직접 경험해 봐야 안다.

수행평가는 테스트를 봐서 점수화하는 것과 보고서를 작성해서 발표하는 것, 크게 두 가지다. 테스트는 미리 공지를 해주는 경우가 많지만 가끔은 공지 없이 불시에 보기도 한다. 공지가 있다면 공부해서 준비를 하면 되고, 공지가 없는 경우를 대비해서 미리미리 복습해 두면 좋다. 지금 살펴볼 건 두 번째인 '보고서를 써서 발표하는 것'에 대한 이야기다.

주제 정하기·자료 준비하기

글쓰기가 기본적으로 시간이 많이 들지만 의외로 주제 정하는 데 시간을 많이 쓰게 된다. 관련 주제가 정해지지 않으면 뭐 하지, 뭐 하지 그러다 하루 이틀을 그냥 보내기 십상이다. 희망하는 전공이나 계열과 관련된 이슈와 도서 리스트를 미리 정리해 두자. 평소에 관련 중요 이슈를 기록하고 아이의 관심 주제 책을 읽고 잡지도 살펴보길 추천한다.

자료조사 능력 자체를 키워 두면 유익하다. 자료 찾는 사이트 몇 개를 알아 두고 희망 전공 관련 논문이나 보고서가 많이 올라오는 곳을 즐겨찾기 해두자. 이때 영어를 잘하면 좋다. 관련 키워드를 영어로 구글링

하면 검색 범위가 크게 확장된다. 질 좋은 보고서를 위해서 다양한 자료와 근거를 찾는 데 영어는 좋은 무기가 된다.

글쓰기

수행평가 200~300자 쓰기부터 장문의 보고서 작성까지, 입시 준비에서 글쓰기의 중요성은 아무리 강조해도 지나치지 않다. 하지만 고등학교 때 갑자기 글쓰기 능력이 탁월해지는 방법이 있는 건 아니다. 초등학교와 중학교 때 쓰는 일기나 보고서 등이 좋은 연습이 되니, 감상적인 글쓰기부터 논리적인 글쓰기까지 다양하게 많이 써 보길 바란다. 어떤 것도 마찬가지지만 글쓰기 능력도 하면 할수록 는다. 우리 아이들 때는 독서록이 의무여서 중1부터 고3 때까지 지켜봤는데 쓰면 쓸수록 발전했다. 수행평가로는 보통 감상문보다는 논리적인 글쓰기가 많으니 과학 보고서를 많이 써 보면 큰 도움이 될 것이다.

저학년 때는 의도적으로 계속 글을 쓸 수 있는 환경을 만들자. 나는 아이가 조별 활동 대부분을 맡아서 하도록 지도했고, 되도록 많이 할 수 있도록 학교 행사에 자주 참가시켰다. 그랬더니 보고서의 시작과 끝도 어느 정도 루틴이 형성되고 시간을 적게 쓰면서도 점점 더 좋은 보고서가 만들어졌다. 초등학교 때 글 쓸 일이 많은 활동이 시간 낭비처럼 보여도 중·고등학교 가면 제대로 빛을 발한다.

보고서 작성하기(PPT, 한글 프로그램 사용 능력)

아이의 파워포인트PPT, 한글 프로그램 사용 능력을 키워 두자. PPT는 보고서 작성부터 발표까지 가장 많이 사용하는 프로그램이다. PPT 프로그램을 잘 사용하면 보고서 작성이 훨씬 빨라진다. 한글 프로그램도 표 만들기와 그래프 등 잘 다룰수록 보고서를 빨리 잘 만들 수 있다. 다른 프로그램이 나오면 웬만큼 다룰 수 있도록 기본은 익혀 두는 게 좋다. 중학교 때 어쩌다 한두 번 할 때는 크게 차이가 없는데, 고등학교 때 수행평가가 쌓이고 공부할 것도 많아지면 그때 확 표시가 난다.

단, 프로그램을 배우려고 군이 학원을 다닐 필요는 없다. 힘들게 자격증을 따라는 이야기가 아니다. 방과후 프로그램을 이용하거나 보고서 작성할 때 책 한두 권 읽으면서 따라 해보면 된다. 초등학교나 중학교에서 과제 할 때 조금 더 신경 써 가면서 아이 스스로 해보면 자연스레 터득할 수 있다.

그리고 보고서를 계속 작성하게 되므로 기본적인 양식을 만들어 두고 사용하면 편리하다. 배경은 어떤 그림, 글씨는 어떤 폰트, 크기는 몇 포인트… 이런 식으로 표준화하는 거다. 가장 깔끔하고 효과가 좋았던 양식에 제목과 이름을 다 적어 두었다가 수행평가 할 때 파일을 열고 그 안에 채워 넣는 방식으로 시간을 절약해 보자. 고등학교는 시간 싸움이다. 되도록 빨리 쓰고 10분이라도 더 자야 열심히 공부할 수 있다.

발표하기

발표는 아이 성향에 영향을 받지만 내향적인 아이도 연습하면 충분히 실력이 나아진다. 자료 준비가 잘되었고, 보고서와 ppt도 보기 좋게 잘 만들었다면 연습량이 늘수록 자연스러워진다. 연습하면서 내용이 숙지되니 더 잘하게 되는 것이다. 특히 아이의 실수 경험이 쌓이면서 많이 성장한다.

나는 사람들 앞에서 발표하는 걸 두려워하는 성향인데 다행히 우리 아이들은 남편을 닮아서 그런지 발표를 싫어하지 않았다. 두려움이 없고 시간이 남으면 발표 중간에 농담 같은 웃을 거리까지 준비하곤 했다. 친구랑 같이 하면 친구가 발표할 내용까지 멘트를 달아 준비하기도 했다.

발표도 당연히 잘해 본 경험이 많으면 좋은데, 특히 대입 전형 중에도 종합이나 교과 중에 면접이 있는 경우가 있다. 아이들 대부분이 면접을 어려워하기 때문에 성적이 돼도 면접 전형을 기피하는 경향이 있으니, 중상위권의 경우 발표 연습도 충분히 의미 있는 입시 준비 과정이라고 할 수 있다. 발표하기 하나도 소홀히 하지 말고 열심히 연습해 두자. 미리 준비한다는 게 말은 쉬워도 실천은 참 어렵다. 당장 해야 할 공부가 많기 때문이다. 하지만 아이들이 자신감을 쌓는 활동도 중요하다. 초중등 때 발표 연습을 많이 해두면 고등 때 분명 수월하다.

학창 시절의 모든 과정은 결국 태도로 귀결된다. 적극적인 자세와 열심히 노력하는 태도. 공부에서도 그렇고 수행평가는 더 그렇다. 당장은 직접적인 공부도 아닌데 뭐 그리 중요할까 싶지만 작은 활동에도 열심히 임하는 자세에서 결국 차이가 만들어지고 이 작은 차이가 모이고 모여서 큰 차이가 된다. 교육과정이 바뀌면 수행평가는 더 의미가 커질 것이다. 국·영·수·과 공부는 기본으로 하는 거고, 아이가 자신의 의견과 생각을 잘 표현하고 전달하는 것도 미래에 꼭 필요한 능력이 될 것이다.

실패 극복 경험을 쌓도록 다양한 활동 참여하기

고등학교에 올라가면 안타까운 경우가 많다. 국·영·수 기본기 준비가 안된 경우가 그렇고, 아이 혼자 계획 짜서 실천하는 자기 주도 공부 루틴이 없는 경우도 그렇다. 무엇보다 가슴 아픈 건 상대평가 내신에서 무너지는 경우다. 아이가 내신 시험 실패를 극복하지 못하고 무기력증에 빠지고 마는 것이다.

상대평가의 어려움은 겪어 보지 않고는 잘 와닿지 않는데, 한 번만 그 결과를 보면 바로 알게 된다. 중학교 내내 A를 받았어도 쉽지 않은 게 고등학교 내신으로 시험마다 고비를 겪는다. 상대평가에서 누군가 1~2등급을 받으면 누군가는 4~5등급을 받아야 하니 말이다.

이때 누군가는 별생각 없이 또 열심히 한다. 탱탱볼같이 세게 치면 더 높이 올라가는 아이도 있다. 그런데 문제는 일부 아주 힘들어하는 아이들이다. 내려치면 유리공처럼 그냥 부서져 버리기도 한다. 부서지지 않는다 해도 저마다 다른 정도로 타격을 받는다. 특히 그동안 정말 잘해 와서 기대가 많았을 때 더 심하게 힘들어한다. 중학교 때 상위권 또는 최상위권이어서 한 번도 제대로 된 실패를 경험해 보지 못한 아이라면 더 그렇다. 시험은 언제든 못 볼 수 있다. 문제는 다시 공부해서 일어나야 하는데 그걸 너무 힘들어한다는 것이다.

실패 예방주사를 제대로 맞고
고등학생이 되어야 한다

중학교 시험일지 고등학교 시험일지 그때가 언제일지 모른다. 입시뿐이겠는가. 취업을 할 때일 수도 있다. 우리는 살면서 계속 어느 정도는 흔들린다. 당연한 거다. 우리 아이만 뛰어나겠나? 옆집 아이도 윗집 아이도 다들 뛰어난데, 어떻게 실패 한 번이 없겠는가? 실패했을 때 선천적으로 멘탈이 강한 경우도 분명히 있겠지만 후천적으로도 어느 정도는 준비를 해 강화할 수 있다고 생각한다. 누구나 실패할 수 있기 때문에 실패를 극복하는 방법은 누구에게나 꼭 필요하다.

누군가는 다시 도전하고 누군가는 포기한다. 그 차이는 어디에서 오는 걸까? 나는 아이가 초등학교 때 실패 경험을 많이 해보길 추천한다. 늦어도 중학교 때라도 많이 실패해 봐야 한다. 고등학생이 되기 전에 꼭 경험해 봐야 하는 것은 바로 실패 그리고 실패 극복이다. 초등학교와 중학교 때는 고등학교와 다르게 실패를 해도 리스크가 적다. 극복하는 속도가 달라도 회복하는 데 충분한 시간을 줄 수 있다.

게다가 대학 입시에 초등학교나 중학교 성적은 하나도 들어가지 않는다. 그러니 예방주사처럼 일부러라도 작은 일에 실패하고 극복하는 경험을 해봐야 좋다는 이야기다. 이런저런 실패를 경험하면서 마음이 강한 아이가 되도록 키우자. 고등학생이 되고 성인이 되면 더욱 빛을 발할 것이다. 기타를 많이 쳐서 손가락에 굳은살이 박이면 나중에는 하나도 아프지 않고 멋진 연주를 할 수 있는 것처럼 말이다.

실패 경험은 어떤 식으로 해봐야 할까?

한 번도 실패하지 않는 방법이 딱 하나 있다. 바로 시도하지 않는 것. 시도하지 않으면 실패하고 싶어도 할 수가 없다. 그러니까 실패 경험을 제대로 해보려면 많이 시도해야 한다. 시도해야 성공도 실패도 해보는 거다. 뭐든 많이 해봐야 한다.

알다시피 우리 아이들은 초등학교 때 학원은 거의 다니지 않고 학교 대회에 많이 참가했다. 큰 대회가 아니어도 아이가 관심만 있다면 반에서 하는 작은 행사까지 대부분 참가했다. 과학탐구 토론 대회, 발명품 대회, 영어 말하기 대회, 장학 퀴즈 대회, 음악 연주 대회까지. 영재 학급, 교육청 영재원, 대학 부설 영재원에도 빠지지 않고 지원했다.

아이들이 매번 상을 받고 다 합격했을까? 당연히 아니다. 학교 대회에서 입상도 못 하고 바로 떨어진 적도 많다. 큰아이는 초등학교 때 영재 학급에도 떨어졌다가 추가로 합격했고, 중학교 1학년 때는 대학 부설 영재원도 떨어졌다. 하지만 그때 자기소개서도 쓰고 면접도 경험했다. 그 경험을 살려서 2학년 때는 학원 없이 대학 부설 영재원에 합격해 다녔다.

학교 대회나 교육청 프로그램에 실패하고 떨어지면서 아이가 더 단단해지는 걸 느꼈다. 이런 다양한 대회 경험 덕분에 고등학교 가서 수행평가 발표도 잘하게 되고, 대입 면접도 두려움 없이 볼 수 있었다고 생각한다. 심지어 알바 면접도.

작은아이는 성공 확률이 더 낮았다. 덜 노력했으니 그랬겠지만 그래서인지 낮은 점수에도 덜 괴로워했다. 그래도 나는 좋다고 생각했다. 인생은 길기 때문이다. 공부가 다는 아니고 다른 영역에서도 실패할 일이 많은데 그때마다 잘 튀어 오르리라 믿었다. 학원을 여러 개 다니고 있어서 시간 여유가 없더라도 아이가 관심 있는 분야라면 스케줄을 피해서 몇 개라도 참가해 보기를 추천한다.

왜 시도하지 않을까?

시도하는 걸 무척 어려워하는 아이들도 있다. 타고나기를 부끄러움이 많아서 그렇다면 어쩔 수 없다. 하지만 원래는 잘했는데 어느 시기부터 안 하게 되는 경우가 있다. 크게 두 가지 원인이 있다. 시도할 기회나 시간을 주지 않거나, 실패했을 때 부모가 안 좋은 반응을 보였거나.

아이의 자기 효능감을 높이기 위해 아이가 잘할 수 있는 것에만 도전하도록 하는 엄마들이 많다. 아이가 실패할 만한 일에는 시도할 시간이나 기회를 주지 않는 것이다. 되지도 않을 일에 너무 많은 시간을 쓰는 건 나도 그리 추천하지 않는다. 하지만 '적당히' 할 수는 있지 않을까? 아이가 시도해서 실패하더라도 그때가 아니라면 할 수 없는 일들은 가능한 한 많이 시도하도록 해주는 게 좋다. 당장은 눈에 보이지 않더라도 많은 것을 배울 것이다.

가장 문제가 되는 상황은 아이가 힘들게 시도해 안타깝게 실패했는데 부모가 아이보다 더 낙담하는 경우다. 아이가 누구보다 속상하고 힘들 텐데 부모가 더 안타까워하고 속상해하고 심지어 아이를 나무라기도 한다. 그러면 아이는 다시는 시도하지 않는다. 자신이 잘할 것만 골라서 하게 된다. 수학 문제도 적당히 풀 수 있는 것에만 도전하는 식으로. 부모의 반응이 안 좋으면 자연스럽게 시도하지 않고 결국 실패 경험도 할 수 없게 된다.

나도 잘못한 경우가 많다. 임원 선거 나가라고 부추겨 놓고 떨어지면 내가 더 낙담해서 감정을 아이에게 드러내 보이기도 했다. 반성을 많이 했고 나중에는 결과 나오기 전에 미리 참가 자체를 칭찬해 주었다. 결과보다 과정에 대해서 말이다.

실패 경험이 적은 아이들은 때때로 많이 힘들어한다. 내가 이 정도였나, 내 실력이 이렇게 부족한가? 중학교는 준비 단계고 고1은 시작 단계다. 아이들이 다시 더 힘내서 달릴 수 있도록 응원만 해주자. 지금도 늦지 않았다.

아직 시간이 있다면 꼭 가슴에 새기자. 고등학교 상대평가에 낙담하지 않고 입시 결과에 좌절하지 않도록 미리 실패 경험을 해보고 고등학교에 올라가자. 오래 힘들어하지 않고 다시 튀어 오를 수 있도록, 담담하게 넘길 수 있도록 노력하자. 실패 경험을 하기 위해서는 많이 시도해봐야 한다. 특히 최상위권이라면 더욱더 신경 쓰자. 용기 있게 시도하고 노력해서 얻은 실패 극복 경험은 평생 아이의 큰 자산이 된다. 우리가 옆에 없어도 무너지지 않고 어떤 경우에도 다시 힘을 내 달릴 수 있을 것이다.

최상위권 아이와 고수맘의 마인드 따라잡기

기본 학습 전략의 마지막 주제를 '최상위권 아이와 고수맘들의 공통점'
으로 정했다. 기본적으로 갖춰야 할 공부 기술이나 효과 좋은 학습법이
가장 빛을 발하게 하는 중요한 이야기로 마무리하고 싶다. 그렇다면 그
공통점이란 대체 무엇일까? 딱 2가지만 마음에 새기길 바란다.

공부의 가치를 높게 여겨서 학업에 열의가 많다

요즘은 "공부를 잘해 봐야 특별한 것 없다", "공부 잘한 애들도 사는 건

다 거기서 거기더라", "공부보다 중요한 게 많다" 이렇게 말하는 엄마도 은근히 많다. 일부 사실이기도 하니 그렇게 생각하는 게 이상한 일도 아니다. 전에는 누구나 '공부공부' 했지만 지금은 가치관이 다양해져서 경제적으로 여유로운 분들은 굳이 고생 안 시킨다며 일찌감치 유학을 보내기도 한다.

하지만 내가 본 최상위권 엄마들은 공부를 우선으로 생각하고 저학년부터 학업에 열의가 많았다. 대놓고 공부에 관심이 많다고 말하지 않았지만 들어 보면 보통 정성이 아니었다. 책도 도서관에서 실어 나르며 매일 함께 읽고 또 읽고 다양한 체험 활동도 잘 챙겼다. 학원 하나를 보내도 정성껏 알아보고 한두 과목은 직접 챙길 수 있을 만큼 지식이 있거나 관심이 많았다.

이런 엄마에게 자란 최상위권 아이도 당연히 공부의 가치를 높게 여기며 자란다. 그것이 옳은지 그른지 판단하기도 전에 이미 마음 깊숙이 중요하게 자리 잡는 것이다. 아주 사소한 선택의 순간에도 이런 가치관이 기준이 되어 삶 자체를 하나의 방향으로 이끈다.

우리 집도 공부의 가치를 아주 높게 여겼다. 남편과 시동생을 보면서 공부가 꼭 경제적인 부를 보장하지 않는다는 것을 알게 됐지만 태어나서 한 번 사는 인생, 학창 시절에는 당연히 공부를 열심히 해야 한다고 생각했다. 게다가 우리 집은 다른 선택이 불가능했다. 다른 방법으로 잘 사는 걸 본 적이 있어야 말이지, 다른 방법을 전혀 모르니 자연스레 공부를 최고로 여겼다. 행복하게 원하는 삶을 사는 방법은 오직 공부라는 옛날 마인드로 꽉 차 있었던 것이다. 경제적으로 풍요롭지 않은 집에서는 공부를 최고의 가치로 여기는 게 리스크도 적어서 가장 좋은 선택이었던 것 같다. 아이들도 다른 곳을 볼 생각조차 못 하고 자랐을 것이다.

학창 시절은 공부의 가치를 높게 여기며 보내도 힘든 시간이다. 그런데 이 생각조차 뚜렷하지 않다면 힘든 순간마다 흔들리고, 결국 원하는 성과가 나오지 않는다. 적어도 아이들이 공부를 잘하길 바란다면 공부를 중요하게 여기고 아이들에게도 그대로 보여 주자.

노력의 기준이 다르다

첫 번째 공통점을 읽고 '나도 그런데, 나도 공부의 가치를 높게 여기고 관심이 많은데 왜 우리 아이는 공부를 안 하는 거지?'라는 생각이 들었을 수도 있다. 최상위권 아이와 고수맘들의 정말 중요한 공통점은 두 번째다. 노력의 기준이 아주 높다는 것이다. "나는 공부 별로 안 했어." 또는 "우리 애 공부 많이 안 시켰어."라고 말할 때 아주 주관적이라는 이야기다. 누구는 2시간을 공부했어도 많이 했다고 여기고, 누구는 3~4시간을 공부했어도 조금 했다고 생각한다.

내가 경험한 최상위권 엄마들은 기준 자체가 달랐다. 자녀가 영재고를 졸업한 지인에게 영재고에 가기 위해 선행 학습을 얼마나 했냐고 물었더니 선행을 하지 않았다고 했다. 선행을 안 했는데 영재고 시험은 어떻게 치렀느냐 물으니 "시험 준비는 조금 했는데 선행이랄 건 없고 그저 고등학교에서 배울 것을 조금 예습한 건데…."라고 말해서 얼마나 웃었는지 모른다. 예습은 선행이 아니라니!

영재고 다닌 조카도 엄청난 노력파였다. 한번은 명절에 모두 모인 자리에서 조카가 "고등학교 입학하고 공부를 많이 못 했어요."라고 말했다. 동서도 고개를 절레절레 흔들며 너무 논다고 걱정했다. 우리보다 시댁에 먼저 도착해 조카 혼자 카페에 가서 공부하고 저녁 시간에 맞춰 왔는데도 말이다. 다음 날에도 새벽 3시까지 공부를 했다. 가족들은 다 자고 있는데 조카 혼자 새벽에 수학 공부를 하고 있었다. 평소에 공부를 안 하기는 무슨, 새벽 2~3시는 기본이었던 거다. 조카는 초등학교 때부터 늦은 시간까지 공부하던 아이였다. 잠깐 노는 시간을 제외하고 항상 공부를 했다. 어마어마한 학원 스케줄을 전부 소화하면서 말이다. 초등학교 5학년 때 고1 수학 문제를 풀었는데, 학원에 다녀서 실력이 좋았던 게 아니다. 노력하지 않았다면 생각도 못 할 일이었다.

주변에서 우리 큰아이의 공부 시간을 구체적으로 물어보면 할 말이 별로 없다. 온종일 공부하는 일정이었기 때문에 몇 시간이라고 해야 할까 고민이 된다. 큰아이는 잠자는 7~8시간만큼은 지켰지만 그 시간과 잠깐 게임할 때 빼고는 온종일 공부를 했다. 공부하다 지치면 과목을 바꿔서 공부했다. 방학 때는 조금 늦잠을 잤지만 깨어 있는 시간은 계속 공부하는 일과였다. 고등학교뿐 아니라 중학교 때도 그랬다. 내가 보기엔 계속 공부만 하고 어느 때도 대충 보낸 시기가 없는데, 막상 본인은 스스로 공부를 열심히 한 편은 아니라고 말한다.

"저학년 때 아이 공부 안 시키고 뛰어놀게 했다."라는 최상위권 엄마의 말을 어떻게 받아들여야 할까? 사실대로 말했다가 상처를 받은 일이 있어서 자연스럽게 숨기는 건지도 모른다. "최상위권 아이들도 공부를 그렇게 많이 한 건 아니다."라는 말에서 '그렇게 많이'가 어느 정도인지 생각해 볼 일이다. 최상위권은 노력의 기준이 다르다. 결국 압도적인 공부량이 최상위권을 만든다. 서울대 의대 수석 학생이 한 말이 떠오른다.

"내가 제일 잘하는데 내가 제일 열심히 한다."

잠을 줄이고, 노는 시간을 줄이고, 열심히 공부한 아이에게 따라오는 게 실력이고 성적이다.

제4장

초중고 시기별
공부 전략

계획한 공부량과 규칙 엄격하게 지키기

내가 아이를 너무 괴롭히는 건 아닌지, 아이가 안쓰러워 집공부를 못 시키겠다고 하는 분들께 마음을 단단히 먹고 봐주라고 말하고 싶다. 초등학교 때가 아니면 열 배 백 배 더 힘들다. 고등학교에 가서 좋은 엄마가 되려면 초등학교와 중학교 때 엄격하게 해야 한다.

나는 입시가 끝나면 관계만 남는다고 생각해 왔다. 화내던 엄마보다는 나이 들어서도 찾고 싶은 따뜻한 엄마이고 싶다. 하지만 나는 그렇게 착한 엄마가 아니었다. 특히 아이들이 초등학교 저학년 때는 정말 더 엄격했다. 초등학교 때만 해도 공부 열정만 넘쳐서 아이들을 참 많이 잡았다. 아이들이 커가면서 조금씩 유해지고 정말 중요한 게 뭔지 고민하며 바뀌었을 뿐이다. 절대 그냥 풀어 주라는 이야기가 아니다. 초등학교 때를 돌이켜 보면 유연하지 못하고 조금은 꽉 막힌 엄마였지만 그때 그렇게 열심히 공부시킨 걸 절대 후회하지 않는다.

아이가 초등학교 때 하고 싶은 것 맘껏 하며 규칙도 없이 풀어져서 보내다가 중·고등학생이 되었다고 갑자기 공부 시간 딱딱 지키면서 열심히 할까? 노는 게 얼마나 재미있는데 맘껏 놀다가 갑자기 공부하게 되겠나? 보통 각오 아니면 쉽지 않다. 아이들도 노는 재미, 노는 맛에 빠지면 책상에 오래 앉아서 집중하기가 보통 힘든 게 아니다.

하루는 지인이 고민을 털어놓았다. 초등학교 때 아이 의견을 존중하면서 충분히 놀게 하고 자유롭게 풀어 주면서 행복하게 키우고 있다고 생각했다고 한다. 그런데 중학생이 되니 아이가 학습적으로 자신감을 상실했는지, 생각만큼 열심히 공부하지 않는다고 하소연했다. 공부 시간을 늘리기가 너무 힘들다면서 고민이 많았다.

자녀가 취업을 앞둔 엄마들과 만나면서 생각이 더 확고해졌다. 학창 시절에 무거운 가방을 메고 독서실이나 학원에 가는 아이가 안쓰러웠지만, 취업이 안 돼서 고생하는 아이를 보는 게 백 배 천 배 더 고통이라고 했다.

'엄격하다'는 게 공부 시간을 무조건 많이 늘린다는 뜻은 아니다. 매일 정해진 양을 해낼 수 있도록 하고, 공부할 때 어떤 순서로 하는지, 검토는 어떻게 하는지, 틀린 문제가 나왔을 때 어떻게 정리하는지 등 규칙을 엄격하게 적용했다는 뜻이다. 결국 초등학교 때 제일 중요한 건 바른 공부 습관 만들기다. '오늘은 그냥 넘어갈까?', '이 문제는 그냥 답지 볼까?' 이런 생각 하지 않고 함께 정한 규칙을 충실히 따라가면서 말이다. 공부 습관이 어느 정도 잡히면 아마도 오랜 시간 공부하는 것을 괴로워하지 않고, 오히려 자신감을 갖고 학교생활을 하면서 더 행복하게 지낼 수도 있다.

기본 공부량 해내기

초등학교 공부는 양이 적다. 공부 습관이 잘 잡히지 않았어도 어느 정도 암기만 하면 우등생이 될 수 있다. 그렇기 때문에 공부 습관의 중요성을 체감하지 못할 수도 있다. 시험 때만 열심히 해도 잘하는 아이를 평소에 왜 잡느냐, 생각하는 게 이상한 일도 아니다. 그런데 중·고등학생이 되면 공부량이 확 늘기 때문에 공부 습관이 없으면 절대 잘 해낼 수가 없다. 또 초등학교 공부는 상위권을 위한 교육과정이 아니고 중위권을 위한 거라고 생각해야 한다. 의무교육으로 낙오자를 만들지 않는 학습이 주가 되는 것이다. 그런데 서울 상위권 대학은 약 10퍼센트만 갈 수 있는 구조다.

공부 습관이라는 걸 어렵게 생각할 필요가 없다. 특별한 방법이 있는 게 아니라 우선은 그저 오늘 공부하기로 정한 양을 하는 것이다. 긴 시간이 아니어도 꾸준히 하면서 점차 시간을 늘려 나가면 된다. 결국 절대량이 어느 정도 돼야 성적도 나온다. 초등학교 때는 한 번 책상에 앉으면 40~50분 학교 수업 시간 정도 앉아 있을 수 있으면 충분하다. 나중에 고등학교 가서는 수능 수학 시험 시간이 100분이니 중학교 때부터 100분까지는 집중해서 공부할 수 있도록 연습하면 좋겠다.

공부 규칙 지키기

과목별 공부 규칙도 초등학교 때부터 엄격하게 지켜 가면서 습관화해야 한다. 수학 공부를 예로 들어 보자. 고등학교 때 아무리 문제 풀이 꼼꼼히 해라, 혼자 생각을 많이 해보고 답지를 봐라 잔소리를 해도 잘 안 먹힌다. 나는 초등학교 때부터 수학은 무조건 두 번 세 번 아이 스스로 풀 때까지 답지를 보지 못하게 했다. 그 모습을 보고 있는 엄마도 무척 힘들다. 시간은 그냥 흘러가지, 아이는 몸을 배배 꼬지… '오늘은 그냥 넘어갈까?' 이 생각을 백 번도 더 하게 된다. 하지만 이때 엄마도 이를 악물어야 한다. '이때뿐이다'라고 생각하자. 내가 수학 문제 푸는 방법을 알려주고 제대로 된 공부 습관을 들일 수 있는 유일한 시간이다, 이 생각만 하자.

영어도 리딩 하면서 어휘를 바로 외우게 하고 다음 날로 미루지 않았다. 중학교 때는 미룬 적이 있어도 초등학교 때는 빠지지 않고 규칙적으로 열심히 했다. 한두 번 봐주기 시작하면 돌이키기가 힘들다. "이건 그냥 답지 보면 안 돼요?" 이런 말을 듣게 된다.

초등학교 때부터 엄격하게 공부를 해오면 중학교나 고등학교 때도 당연하게 그렇게 한다. 의식하지 못해도 늘 엄격하게 해왔으니까. 아이도 아이 나름대로 규칙이 생겨서 하고 싶은 마음만 있으면 엄마가 이래라저래라 하지 않아도 스스로 잘한다. 그러니까 고학년이 되면 엄마 눈도 자연스럽게 부드러워진다. 걱정해 가면서 "힘든데 일찍 자라." 이런 말도 할 여유가 생긴다. 정말 해보고 싶은 말 아닌가? 그러니 초등학교 때 엄격하게 해야 한다. 적어도 4~5학년이 될 때까지 어느 정도 습관을 들이지 않으면 앞으로는 훨씬 힘들어진다. 사랑하는 마음은 공부 규칙을 풀어 주기보다 다른 방법으로 표현하면 된다.

초등학교는 부모의 역할이 제일 중요한 시기다. 중·고등학교는 다 비슷하게 공부를 많이 시키지만 초등학교 때는 부모의 인생관, 공부관에 따라서 천차만별 다르게 키워진다. 그만큼 나중에 결과 차이도 크고 아이 인생에도 큰 영향을 미친다. 시간도 중학교와 고등학교를 합친 것과 같은 6년으로 꽤 길어서 추억을 많이 쌓고 가치관을 바르게 정립하면서도 공부 또한 많이 시킬 수 있다고 생각한다. 그때 열심히 해둔 건 어디 안 가고 그대로 중·고등학교 때 길잡이가 되어 줄 것이다.

공부를 왜 해야 하는지, 왜 열심히 해야 하는지도 아이에게 아주 구체적으로 잘 이야기해 주어야 한다. 해도 되고 안 해도 되는 거라고 말하지 말고, 대학과 입시를 떠나서 사람으로 태어났으니까 앞으로 무슨 일을 하든 늘 공부하고 노력해야 한다고 아이가 초롱초롱한 눈으로 엄마 아빠 바라볼 때 잘 이야기해 주자.

아이가 중·고등학교 올라가서 공부를 조금씩 풀어 주면 오히려 관계가 좋아진다. 고등학교 가서 내가 편한 엄마가 된 방법은 저학년 때 엄격했기 때문이다. 아이들은 금방 크니까 조금만 더 힘내서 열심히 해보자. 마음처럼 안 될 수도 있지만 사랑하는 아이들만 생각하면서 적어도 후회는 하지 않도록 노력해 보자.

초등

국·영·수 기본기와
매일 공부 습관 다지기

초등학교는 공부의 기초를 쌓고 공부하는 습관을 만드는 시기다. 아이들이 인간관계의 기본을 배우고 삶의 태도를 정립하는 시기. 그래서 부모의 역할이 중요하다. 초등학교 때, 늦어도 중학교 저학년 때까지 부모가 꼭 챙겨야 하는 3가지가 있다. 바로 '국·영·수 기본기', '실천 습관', '삶의 태도' 다지기다. 3가지가 균형 있게 자리 잡으면 어떤 상황에서도 잘 헤쳐 나갈 것이다.

특히 고등학교 때까지 흔들리지 않고 공부하는 우등생, 한참 쉬다가도 다시 시작할 힘을 내 열심히 노력하는 아이들은 대부분 이 3가지를 초등학교 때부터 확실하게 챙긴 경우다. 입시뿐 아니라 평생 살아가는

데 중요한 것을 이때 다 챙기는 것이다. 그러니 어느 하나도 빠지지 않도록 초등학교 저학년부터 신경을 써 보자. 이 3가지가 잘 굴러가도록 돕는 윤활유는 사랑이다. 무조건적인 사랑. 내가 아무리 부족해도, 어떤 일이 있어도 내 편이 되어 주는 사람의 조건 없는 사랑 말이다. 오늘 학교에서 돌아오는 아이를 꼭 안아 주면서 '궁디팡팡' 해주자. 이것도 아이가 받아 줄 때 많이 하자. 중학교만 가도 안아 주기 참 힘들다.

국·영·수 기본기 다지기

국어, 영어, 수학은 기본기를 확실하게 챙겨야 한다. 음악, 미술, 체육이나 사회, 과학도 잘하면 좋겠지만 적어도 국·영·수만큼은 모두 잘 따라가야 한다. 국어·수학만 하거나 수학·영어만 해서도 안 된다. 한두 과목을 특별히 뛰어나게 잘해도 좋지만 기본기만은 세 과목 모두 제대로 확립되어 있어야 한다. 어떤 과목도 구멍 없이 말이다.

고등학교 내신에서 국·영·수 비중은 거의 같다. 사회와 과학까지 1학년 때는 모든 과목의 비중이 거의 동일하다. 어느 과목 하나가 심각하게 떨어지면 좋은 평균 내신을 만들 수가 없다. 주요 과목 하나를 커버하려고 시간을 많이 쓰면 다른 과목들까지 흔들리게 된다. 중상위권은 정말 촘촘하기 때문에 조금만 흔들려도 내신에는 치명적일 수 있다.

기본기를 다지라는 건 초등학교 때부터 선행으로 앞서가야 한다는 이야기가 아니다. 학년에 맞는 학습 목표를 정확히 확인하고 현행 수업을 완벽하게 이해해서 잘 따라가야 한다는 것이다. 기본기만 확실하다면 언제든 달려나갈 수 있다.

매일 하는 실천 습관 만들기

대단한 습관이 아니어도 매일 하는 작은 일들이 모여서 아이를 만든다. 밥 먹고 치아 닦는 것부터 아빠 집에 오시면 인사하는 것, 할머니께 전화하는 것… 살아가면서 가장 중요한 것들을 배우고 그것을 삶으로 만들어 가는 시간이다.

가끔 전교 몇백 등 하다가 고등학교 때 1등을 했다거나 5~6등급이 1등급으로 껑충 뛴 이야기에 혹하실지도 모르겠다. 나는 얼마나 가능성이 없으면 그렇게 이슈가 되겠나 싶다. 고등학생이 되어 갑자기 열심히 하는 이야기는 솔직히 희망 고문이라고 생각한다. 그런 걸 믿고 아이를 초등 저학년 때 기본 습관을 들이지 않고 그냥 풀어 준다면 정말 안타까운 일이다.

아이들을 온종일 책상 앞에 앉혀 두라는 이야기가 아니다. 언젠가 혼자 할 수 있도록 습관을 만들어 줘야 한다. 매일 정해진 양 풀기, 교재 2~3장 꾸준히 하기 등 학습지를 꾸준히 하는 아이들이 잘하는 경우가 많다. 내용이 좋기도 하겠지만 그보다는 공부 습관을 잡는 데 중요한 역할을 한다고 생각한다. 꾸준히 할 수 있는 교재를 선택해서 공부 습관을 들이는 목적으로 사용하면 좋다. 매일 정해진 양을 공부하는 습관, 목표나 계획보다 오늘 하는 실천이 습관이 된다.

삶의 태도 다지기

말을 물가로 데려갈 수는 있지만 물을 마시게 할 수는 없다. 우리 아이들이 공부를 열심히 하도록 서포트는 할 수 있어도 공부는 정작 아이가 해야 한다. 공부를 열심히 해야겠다는 마음, 힘들고 어려운 일에도 흔들리지 않고 꾸준히 공부하려는 동기가 정말 필요하다. 이런 마음은 어떻게 생기고, 어떻게 해야 고등학교 때까지 유지될까?

작은아이 중학교 참관수업 때의 일이다. 선생님이 가장 좋아하는 글귀를 물으셨고, 워낙 목소리가 크고 간간이 떠들던 작은아이가 바로 지목을 당했다. 그때 아이는 주저 없이 아인슈타인의 명언을 이야기했다.

"어제와 똑같이 살면서 다른 미래를 기대하는 건 정신병 초기 증세다."

나는 놀라움에 얼굴이 빨개지고 생각이 많아졌다. 내 컴퓨터 모니터 바탕화면에 쓰여 있는 글귀였다. 노트북을 켤 때마다 각성하려는 생각에 써 둔 글인데, 이상한 말을 적어 놨다며 핀잔을 주던 녀석이 학교에서는 그렇게 말한 것이었다. 기억에 꽤 강하게 남았던 모양이다. 아이들이 어릴 때는 정말 스펀지 같다. 중학생인데도 엄마의 말이 그 정도로 의미가 있다면 초등학교 때는 엄마 말이 전부다.

나는 아이들이 부모를 보고 삶의 자세를 배운다고 생각한다. 우리가 힘들 때 어떻게 행동하는지, 최선을 다하는 모습도 무모한 도전을 하지 않는 모습도 본다. 인생을 즐기는 것도 보고 돈을 어떻게 사용하는지도, 자신의 분야에서 얼마나 열심히 노력하는지도 가까이서 본다. 부모와 주변 친지들 모두 롤모델이 될 수 있다. 좋은 모델 또는 나쁜 모델. 어떤 글이나 잔소리보다 학습 동기에 큰 자극이 된다.

기본기가 있고 습관이 잡혀 있어도 흔들리는 경우가 있다. 중학교 때까지 상위권이던 친구들이 고등학교에 가서 흔들릴 수 있다. 입시가 끝날 때까지 편안하게 원하는 성적을 쭉 받는 아이가 몇 명이나 될까? 한 번씩 깊은 수렁에 빠진 듯한 느낌이 들게 마련이다. 누구나 흔들리며 성장하는 시간이다. 이럴 때 누구는 다시 일어나고 누구는 허우적대며 시간만 보낸다.

그래서 자신의 인생에 최선을 다하고 힘들어도 노력하면 이룰 수 있다는 인생관을 확실하게 심어 줘야 한다. 어렵다면 열심히 사는 척이라도 하자. 대충 살자는 말은 속으로만 하자. 삶에 대한 바른 태도를 만드는 것이 어떤 교재보다 어느 특강보다 의미가 있다. 내 인생 후회 없이 열심히 살겠다는 아이들은 언제고 다시 자기 그릇만큼 이루어 낸다.

최상위권 되는
내신 관리 4단계

보통 내신 시험을 준비한다고 하면 특별한 방법을 기대하거나 특화된 학원을 고민한다. 하지만 시험 직전의 준비보다는 평소 관리가 더 중요하다. 평소에 선행 진도를 나가더라도 수업을 잘 듣고 관리하면 내신이 안 나올 이유가 없다.

1단계: 수업 전 목차 읽기 + 목차 암기하기

책을 읽거나 교재를 볼 때 가장 강조하는 부분이 목차 보기다. 목차는 공부해야 할 과정 전체를 보여 주고, 어디쯤 가고 있는지 현 위치도 알려 준다. 가야 할 길을 보여 주는 지도처럼 아이가 어떤 과목을 공부할 때도 기준이 된다. 일부 과목은 목차가 머릿속에 제대로 들어가지 않으면 장님이 코끼리 다리 만지듯 중요한 부분과 중요하지 않은 부분을 파악하지 못하고 엄한 곳만 공부하고 외우게 된다.

공부를 시작할 때부터 아이들에게 목차를 보면서 공부하라고 단단히 주의를 주기 바란다. 저학년 때부터 그렇게 해야 습관이 된다. 학교 수업을 시작할 때 1~2분이라도 목차를 펼쳐 보고 시작하도록 하자. 어디까지 배웠구나, 어디쯤 할 차례구나, 기본적인 틀이 잡히면서 공부가 수월해진다. 선생님을 기다리면서 짧게만 살펴봐도 수업 내용을 이해하는 정도가 달라질 것이다.

목차 보기는 공부한 지식을 어디에 넣어 둬야 하는지도 명확하게 해준다. 두 번째 서랍에 양말, 세 번째 서랍에 티셔츠를 보관하는 것처럼 그날 배울 지식을 어디에 넣어 둘지 준비를 하는 것이다. 암기 과목은 당연하고 수학도 마찬가지로 들인 노력과 시간에 비해서 효과가 아주 크다.

목차는 공부를 시작할 때뿐 아니라 중간에 확인차 다시 볼 때, 그리고 무엇보다 시험 공부를 할 때도 당연히 제일 먼저 펼쳐 봐야 한다. 시험을 준비할 때는 되도록 암기가 되는 게 좋다. 아이들이 작은 나무가 아니라 숲을 보면서 공부할 수 있도록 도와주자. 자주 목차를 보고 되도록 외우기! 꼭 기억하자.

2단계: 수업 중 선생님 수업 내용 필기하기

내신 공부에서 정말 중요한 게 선생님 말씀이다. 수능 문제는 평가원이 내고 내신 문제는 학교 선생님이 낸다. 그래서 대단한 교재 여러 권 보는 것보다 학교 선생님 말씀이 가장 중요하다. 수업 열심히 듣고 필기도 잘 해야 한다. 수업 시간에 필기하느라 선생님 말씀을 놓칠 만큼 적기만 하는 건 문제지만, 기본적으로 수업을 잘 들으면서 내용을 꼼꼼히 적어 두는 게 내신 공부의 기본이다. 정말 열심히 자세히 잘 적어 두자.

이때 팁이 하나 있다. 필기할 때 모든 과목에 기호나 중요도 등 기록하는 방법을 통일하는 게 좋다. 이를테면 선생님 말씀은 검정색 볼펜으로 적다가 중요하다고 강조하신 부분은 빨간색으로 적는다. 공부하면서 기출이나 다른 교재 내용을 교과서에 옮길 때는 파란색으로 적는 등 규칙을 정해서 표준화하는 거다. 어떤 과목을 보더라도 같은 방법으로 표시한다. 밑줄을 긋고 형광펜으로 표시하는 부분도 표준화한다.

물론 너무 세세하게 나눌 필요는 없다. 필기에 너무 많은 시간을 쏟는 건 시간 낭비가 될 수 있다. 기본 내용만 통일해서 착오를 줄이고 시각적인 혼돈을 줄이자. 시험을 보다가도 헷갈리는 내용이 없도록 확실하게 기억할 수 있다. 우등생의 공부법이라고 대단한 건 없다. 이런 사소한 것부터 헷갈릴 위험조차 미리 없애는 거다. 되도록 필기 방법을 통일해 보자.

3단계: 선생님께 질문하기

수업을 들을 때 모르는 내용이 없도록 완벽하게 이해하고 넘어가야 한다. 모르면 질문도 많이 하는 게 좋다. 성적이 좋은 아이와 나쁜 아이의 차이가 질문에서 나온다. 성적이 안 좋은 아이들은 대체로 질문을 하지 않는다. 모르는 게 없어서가 아니라 창피당할까 봐 질문을 못 하는 경향이 있다. '다른 애들은 다 알고 있는 거 아냐?', '이런 질문 하면 망신당하는 거 아닐까?'

공부 잘하는 아이들은 자신 있게 질문한다. '내가 모르면 다른 친구들도 모를 수 있겠다'라고 생각하기도 전에 그냥 궁금하니까. 질문을 통해 궁금증을 바로 해결하고 제대로 이해하고 넘어간다. 하루 이틀 장기적으로 쌓이면 실력이 점점 벌어진다. 평소에는 선행 공부하느라 따로 참고서 찾아보기도 힘드니 모르는 내용이 나올 때 바로 알고 넘어가야 한다. 다시 찾아보지 않아도 되도록 수업 시간을 잘 활용하자.

더 좋은 점도 있다. 질문을 잘하면 선생님께 학업에 열의가 있는 학생으로 기억된다. 비슷한 친구들 사이에서 계속 질문하는 아이를 싫어할 선생님 한 분도 없다. 그건 또 자연스레 풍부한 '세특'으로 이어질 수도 있다. 공부를 위해서도, 생기부를 위해서도, 모르면 선생님께 질문하는 게 좋다. 수업 시간에 질문하기 창피하면 따로 찾아가서라도 질문하자. 처음이 어렵지 한두 번 하다 보면 선생님과 친해지고 점점 질문하기 편해진다.

4단계: 수업 후 3~5분 복습하기

반복해서 공부하면 장기 기억으로 남는다. 그런데 매번 과목마다 시간을 내서 복습하기는 힘들다. 수업 직후 3~5분이라도 배운 내용을 바로 복습하는 게 좋다. 오래 자세히 하지 않아도 짧게라도 해보자. 특히 복잡한 내용을 배운 날, 중요한 부분이 많은 날은 나중을 위해서 꼭 살펴봐야 한다. 조금 전에 배운 내용이라 한 번 짧게 살펴보는 것으로도 쉽게 정리가 된다. 한참 지나서 공부하는 것보다 효율이 훨씬 높다. 모든 과목을 복습하기는 힘들 수 있으니 국어, 영어, 사회 위주로 복습해두면 시험 기간 공부 시간이 절약된다. 무엇보다 어떤 내용이 중요한지, 선생님이 어떤 내용을 강조하셨는지 훨씬 잘 기억할 것이다.

고학년 돼서 하려면 쉽지 않으니 저학년 때부터 습관으로 만들면 좋다. 습관이 안 들었어도 고등학생이라면 꼭 실천하자. 수업 직후 3분 복습이 3시간 잠자는 시간을 만들어 준다. 내신은 선생님 수업이 가장 중요하기 때문에 이렇게까지 해야 하나 싶게 해야 한다.

중3 내신 관리와 고1 선행 학습법

고등학교에 올라가면 시간 여유가 있을 때 열심히 공부하지 않은 게 얼마나 후회가 되는지 상상도 못 할 것이다. 중학교도 바쁘지만 고등학교에 가면 시간이 다르게 흐른다. 특히 1학년 3월과 4월에는 동아리도 정하고 학교에 적응하느라 바쁜데, 정신을 차리기도 전에 바로 중간고사를 본다. 미리 준비가 안 되어 있으면 힘들 수밖에 없다.

중학교 3학년 때 내신 준비냐, 고등학교 준비냐? 가장 큰 고민에 대한 답변은 '둘 다 열심히'다. 주로 고등학교 준비를 하지만 시험 기간 3~4주에는 내신 준비에 집중한다.

중3 내신 준비

일반고를 갈 예정이라면 중학교 성적은 크게 의미가 없다. 그래서 일부 학원 선생님들은 중학교 공부 하지 말고 고등학교 준비를 하라고 말씀하시기도 한다. 그런데 고등학교 선행 없이 입학해서 공부 잘하는 아이들을 보면 중학교 공부를 깊이 있게 충실하게 한 경우다. 중학교 교과 내용이 고등학교 과정에 연결되는 건 당연한 일이다. 다 연장선이다. 그러니 중3 내신 마지막까지 시험 공부는 구멍 없이 해야 한다. 국·영·수·사·과 주요 과목 위주로 해당 단원의 목표를 확인하면서 꼼꼼하게 다지자. 단 고등학교 내신에서 음악, 미술, 체육은 빠지므로 시간을 과하게 쓰지 않는 게 좋다.

무엇보다 중요한 건 중3 중간고사와 기말고사를 고등학교 내신의 모의시험으로 생각하고 제대로 준비해야 한다는 것이다. 내신은 첫 시험부터 입시에 반영되니까 고1 첫 중간고사부터 완벽할수록 좋다. 아무리 정시가 늘어도 50퍼센트 이상이 수시이기 때문에 가장 중요한 내신을 철저하게 준비해야 한다.

고등학교 내신 준비는 중학교처럼 단순 암기가 아니다. 범위 자체가 넓어지고 여기저기서 연계되기도 한다. 그렇지만 수업 시간 담당 선생님께 배운 것을 시험 본다는 것, 범위가 정해져 있다는 것 등 내신 시험의 기본 형태는 같다. 그런데 내용 정리, 단순 암기조차 제대로 하지 못하면 이해해서 적용하는 전 과정을 원하는 성적으로 끝낼 수가 없다.

그래서 중학교 내신 시험을 보면서 과목별로 자신에게 맞는 공부법, 암기법을 확실하게 알아 두라는 것이다. 문제집 한 권 더 푸는 것보다 훨씬 중요할 수 있다. 중학교 내내 아이에게 맞는 공부법과 암기법을 익히면 좋지만, 마지막 시험이라도 공부법 정립에 신경 써서 준비를 해봐야 한다.

암기 과목은 교과서를 몇 회독 하고 문제를 푸는 게 좋더라, 요약 정리는 한 페이지로 해서 직전에 보면 좋더라, 족보 기출은 어떤 식으로 활용하는 게 좋더라, 어떤 과목은 설명하면서 암기하니까 잘 외워지더라 등 자신의 내신 공부법 정립에 활용하라는 이야기다. 몇 번 남지 않은 중학교 시험을 고등학교 시험이다 생각하고 제대로 해보자. 시간 관리, 수면 관리 등 제대로 해본 시험 준비는 분명 도움이 될 것이다.

고등학교 준비

우리 아이들은 중학교 내신 시험 기간 3~4주를 제외하고는 고등학교 준비만 했다. 내신과 모의고사 준비를 다 하는 거다. '중3은 고1이다' 이런 마음으로 임해야 한다.

고등학교 1학년 1학기 중간고사가 얼마나 중요한지 아무리 강조해도 지나치지 않다. 처음부터 '나는 정시로 가야지' 하는 아이는 없다. 수시와 정시 모두 중요한지 알고 둘 다 열심히 준비한다. 열심히 해도 좋은 성적 받기가 어렵고 대충 하면 그냥 뚝 떨어진다. 일정 점수대에 친구들이 몰려 있어서 한두 문제로 몇 등급 차이가 날 수도 있다.

이 책을 읽는 지금 아이가 중학생이더라도 당장 고등학교 준비를 시작하는 게 좋다. 특히 중학교 3학년 2학기 기말고사 끝나고 방학 시작하기 전에는 수업도 대충 받으면서 시간만 흘려보내기 십상이다. 고등학교 1학년 3월 초에는 학교에 적응하다 보면 시간이 휘리릭 지나간다. 생각보다 시간이 많지 않다. 계획을 철저하게 세워서 시간 낭비 하지 않고 한 과목이라도, 한 권이라도, 한 번이라도 더 봐둬야 한다.

공부는 다음 학기에 성적을 끌어올려야 할 과목, 전반적인 실력 향상을 위해 노력해야 할 과목 등 조금은 다르다. 각 과목별로 꼭 해야만 하는 내용을 간단히만 이야기해 보겠다. 그동안 잘 해온 아이들은 계획에 맞춰서 하면 되고, 지금이라도 시작하는 아이들이 참고하면 좋다.

• 국어

중학교 때는 국어 공부를 시험 때 자습서로만 하는 아이도 많은데, 고등학교 가서는 지문의 길이와 깊이에 제대로 놀란다. 중요성을 알고 준비한 친구들은 알겠지만 국어가 만만치 않다. 영역별로 챙겨야 할 공부가 더 있지만 시간이 얼마 남지 않은 지금은 개념어, 모의 기출, 문법 이렇게 3가지를 염두에 두고 공부하길 추천한다. 개념 교재로는 《윤혜정의 개념의 나비효과》나 《100발 100중 고등 문학 개념서》, 독해 기출 교재는 《예비 매3비》와 《예비 매3문》 또는 마더텅의 기출문제집, 문법 교재는《중학 국어 문법》과《떠먹는 국어 문법》을 참고하자. 추가로 문학 작품 중 고전시가를 더 하면 좋다.

• 수학

수학은 어떤 과목보다 중요하다. '닥수'(닥치고 수학)라는 말이 그냥 나온 게 아니다. 수시와 정시에 어떤 과목보다 비중이 높다. 특히 내신을 위해서 고1 과정 수학을 1년 정도는 선행해 가면 좋다. 선행하던 게 있다면 그 진도 계속 나가고 12월 말부터는 무조건 고1 수학을 해야 한다. 학기가 시작되면 1학기 과정을 개념부터 유형, 준심화, 심화까지 이어서 공부하길 바란다.《개념 원리》,《쎈》,《일품》… 이렇게 반복해서 보면 좋을 것 같다.

• 영어

영어 1등급 비율이 점점 낮아지고 있다. 그만큼 영어도 쉽지 않다. 아무리 저학년에 많이 공부해 뒀어도 꾸준히 하지 않으면 절대 점수가 나오지 않는다는 걸 기억하기 바란다.

어휘, 문법, 구문, 리딩 이렇게 나눠서 공부하면 좋다. 가장 중요한 건 어휘다. 다른 건 몰라도 어휘만은 제대로 챙겨야 한다. 어휘가 탄탄하면 구문이나 리딩 공부가 수월해지고 진도도 빨라진다. 중하위권이라면 특히 다른 거 제쳐 두고 어휘만이라도 단단히 챙기면 무조건 성적이 오른다. 문법의 경우는 학기 중에 늘어지게 공부하지 말고 방학 때 집중해서 하자. 구문 교재는《천일문》,《빠른 독해, 바른 독해》가 좋았다. 리딩은 《자이》나 마더텅의 기출문제집으로 고1~2 모의고사를 풀어 보면 좋다.

· 과학

과학까지 해야 하냐는 분도 있을 것 같은데, 나라면 과학도 무조건 시킬 것이다. 중학교 1학년이나 2학년이라면 화학1, 물리1 먼저 하고 통합과학은 겨울방학에만 하면 되는데 3학년 후반부라면 바로 통합과학을 공부하는 게 좋다. 통합과학이 생각보다 공부할 내용이 많다. 학교마다 다르겠지만 우리 아이들 학교에서는 통합사회는 선생님 한 분이 가르치고 통합과학은 물리, 화학, 생명과학, 지구과학 네 선생님이 1시간씩 수업을 했다. 교재는《완자》,《오투》,《하이탑》등으로 공부하면 되는데 한번 휘리릭 본 건 선행도 아니다. 한 단원이라도 제대로 이해하고 넘어가야 의미가 있다. 개념과 문제 풀이까지 마치자. 대충 볼 거면 국·영·수에 집중하는 게 낫다.

멘탈도 잘 잡고 가야 한다. 아이들 중에는 고등학교 과정 다 뗐다느니, 미적분·기하 한다느니 대단한 아이가 많다. 부모님도 걱정이지만 아이들 스스로도 많이 위축될 것이다. 그런 말에 신경 쓰지 않도록 해줘야 한다. 제대로 해온 아이도 있겠지만 실제로 깊이가 없고 휘리릭 진도만 나간 경우도 많다. 기죽을 필요 없고 본인 실력만 신경 쓰면서 공부하면 된다. 지난번보다 더 맞았다, 정답률이 어떻다, 이 부분이 이제 이해가 잘된다 식으로 성장하고 있으면 된다. 공부에서 내가 기준이 되는 것이다. 조바심 내서 진도만 나갈 필요가 절대 없다. 구멍 나면 다시 하느라 어차피 시간만 더 든다. 내신이 안 되면 천천히 정시를 준비할 수도 있다. 아이에 맞춰서 하면 된다. 천천히 꾸준히 할 수 있도록만 잘 다독여주자.

전혀 다른 고등학교 시험 철저하게 대비하기

중학교 시험과 고등학교 내신의 가장 큰 차이점은 무엇이고, 우리 아이는 어떻게 준비해야 할까? 고등학교에 가서 첫 시험을 치르게 될 예비 고1 아이들에게 하고 싶은 이야기다. 엄마보다 아이들이 읽었으면 좋겠다.

중학교 시험과 고등학교 시험은 어떻게 다를까? 고등학교 시험도 과목별로 교재 선별하고 계획도 4~5주 전부터 짜서 준비한다. 범위가 더 넓고 입시와 직결돼 부담이 많지만 시험 계획부터 공부하는 과정 대부분은 중학교나 고등학교나 큰 틀에서는 차이가 없다. 내가 가장 크게 다르다고 생각하는 중요한 포인트는 공부 마인드, 공부 스타일이다. 중학교 때 95점 맞았던 공부 스타일로는 절대 고등학교 상위권이 될 수 없

중등

다. 120점을 맞는다는 마인드로 바꿔야 한다.

같은 교재로 비슷하게 계획을 짜 시험 준비를 했는데도 결과가 다른 이유는 마인드 때문이다. 중학교 시험은 따로 등수가 나오지 않는 절대평가다. 주변에 중학생 아이가 있는 엄마들이 이런 말을 많이 한다.

"89.5점까지는 A등급이니까 95점 정도만 맞으면 되지 않나요? 한두 개 더 틀려도 A가 나오니까 괜찮아요."

이런 생각이 문제다. 아이가 시험 공부를 95점 정도만 맞도록 적당히 하게 된다. 중학교 내내 이렇게 지내다 보면 적당히 공부하는 습관이 몸에 밴다. 우리 아이는 아니라고 생각하겠지만 부모도 모르고 아이도 모른다. 겉으로 표가 안 날 뿐이지 많이들 그렇다. 머릿속에 마음속에 '이정도만 하면 A는 충분하다'는 생각이 있다.

중학교 시험은 비교적 쉽다. 절대평가에서 A가 30~40퍼센트 나오도록 문제를 낸다. 평범한 중학교에서 특목고나 자사고에 가려면 우수한 학생들이 A를 받아야 하기 때문이다. 그러니 평균 30~40점, 최고점이 80점대가 나오도록 문제를 어렵게 내선 안 된다. 문제가 어려워서 점수가 안 나오면 아이들이 고등학교에 어떻게 가냐고 난리가 난다.

중학교 1학년은 자유 학년으로 시험이 없거나 한 번이고, 2~3학년에도 등수는 모르는 채 A만 나오면 된다는 생각으로 시간을 보낸다. 그리고 고등학교 선행을 해서 중학교 시험에 매진하지 않는다. 선행 진도로 바쁘니까 부모도 성적이 A만 나오면 된다고 생각한다. 아이들도 부담이 적으니까 아주 좋다.

그렇게 상위 30~40퍼센트가 A를 받는 쉬운 문제와 89.5점만 맞으면 A가 되는 제도에 길들여진다. 적당히 쉬운 문제인데 다 맞을 필요도 없는 공부를 하게 된다는 이야기다. 그런데 아시다시피 고등학교 내신은 무조건 누군가는 1~2등급을 받고 누군가는 4~5등급을 받는다. 1~2등급이 상위 11퍼센트까지다. 바뀌는 제도에서도 1등급이 상위 10퍼센트까지다. 중학교 때 A등급 인원의 3분의 1도 안 되는 수치다. 고등학교 내신 상대평가가 이렇게 무섭다.

고등학교는 상위권과 중위권을 변별하기 위해서 문제 자체가 어렵고 지엽적인 문제가 하나둘 꼭 끼여 있다. 프린트물 귀퉁이나 교과서 구석구석 '설마' 하는 곳에서도 문제가 나올 수 있다. 선생님들도 좋아서 그러는 게 아니라 어쩔 수 없이 변별을 위한 문제를 내야 해서 그렇다. 고1도 수능형 문제로 어렵게 나오기도 한다. 고2는 당연히 수능 기출까지 꼼꼼하게 봐야 한다. '쉬운 문제들로 95점 정도만 맞자'라는 생각으로는 고난도 문제로 100점을 맞아야 하는 상황이 커버가 안 된다. 대충 비슷한 스타일로 공부하다가는 큰일이 나는 거다.

마인드를 완전히 바꿔야 한다. '고등학교 시험은 상대평가에 변별을 위한 문제다. 꼼꼼하게 구석구석 살펴보고 다 맞는다'라고 마음을 먹자. 하루라도 빨리 생각을 바꾸지 않으면 고등학교 성적표를 보고 많이 놀라게 될 거다. 체급이 아예 다르다는 생각으로 고등학교 마인드를 확실히 새겨야 한다.

물론 마인드를 바꾼다는 게 말처럼 쉽지가 않다. 그냥 '다 맞도록 꼼꼼하게 해야지' 이런 단순한 생각만으로 바뀌는 게 아니다. 공부 스타일을 바꾸는 건 절대적인 공부량을 확 늘려야 가능하다. 교과서와 프린트물을 꼼꼼하게 몇 회독은 기본이고 문제집 여러 권에 기출문제도 풀어봐야 한다. 수업 시간에도 차원이 다르게 집중해서 기록도 꼼꼼하게 하고 과목별로 통암기가 필요한 부분은 반복해서 암기해야 한다.

내가 아이들에게 정말 많이 했던 말이 있다.

"10시간 공부해서 95점을 맞았는데 한두 문제 더 맞혀서 100점이 되려면 20시간을 공부해야 한다."

한마디로 공부량이 두 배 이상 되어야 한다는 이야기다. 95점도 잘하는 거지만 다 맞힌다는 것은 차원이 다르게 어렵다. 단순한 5점 차이가 아니다. 부족함 없이 하려면 공부량이 확실히 많아야 한다.

'넘사벽' 극상위권 친구들은 저학년부터 이런 습관이 배어 있다. 매학기 한두 문제 차이로 결과가 비슷해 보였을 테지만 실제 공부량은 어마어마하게 차이가 났던 거다. 초등학교 6년, 중학교 3년을 압도적인 양으로 공부해 왔기 때문에 쉽게 흔들리지 않는다. 당시에는 표시가 안 났겠지만 고등학생이 되면 꼭 표가 난다. 그래서 공부한 거 어디 안 간다고 하는 것이다.

쉬운 문제로 95점 맞던 스타일에서 구석구석 챙겨 120점 맞는 공부 스타일로 완전히 바꾸자. 공부량을 늘리고 깊고 넓고 꼼꼼하게 공부해야만 고등학교 상위권이 유지된다는 것을 기억하기 바란다.

고1 1학기 중간고사 의미와 내신 교재 선택법

고등학교 3년 동안 보는 시험은 전부 중요하지만, 그중에서도 수능 다음 두 번째로 중요한 시험이 고1 1학기 중간고사다. 고등학교 첫 내신 시험, 기말과 합쳐서 나오는 고1 1학기 내신은 정말 중요하다.

학교에 들어와서 첫 학기니까 아이 스스로 자신의 위치를 파악하게 된다고 할까. 중학교 때까지 막연했던 내 수준이 제대로 드러나는 시험이다. 고등학교 내신 등급의 냉혹함을 성적표를 받기 전에는 느끼지 못하다가 첫 성적을 받으면서 확 체감한다. 잘 보면 자신감이 생겨서 계속 더 노력하게 되지만, 혹시 못 보면 많이 실망해 영영 회복하지 못하는 아이들도 있다.

선생님들에게도 누가 잘하는지, 이번 학년 우수 학생은 누구인지 첫 시험으로 각인되기도 한다. 고등학교 첫 학기가 이렇게나 중요하다.

내신은 학교를 졸업하고 시간이 지나도 그대로 남는다. 수능이야 1~2년 열심히 하면 사람에 따라 많이 오를 수도 있다. 3~4등급 아이들도 재수할 때 2등급, 삼수하면서 1등급 나와 의대에 가기도 한다. 하지만 내신은 평생 바꿀 수가 없다. 그러니까 정시파가 되기로 결정하기 전에는 무조건 내신을 0순위로 챙겨야 한다.

비교과도 내신이 좋아야 빛이 나고 내신이 나쁘면 대단한 활동도 그냥 고등학교의 멋진 추억일 뿐이다. 특히 생기부 내용이 대폭 축소돼서 내신이 그 어느 때보다 중요해졌다.

아이가 잘하는 과목이라고 해이해지면 안 된다. 고등학교 내신은 안전한 과목이 없다. 처음 보는 외계어라고 생각하며 준비하자. 문제가 쉬우면 만점자가 많아서 1등급이 아예 없을 수도 있는데, 하필 이때 실수하면 몇 등급 하락이다. 반대로 문제가 어려우면 터무니없는 점수도 1등급 나오니까 단순히 점수만 보고 괴로워할 것도 없다.

내신은 모의고사와 다르게 그동안 얼마나 준비를 해왔고 선행이 얼마나 되어 있는지보다 내신 시험 기간에 얼마나 집중해서 공부하는지가 더 크게 작용한다. 잘해 온 친구들도 자만하면 비극을 맞이할 수 있고, 한동안 방황한 아이들도 바짝 집중해서 노력한다면 반전 드라마를 쓸 수도 있다는 점을 잊지 말아야 한다.

고1 내신 교재 + 공부 팁!

내신 교재는 학교마다 아이마다 상황이 다르다. 우리 아이들은 학원을 안 다녀서 시간이 더 많았던 편이라 교재로 이것저것 샀다. 특히 작은아이는 언제 어떤 공부를 할지는 본인이 주도적으로 결정했지만 "문제집은 엄마가 알아서 골라 주세요."라고 쿨하게 말했다. 엄마가 관심 많은 거 잘 알기도 했고 명확한 공부법이 부족해서였을 것이다.

교재는 학교 담당 선생님 스타일에 따라서 필요할 수도 있고 필요 없을 수도 있다. 시험 문제를 프린트물에서만 출제한다는 선생님도 있다. 교과서와 프린트물 몇 회독은 기본이다. 꼭 아이 학교에 맞게 다시 확인하자.

교재는 반드시 필요한 문제집만 사는 게 합리적이지만 고등학교 내신 시험, 특히 1학년 때는 최대한 지원해야 한다. 선생님 스타일을 아직 잘 모르기 때문이기도 하고 학원비 생각하면 책값은 정말 소소한 수준이니 나중에 재수 삼수 할 돈 아낀다 생각하고 지원하자.

• 수학

교재	《쎈》, 《일품》, 《고쟁이》 + 수업 부교재

2월부터 수학 선행은 다 접고 수학(상), 공통수학1 반복하자. 선행할 때 두세 번 본 《개념 원리》, 《쎈》을 두 번씩 풀고 처음 푸는 《일품》도 두

번 푼다. 여러 번 풀었으니 수월해졌을 것이다. 심화로 《블랙라벨》이나 《고쟁이》를 푼다. 시간 되면 EBS 《고난도》도 보면 좋다. 몇 학교 기출문제도 시간 적게 주고 풀어 본다. 마지막에는 다시 《쎈》과 교재, 부교재로 마무리한다.

평범한 일반고에서는 극심화 문제는 출제되지 않고 《쎈》과 《일품》 난이도에서 다 해결이 될 것이다. 특목고, 자사고, 학군지 학교에서 변별력을 위해 《블랙라벨》 수준 문제가 나온다. 그러니 일반고에서는 너무 고난도 문제만 풀면서 시간을 쓰는 것도 좋은 방법은 아니다. 먼저 학교 난이도가 어떤지, 기출문제를 확인하고 시작하자.

• 국어 & 영어

교재	자습서, 평가문제집 등 기본 교재만 한다(수업 부교재 포함).

국어와 영어는 기본적으로 수업 시간에 듣고 필기한 내용, 프린트물이 주교재다. 문제 출제하는 선생님 말씀 위주로 공부해야 한다. 자습서에는 수업 시간에 배우지 않은 지나치게 많은 내용이 있을 수 있다. '투머치'인지 교재와 비교해 가면서 공부하자.

변별력을 위해서 시험 문제가 수업 내용 외에 모의고사에서 출제되기도 하고, 선생님이 몇 문제는 외부에서 출제한다고 말하기도 한다. 평소 기본 실력이 가장 잘 드러나는 과목이 국어와 영어다. 외부에서 문제가 출제돼도 당황하지 말라고 아이에게 미리 말해 주자.

- **통합과학**

교재	《완자》, 《오투》, 《하이탑》, 《자이스토리》

통합과학은 학교마다 진도 나가는 방식이 많이 다르다. 1학기에 물리와 생명과학, 2학기에 화학과 지구과학 등 학기로 과목을 나누기도 하고, 네 과목을 동시에 배우기도 한다. 우리 아이 학교에서는 네 과목을 따로 가르쳐서 영역별로 선생님 네 분의 진도를 다 준비했다. 학교 교육과정을 정확히 파악하고 공부해야 한다.

《완자》와 《오투》로 개념을 익히고 문제를 푼다. 과학은 꼭 교과서 출판사의 자습서로 하지 않아도 된다. 아이마다 공부 방법이 다를 텐데, 우리 아이는 워낙 대충 흘려 보는 스타일이라 개념을 두 번 보고 문제 풀이를 다시 하는 방법으로 시간을 더 들였다. 그리고 《하이탑》으로 한 번 더 체크하고 《자이스토리》로 문제를 풀었다.

- **통합사회**

교재	출판사 자습서, 《1등급 만들기》, 《자이스토리》

큰아이는 통합사회를 아예 안 하고 경제 과목만 했다. 작은아이가 특히 사회 과목을 싫어해서 인터넷 강의나 선행은 꿈도 못 꾸고, 그야말로 앞이 캄캄했다. 여기저기 찾아봤는데 학교마다 선배마다 말이 조금씩 달랐다. 프린트물만 해도 된다는 사람이 있고 문제집에 대해서도 말들

이 달라서 많이 언급된 문제집으로 골랐다.

《1등급 만들기》나《자이스토리》많이 보는데 한 권만 제대로 보면 될 것 같다. 아니면 출판사에서 나오는 평가문제집으로 해도 된다. 사회는 뭐니뭐니 해도 책과 프린트물가 중요하다.

· 한국사

교재	자습서 + 평가문제집, 《완자》, 《1등급 만들기》

수능 한국사는 워낙 쉬워서 특별히 문제가 안 되지만 내신은 다른 과목과 똑같이 어렵다. 특히 한국사는 '덕후'들이 있다. 어렸을 적부터 역사 좋아하는 아이가 많아서 내신 기간 영혼을 갈아넣어도 1등급 받기 어려울 수 있다. 각오하고 열심히 준비하자.

문제집 권수가 많다고 무조건 더 잘하는 건 아니다. 프린트물만 보고도, 문제집 한 권만 여러 번 반복한 경우에도 1등급을 받는다. 한 권이라도 제대로 풀어 보는 게 나을 수 있다. 아이가 한 교재에 싫증을 잘 느끼는 성향이라면 여러 권 풀기도 하는데, 교재보다 아이가 얼마나 열정을 가지고 열심히 하느냐가 관건이다. 이젠 아이가 달려 줄 때다. 잘 달릴 수 있도록 응원하고 대화하면서 합의가 되면 어느 정도 관리만 해주자.

내신 1등급 유지하는
국·영·수·과 시험 기간 공부법

고등학교 내신 공부 방법을 과목별로 크게 뼈대만 잡아 보겠다. 부분부분 힌트를 얻어서 가감해 보기 바란다. 내신은 워낙 케이스 바이 케이스다. 학교마다 너무 달라서 누가 어떻다더라, 어떻게 해야 된다더라 말을 보탤 수 없다. 다 맞는 말이면서 틀린 말이기도 하다. 내 이야기도 마찬가지다.

내신은 무조건 아이 학교 선생님 스타일로 준비하면 된다. 학교 기출은 도움이 되는데 이것도 난이도를 맹신하면 안 된다. 해마다 선생님이 바뀌기 때문에 지난해 문제가 올해 난이도 그대로 유지되지도 않는다. 하지만 해당 과목에 선생님이 딱 한 분인 경우는 무조건 기출을 참고해야 한다. 다시 말하지만, 지금 담당하는 선생님의 수업과 출제 스타일이 가장 중요하다. 선생님의 교과서, 부교재, 프린트물이 가장 기본이다.

• 국어

국어는 시험 3주 전부터 시작했다. 교과서 읽고 선생님께서 말씀해 주신 중요한 부분 위주로 공부했다. 2주 정도 남으면 자습서와 평가문제집을 풀고, 1주쯤 남으면 암기할 내용을 제대로 암기한다. 그리고 기출문제를 구해서 풀어 본다. 기출문제를 시험 전날 검토용으로 하나만 놔두고 몇 년 치 문제는 1주 전에는 풀어야 마지막 점검 방향을 정할 수 있다. 엉뚱한 방향으로 공부하고 있을 수도 있으니까. 혼동한 부분이나 부족한 부분을 확인하고 1주는 보충하고 채우는 방법으로 준비한다. 교과서는 계속 읽으면서 공부한다.

국어는 자습서와 평가문제집 양이 적고 문제가 쉬운 편이다. 공부하고 바로 푸니까 아주 잘하는 줄 알게 되기도 한다. 그래서 문제를 조금 더 많이 풀어야 한다. 보통 내신 자료 찾기가 어려운데《총만국》내신 기출이 풀어 볼 만하다. 우리 아이가 내신용으로 풀어 보진 않았지만 교과서별로 문제를 더 풀어 볼 수 있어서 좋다.

• 영어

국어와 비슷한 형태로 진행한다. 시험 3주 전부터 2주 동안은 교과서와 선생님이 말씀해 주신 내용 위주로 공부한다. 교과서나 부교재의 지문을 꼼꼼하게 읽으며 분석하는데, 지문의 양이 많으면 자습서의 우리말로 번역된 내용을 읽어서라도 본문을 완벽하게 이해하고 있어야 한다. 그래야 그다음 분석 과정이 의미가 있다.

내신 시험은 모의고사와 다르게 문법이 특히 중요하다. 지문에 나와 있는 문법 내용 중 애매한 부분이 있으면 문법책에서 해당 부분만 따로 확인하고 넘어가야 한다. 기본적으로 문법 베이스가 잘돼 있으면 내신 준비가 수월하다.

시험이 1주 정도 남았을 때 통암기가 되면 좋다. 양이 많고 다른 공부 할 것도 많아서 통암기가 힘들면 접속사, 도치 구문, 비교급 등 중요 문법 문장과 주제 문장, 주제를 서포트하는 문장 등을 암기한다. 범위의 첫 문장부터 무작정 외우는 게 아니라 지문 분석한 것을 반복해 보면서 자연스레 외워지도록 하는 거다. 특히 중심 주제와 문법이 만나는 문장이 주관식 서술형으로 나오는 경우가 많으니 꼭 암기해야 한다. 서술형으로 등급이 갈릴 때가 많으니까 반드시 확인하자. 여러 번 읽어 보면 자연스럽게 암기가 되지만 안 되면 적어서 마지막까지 가지고 다니며 보고 또 보자.

내신 준비 문제들은 단원별로 자습서와 평가문제집을 푼다. 그런데 문제가 적고 딱 맞지 않을 수 있다. '황인영 영어 카페', 'EXAM4YOU', '아잉카' 등 학원에서 변형 문제 찾을 때 사용하는 사이트에서 직접 변형 문제를 찾아 풀어 보면 좋다.

학원을 다니면 이런 사이트들에서 문제를 어마어마하게 준비해 준다. 이 자료들 때문에 내신 시험 기간에만 학원에 다니는 경우도 있다. 학원에서는 '이것만 보면 된다'라고 하지만 그 양이 두세 과목 공부할 분량이다. 학원에서 준 자료를 다 풀면 영어는 잘 봐도 다른 과목 망하겠다 싶은 양이다. 가장 중요한 건 선생님 말씀을 잘 기록한 교과서, 부교재, 프린트물을 더 열심히 보고 암기하는 것이다.

• 수학

수학은 학기 중에는 모든 시간이 다 내신 준비라고 해도 무방하다. 특별히 집중해서 하는 공부도 시험 5주 전부터 시작한다. 기본기가 되어 있다면 학기 중에 선행 진도를 나가기보다 무조건 내신 준비하기를 추천한다. 방학에만 선행을 하고 학기 중에는 무조건 내신 시험 준비하라는 이야기다.

시험 5주 전에 시작하면서 개념서와 교과서 보고 부교재 한 번씩 풀어 본다. 4주 전부터는 《쎈》 3회독, 《일품》 3회독, 《블랙라벨》 1회독 한다. 교재는 무엇이든 아이와 맞기만 하면 된다. 2주 정도 남으면 수능 특강, 수능 기출 한 번씩 풀어 보면서 못 푸는 문제가 있는지 확인한다. 마지막 1주에는 학교 기출, 주변 명문고나 학군지 두세 학교 이상 기출문제를 푼다. 대충 '이런 문제가 있구나' 하는 건 의미가 없고 시간을 딱 정해서 풀어 봐야 효과가 있다. 시험 시간보다 5분 덜 줘서 타임 어택을 느껴 가며 풀어 봐야 한다. 이게 다 되면 《고난도》, 《절대등급》, 《최강 TOT》 등 다른 교재의 심화 문제를 두루 보면서 특이한 문제, 못 푸는 문제가 있는지 확인해서 풀어 본다. 전날에는 다시 교과서, 부교재,《쎈》으로 돌아가서 B단계, C단계로 반복 마무리한다.

가장 중요한 건 학교 문제 수준을 파악하는 거다.《쎈》B단계만 잘 풀어도 상위권이 되는 학교가 있는데, 굳이 심화 많이 풀면서 시간 잡아먹으며 좌절할 필요가 없다.《블랙라벨》정도 심화 문제를 다 확인하는 경우는 학군지 '갓반고'들, 과학중점고, 전사고, 자사고, 어렵게 낸다는 일반고 등일 것 같다.

• 과학

과학은 개념을 아무리 혼자 열심히 공부해도 시험 성적으로 연결하기가 참 어려운 과목이다. 개념도 완벽하고 문제 풀이도 상당한 수준으로 해둬야 성적이 나온다. 시험 공부는 3~4주 전에 시작한다. 그 전에 조금이라도 이해가 안 되면 인터넷 강의를 들어 두면 좋다. 무조건 전 범위 다 듣지 않더라도 시험 범위에서 이해 안 되는 부분이 있다면 꼭 들어 두길 바란다. 학교 수업이 기본이 되지만 개념을 반복해서 공부해 완벽하게 이해가 되어야 한다. 시험 전 4~6주에 들어 두면 된다.

우리 아이들은 중학교 때 선행해 둔 게 있어서 1학년 때는 교재로 혼자 공부했고, 2학년부터는 M사 사설 인터넷 강의를 부분적으로 들어 가면서 정리했다. 수능 볼 과목은 더 열심히 인강을 들었다. EBS도 좋지만 고등학교 때는 인강 패스가 있으니까 하나 정도 결제해 두고 편하게 들으면 좋다. 사설 강의가 조금은 더 자극적인 맛이라 기억이 더 잘되는 것 같다. 공부를 하다가 막히면 언제라도 바로 인강을 또 듣는다.

3주 전부터는 교과서, 부교재, 프린트물과 개념서《하이탑》,《완자》,《오투》로 꼼꼼하게 봐둔다. 2주 전부터 기출문제를 많이 풀어 본다.《자이스토리》나 마더텅의 기출문제집을 활용하면 된다. 과학도 선생님 스타일에 따라 많이 다르겠지만, 기본적으로 수능 특강이나 수능 기출 까지 할 수 있도록 노력해야 한다. 학교에 따라서 수능식으로 나오는 경우가 많다.

1주 전에는 학교 기출, 주변 명문고 기출문제들을 풀어 보자. 잘 아는 것 같았는데 꼭 틀리는 부분, 부족한 부분이 나온다. 그 부분은 다시 문제 풀이로 점검하자. 전날에는 다시 교과서, 부교재, 프린트물을 기본으로 보고 그동안 정리해 둔 것들을 제대로 암기한다.

tip

공부를 조금 하는 것 같은데 내신 성적이 좋은 아이의 비밀

동네 모임에서 알게 된 지인이 있다. 두 딸이 Y대와 E대를 졸업했는데 한 명은 고등학교 선생님이 되었다. 그 딸이 하던 멘토멘티 활동 이야기를 해주셨는데 인상적인 부분을 나누고 싶다.

한 학생이 공부를 정말 열심히 하더란다. 그런데 성적이 안 나와서 이상하다는 생각이 들었다고 한다. 학생의 자습서를 보니 중요하지 않은 곳에 밑줄이 그어져 있었다. 교과서에 선생님 말씀은 필기되어 있지 않고 여기저기 자습서 내용만 옮겨져 있었다고 한다. 고등학교 시험은 범위가 넓고 외부에서도 출제되니 아이들은 중요한 게 뭔지 헷갈릴 수 있다. 지엽적인 것에 의미를 부여하기도 한다.

지인의 딸이 학생에게 중요한 부분을 알려 주고 선생님 말씀만 잘 정리해서 공부하도록 조언했다. 다른 것을 하다가도 기본으로 돌아와서 확인하라고. 예상대로 그 학생은 덜 공부하고도 더 좋은 성적으로 등급이 올라갔다고 한다.

공부 방법 중에는 아는 것을 늘려 가는 방법과 모르는 것을 줄여 가는 방법이 있다. '폭넓게 확장하기' vs '꼭 알아야 하는 것들 해결하기'. 평소에는 당연히 책을 많이 읽으면서 지식을 넓게 확장하는 게 중요하다. 그런데 학교 시험 특히 내신 시험은 모르는 것을 줄여야 한다. 학교 내신 시험은 범위가 정해져 있고 모의고사와는 살짝 결이 다르다.

그래서 내신 공부에는 ①기본 개념(선생님 말씀) 이해 ②프린트물, 학교 기출문제 등 해당 학교 자료 파악 ③해당 교재의 자습서와 문제집 풀이 ④외부 자료 참고. 이 순서를 확실하게 지켜야 한다. 아무리 외부 지문이 많이 나오고 범위가 넓어도 이것저것 많이만 보지 말고 기본기를 지켜야 성적이 확보된다. 수학에서도 유형이 잘되어 있는 친구가 기본 점수를 확보하는 원리처럼 다른 과목들도 다 똑같다. 유형 하고 나서 심화를 해야 한다. 같은 시간 기본만 봐도 성적이 나오는 친구들은 이런 순서를 확실하게 지켜 공부한 것이다.

오래 공부해도 기본기 없이 문제집만 이것저것 풀고 외부 연계 문제들만 많이 풀다 보면 생각처럼 성적이 잘 나오지 않는다. 유형도 안 하고 심화 수학

하는 경우나 개념·유형 공부와 심화 공부를 대충 비슷한 양으로 하는 경우다. 순서가 안 맞는 거다.

다른 교재를 풀다가도 다시 교과서에 적어 둔 선생님 말씀과 주교재의 내용을 체크해 가며 공부해야 한다. 언제나 뼈대는 잊지 않아야 시간 대비 성적이 잘 나온다. 너무 당연한 것 아니냐 할 텐데, 이 당연한 걸 시험 때는 제대로 지키지 못할 수 있다. 잘하고 싶은 욕심이 있어서 이것저것 다 보고 싶어한다. 욕심을 조금 버려야 좋은 성적이 나온다. 시간은 한정되어 있고 집중할 수 있는 시간은 적다. 우선순위를 정하고 모르는 것을 줄여 나가야 한다. 기본 개념을 확실하게 한 뒤에 추가로 문제도 많이 풀어보고 외부 자료들 보면서 쌓아야 한다. 꼭 필요한 기본기를 다진 다음, 그 위에 덤으로 쌓아야 한다는 것! 반드시 새기자.

시험 기간이 다가왔는데 공부를 완벽하게 하지 못했어도 순서를 잘 지켰으면 중간은 간다. 물론 내신이 1~3등급 안에서의 경쟁이긴 하지만 그 안에서도 과목별로 이런 기준이 서 있어야 기본이 확보된다. 가끔 공부를 덜 하는 것 같은데도 성적이 잘 나오는 친구들은 이 기준을 확실하게 지켰다는 걸 잊지 말자.

고등

예비 고2 겨울방학,
수능과 내신 모두 챙기는 법

고등학교 2학년 때 본격적으로 수능 과목을 배우니 지금부터는 내신과 함께 수능 준비가 제대로 시작된다. 내신에서도 일부는 평가원 문제들이 나올 수 있고, 1~2등급 상위권은 평가원 문제들로 등급이 나뉠 수 있다.

공부 계획 짜기에 앞서 학교 교육과정을 살펴봐야 한다. 무작정 국·수·영·탐 전부 많이 공부하는 게 아니라 학교 수업 과정과 선택 과목을 잘 고려해서 계획을 짜야 한다. 학년 초에 학교에서 나눠준 교육과정 운영계획 소책자를 참고하면 된다.

문제집을 어떤 것으로 풀지, 어떤 강사의 인터넷 강의를 들을지는 크게 중요하지 않다. 아이가 좋아하는 교재는 무엇인지, 아이가 어떤 마음으로 공부하는지가 중요하다. 우리 아이들은 큰 계획은 함께 이야기하고 교재는 거의 아이가 골랐다. 공부는 결국 아이가 하는 거니까. 계획은 국·영·수·과 네 과목 시간을 다 합쳐 보니 순수 공부 시간만 하루 8시간 30분에서 9시간이 나왔다. 쉽지 않았을 텐데 집중해서 열심히 해줬으면 하는 마음이 간절했다. 수능이 2년도 안 남은 시점에 뒤로 물러설 여유도 없었다. 그 시간으로 돌아가서 계획을 짜던 과정을 아래 그대로 담았다. 가감해서 아이의 계획을 업그레이드하시기 바란다.

국어

아이 학교에서는 1학기에 문학, 2학기에 독서를 배웠다. 방학에는 문학 6, 독서 3, 어휘 1 정도의 비중으로 공부했다. 기출 위주의 공부가 아니라 문학작품을 다뤄 주는 기본 공부를 계획했다. 지난 여름방학에도 마음을 비우고 기초부터 다시 했다. 중학교 친구들이 많이 하는 쉬운 시리즈를 했는데, 오히려 2학기 내신과 모의고사 성적이 다 올랐다. 그래서 겨울방학에도 기본 위주로 다지고 내신 공부할 때 기출도 조금 더 풀었다. 아이가 국어는 많이 하지 못해서 멀리 보고 갔다.

　'친구들이 이 정도 수준의 책은 공부하더라' 이런 거 다 의미 없다. 국어든 수학이든 아이 수준만 보고 맞춰서 해야 한다. 물론 계속 쉬운 것만 하라는 게 아니라 수준에 맞게 하면서 더 많이 더 빠르게 따라가야 한다.

교재는 거의 EBS로 공부했다. 문학은《EBS 국어 독해의 원리, 고전 시가·고전산문》을 풀었는데 이건《해법 문학》시리즈나《오감도 최다문 항》시리즈, 아니면《모든 것》시리즈로 해도 된다. 고전 부분은 EBS 윤 혜정 선생님의 강의도 있다(교재는 없음). 우리 아이는 국어 인강 듣기를 너무 힘들어해서 안들었지만 잘 듣는 친구들은 이것도 보면 좋다. 독서 는《EBS 국어 독해의 원리, 독서》로 공부했다. 2학기 내신이지만 꾸준 히 일정량은 해야 한다. 수능에서 고난도 문제는 대부분 독서다. 어휘는 《어휘가 독해다》교재로 주 1~2회만 공부했다. 문학, 독서, 어휘 세 권 을 같이 나가는데 문학을 두 배 분량으로 빨리 나갔다. 국어 공부 할당 시간은 2시간 정도였다.

영어

우리 아이 기준으로는 가장 흔들리지 않은 과목이다. 하지만 영어도 안 하면 바로 감이 떨어진다. 1학년 성적 믿고 대충 하면 안 된다. 2024년 수능도 1등급이 4퍼센트대로 거의 상대평가 수준이었는데, 성적이 잘 나와도 꾸준히 공부해야 한다. 교재는《올림포스 고2 전국연합 학력평 가 문제집》을 풀었다. 1학년 때 내신 교재였기 때문에 학년만 바꿔서 혼 자 공부했다. 어휘도 교재 안에 있는 것들만 외우고 넘어가고, 문법은 지문에 나오는 내용만 조금씩 찾아봤다. 영어 공부 소요 시간은 1시간 정도였다.

수학

수학은 고등학교 2학년 공부의 중심이 된다. 양이 고1 수학의 두 배 정도 되는 것 같다. 제대로 다지면서 해야 한다. 고1 수학은 보통 중학교 내내 준비하는 경우도 많은데, 고2 수학은 정말 짧은 시간에 응용까지 해야 하니 쉽지 않다. 잘해 오던 아이들도 '수포자' 되는 순간이 바로 이때다. 얼마나 선행해 두었든 새로운 마음으로 각오를 단단히 하자. 우리 아이 학교는 고2에 기하를 배웠다. 기하가 진로 과목(2028 이후는 상대평가)이어서 부담은 덜했지만 그래도 전체적인 수학 과목 양이 많아졌다.

　교재는 주로 《개념 원리》, 《쎈》으로 풀었다. 방학에는 수1(대수) 《개념 원리》, 《쎈》을 하고 이어서 수2(미적분 I) 《개념 원리》, 《쎈》을 한 다음 3월이 되면 다시 수1(대수)로 돌아왔다. 이때는 내신 범위의 《일품》, 《고쟁이》, 《고난도》 그리고 기출을 계속 해나가려고 했다. 수1·2(대수·미적분 I)도 개념은 다 했던 거지만 기본부터 빠르게 다시 공부했다. 기하는 지겨울 때 함께 나가려고 생각했는데, 처음 하는 거라 걱정이 됐다. 수학 공부 시간은 적어도 3시간 잡았지만 4시간은 했으면 하는 마음이었다.

과학

우리 아이 학교는 과학중점고로 물리, 화학, 생명과학, 지구과학을 다 배웠다. 걱정은 됐지만 사회를 워낙 힘들어했던 아이라 그러려니 했다. 어차피 이래도 저래도 힘든 거니까. 방학에는 물리와 화학 위주로 개념을 다졌다. 급할수록 천천히 하는 게 결국은 가장 빠른 길이었던 것 같다. 제대로 못 하면 공부 하나마나고 다시 공부를 해야 하니 시간만 더 잡아먹는다. 교재는《완자》로 했다. 큰아이는 선행할 때 공부하던《하이탑》을, 작은아이는 설명이 자세한《완자》가 혼자 공부하기 편하다고 많이 봤다. 교재는《완자》,《오투》,《하이탑》모두 크게 다르지 않으니 아이가 좋아하는 교재로 하면 된다.

　과학은 부분적으로 인터넷 강의도 들어 가며 이해가 안 되면 꼭 이해하고 넘어가야 한다. 과학 공부 시간은 2시간 반에서 3시간 정도로 잡았다.

고등

예비 고3 겨울방학, 잘한 점과 잘못한 점

예비 고3은 1년도 안 남은 입시생이다. 고등학교 2학년 11월 모의고사가 수능 성적이라는 말도 있는데, 여러 해 입시를 지켜본 내 경험으로 보면 그건 아니다. 노력하는 만큼 충분히 바뀔 수 있다. 고2 겨울방학은 크게 바꿀 수 있는 마지막 기회니 마음 단단히 먹고 위치를 한 단계 끌어 올려보자.

엄마도 지금부터 입시 정보 공부 더 열심히 해야 한다. 12년 힘들게 공부해서 얻은 성적 아깝지 않게 최대한 활용해야 한다. 외부 입시 컨설팅은 확인용으로만 사용한다는 각오로 직접 공부하기 바란다. 수시라면 봄부터 희망 대학 입학처 사이트를 들락거리며 입시 요강을 꼼꼼히 읽어 보고, 대학 설명회도 열심히 다니자.

정시라고 다를 것 없다. 겨울에 수시 발표가 나면 정시 원서 쓰느라 난리인데 이때 입시 커뮤니티마다 정시 관련 글이 많이 올라온다. 그 글들을 다 챙겨서 읽어 보자. 아주 사소한 지푸라기라도 잡는 심정으로 말이다. 수시는 봄부터 여름까지 길게 시간이 있지만 정시는 한두 달에 결정이 나는데, 그만큼 짧은 시간에 결정해야 하니 판단이 정말 중요하다. 내년에 보면 되지 하겠지만 글이 지워지는 경우도 많아서 이때 아니면 못 읽을 수도 있다.

그리고 '우리 아이는 당연히 수시로 가겠지' 생각하다가 수시에 불합격하거나 혹 수능을 너무 잘 봐서 정시로 갈 수도 있다. 이때부터 정시든 수시든 입시 정보를 열심히 공부해서 후회가 남지 않도록 준비하자.

잘한 점: 정시생 모드

방학 전에는 주력 전형을 결정한 사람이 부러울 것이다. 특히 내신이 버리기에는 아깝고 내신만 믿고 가기엔 불안한 경우가 많다. 중요한 건 겨울방학에는 이런 고민 자체가 의미 없다는 점이다. 수시파든 정시파든 어차피 방학에는 내신 과목 미리 준비하는 경우 별로 없고 고3은 진로 과목이 많아서 미리 준비할 필요도 없다. 수시파라고 하면 수능 준비를 아무래도 덜 하게 된다. 어차피 내신 챙겨 둔 게 있으니까, 난 수시 볼 거니까, 그런 마음인 거다.

그러니 기말고사만 끝나면 정시파의 마음을 먹도록 해보자. '어떻게 될지 모르니 방학에는 수능만 보고 가자!' 아이가 이렇게 마음 먹게 하고 학기 시작하면 다시 고민해 보면 된다. 정시생 작은아이는 당연하고 수시 주력이던 큰아이 때도 방학에는 수능 이야기만 했다. 수시 관련 이야기는 최대한 꺼내지도 말고 수능 준비를 시키자. 그래야 수시도 골라서 쓸 수 있다.

잘못한 점

• 못하고 싫어하는 과목도 혼자 하게 둔 것

우리 아이들은 중학교 중반 이후 국어를 시작해서 그런지 국어를 늘 어려워하고 싫어했다. 말 잘 듣는 초등학교 때부터 열심히 시키지 않은 걸 계속 후회했다.

특히 고등학교 2학년 겨울에 더 늦기 전에 싫어하거나 부족한 과목인 국어를 어떻게든 지지고 볶고 했어야 했다. 다행히 큰아이는 본인의 부족함을 인정하고 학원 선생님 교육과정을 수능까지 쭉 따라갔다. 그 덕분인지 평소 받던 점수를 그나마 유지는 했다. 반면 작은아이는 워낙 고집이 세고 그동안 안 해서 해야 할 공부가 너무 많다며 학원 왔다갔다 하는 시간도 아깝다고 했다. 교재와 인터넷 강의로 혼자 하게 됐더니 어느 날부터 간단히 하겠다고 했다. 겨울방학이 끝나 가는데 인강을 다 듣지 못하겠다고 말이다.

좋아하고 잘하는 과목은 혼자서도 아주 잘한다. 인터넷 강의 선생님들의 교육과정을 잘 챙겨 가면서 주도적으로 했다. 그런데 잘 못하고 싫어하는 과목은 혼자서 하는 게 잘 안 된다. 그러니 우리 작은아이처럼 혼자 한다고 아무리 고집을 부려도 싫어하는 과목은 학원의 검증된 선생님께 맡기는 게 좋은 것 같다. 아이들 말을 믿어 주는 모습을 취하되, 100퍼센트 믿지는 말고 부족한 과목만이라도 계속 물어보고 꼭 챙기자.

· 잘하는 주요 과목을 우습게 본 것

큰아이 실패담의 시작은 고2 11월 모의고사 때였다. 기말고사 전에 모의고사 성적이 나왔는데 이때 수학은 99퍼센트였다. 한 개 틀렸는데 앞부분 쉬운 문제를 실수한 거여서 큰아이 수학 점수는 어느 정도 잡혔다고 생각했다. 그래서 겨울방학 때는 국어 학원에 보내는 등 국어 공부에 열중했다. 방학이 끝나고 새 학기 3월 첫 모의고사를 봤는데 고등학교 3년 역대 최악의 전무후무한 수학 점수를 받았다. 어려운 문제와 쉬운 문제 여러 개를 틀리면서 겨울방학 때 수학 공부를 하지 않은 게 그대로 드러났다. 평소 잘한다고 생각한 수학이 흔들리니까 아이는 물론 나도 멘탈이 나가서 처음으로 엄청 흔들렸다. 다른 과목이었다면 그토록 힘들지 않았을 것 같다. 이대로 잘못되는 건 아닌지 너무 괴로워서 혼자 학원을 찾아가 보기도 했다.

다행히 아이는 3~4월에 수학을 제 궤도에 올려놓고 다음 모의고사부터 수능 때까지 안정적으로 1등급을 받았다. 그러나 다른 내신 과목들이 우수수 떨어졌다. 중간고사에서 기타 과목 몇 개가 와르르 무너진 것이다. 기말고사에서 회복하려고 했지만 몇 과목은 3등급을 받았다. 3년 중 3학년 1학기 내신이 가장 최악이었다. 원서 쓸 때 내신 하향 곡선 때문에 무척 걱정했다. 3학년 내신을 워낙 중요하게 보기 때문이다. 졸업 후 다시 도전할 생각을 했을 때도 내신은 평생 따라다닌다는 생각에 많이 속상했다.

2학년 11월 모의고사에 성적이 잘 나온 과목을 겨울방학에 대충 했다가 3학년 1학기에 회복하려고 하면 다른 내신 과목들에 시간을 할애하지 못해서 계속 꼬이게 된다. 그러니 주요 과목은 모의고사 성적과 상관없이 좋다고 자만하지 말고 똑같이 열심히 하도록 격려해 주자.

전력질주 시기에
엄마가 도와줘야 할 5가지

고등학교에 올라가면 엄마가 해줄 수 있는 게 별로 없다. 입시 정보도 검색하고 교재도 알아보지만 공부에 이래라저래라 직접적으로 간섭할 수 없고 그래서도 안 된다. 하지만 가장 중요하게 할 일이 하나 있다. 바로 전력질주하는 아이가 시험의 불안과 긴장을 덜 느끼고 최상의 컨디션이 되도록 돕는 것이다. 멘탈을 잘 다스려서 떨지 않고 제 실력을 다 발휘한다면 결과가 크게 달라질 수 있다. 결코 작은 일이 아니다. 잠 못 자며 공부한 아이의 노력이 그대로 열매를 맺게 해야 한다.

아이들이 긴장하는 이유는 정말 잘하고 싶기 때문이다. 우리 큰아이도 고등학교 1~2학년에는 시험 때마다 긴장을 많이 해서 옆에서 보기에도 참 안타까웠다. 아이가 시험에 대한 긴장과 불안을 극복하도록 엄마가 도와줄 수 있지 않을까? 다음은 내가 신경 쓴 것들이다.

떨지 않고 제 실력 발휘할 수 있게 돕는 5가지 방법

• 최대한 묻지 않기(스트레스 줄이기)

시험에 관한 이야기는 꼭 필요한 것만 한다. 아이들에게 정말 도움이 되는 건 아무 말 없이 그냥 지켜봐 주는 거다. 가장 기본인데 가장 어렵다. 그래서 공부 이야기는 '세 번 듣고 한 번 말한다', '시간을 정해 두고 한다' 등 규칙을 정해서 지켰다. 아니면 공부와 완전히 다른 이야기를 해보자. 좋아하는 음식이나 연예인 이야기 등. 시험 이야기는 학교에서도 듣고 본인도 잘 알고 있으니 굳이 자주 말해서 불안감을 높일 필요가 없다. 근질거리는 입을 다스릴 수 있다면 말이다. 이것만 잘해도 사실 반 이상 하는 거다.

• 맛있는 요리 해주기

"입 닫고 고기 구워!" 내가 정말 좋아하는 말이다. 멋들어진 사자성어는 아니지만 사춘기 아이나 수험생 엄마에게는 현실적으로 가장 도움이 된다. 이 한마디로 정리가 되니 엄마의 좌우명이나 표어로 삼아도 되지 않을까? 평소에도 고기를 자주 먹겠지만 시험 때는 특히 더 좋아하는 것으로 신경 써서 준비하자. 먹는 이야기 하는 게 제일 즐거운 일이기도 하니까. 특히 '고기 구워' 앞에 '입 닫고'가 있다는 것도 잊지 말자. 이것만 지켜도 아이는 즐거워한다.

• 시험 시간 이미지 트레이닝

아이가 불안한 이유는 미래를 알 수 없고 결과가 불확실하기 때문이다. 무언가 정해져 있으면 덜 불안하다. 결과는 둘째치고 일단 시험 보는 시간이라도 미리 경험해보면 좋다. 멘탈을 다스리기 위해서 시험 시간을 머리에 떠올려 보는 거다. 과목별로 시험 문제를 푸는 루틴이 있는데 이를 이미지 트레이닝 해본다.

아이마다 특별한 게 아니어도 각자 문제 푸는 방식이 있다. '수학은 앞에서 풀다가 막히면 몇 번으로 이동해서 풀다가 시간이 남을 때 다시 몇 번을 본다', '국어는 어떤 지문을 먼저 푼다' 하는 식으로. 이렇게 과목별로 미리 이미지 트레이닝을 해보면 실제 상황에서 좀 더 차분하게 실력을 발휘할 수 있다. 짧은 명상을 하면서 심호흡을 하고 이미지를 그려 본다. 마킹도 문제를 풀면서 하나씩 할지, 몇 분 남기고 한꺼번에 할지 본인만의 방식이 있다. 그것도 미리 그려 보자.

이 모든 걸 시험 보는 중간에 정하면 우왕좌왕하게 된다. 그러다 실수하고, 지문 하나 못 풀고, 마킹도 밀려서 하게 된다. 아이에게 이미지 트레이닝을 해보라고 하면 "네!" 하고 따라 하는 아이는 몇 안 될 거다. 권해 보고 아이가 안 따라 하면 더 묻지도 말고 '엄마는 이렇게 했다' 정도로 말해 주자. 머릿속에 루틴이 있으면 시험 시간 몇 분은 벌게 된다. 과목별로 중요한 시간이 될 수 있고 확실히 덜 긴장하게 된다.

• 2가지 생각을 마음에 새겨 주기

아이들도 궁금해한다. '정말 내가 노력한 만큼 성적이 오를까?', '내가 한 만큼이라도 결과가 나올까?' 이 생각에 대한 명확한 답이 있다면 노력하는 자세가 달라지고 당연히 결과도 달라진다. 그래서 평소에 기본 마인드셋이 중요하다.

작은아이가 가끔 나에게 특이하다고 할 때가 있다. 보통 엄마들은 공부 열심히 해서 좋은 대학에 가라고 하는데, 엄마는 공부 열심히 해라, 인생은 네가 노력하는 만큼 바뀐다고 말한다는 것이다. 뭐가 다르냐고 생각할 수도 있다. 하지만 이 말은 당장 이번 시험, 대학 입시 등 눈앞에 닥친 일보다는 긴 인생에서 노력하는 자세만 있으면 분명히 잘 살게 된다는 강한 믿음의 표현이다.

'나는 노력하고 있으니 잘할 것이고, 혹 이번 시험에 결과가 나오지 않더라도 노력한 시간은 결국 나에게 돌아온다.'

이 생각만 확고하다면 당연히 노력하게 되고, 시험에서도 크게 떨지 않고 덜 불안해한다. 나는 어차피 잘 살 거니까. 그리고 또 한 가지 중요한 생각은 노력한 것 이상으로 바라지 않는다는 것이다. 종종 아이들에게 이렇게 말해 준다.

"염치가 있지, 엄마는 네가 노력도 안 했는데 무조건 잘되라고 빌지는 못하겠다. 너보다 더 열심히 한 친구들이 더 좋은 대학을 가는 게 맞아. 네가 노력한 만큼만 결과가 나오는 게 평생을 살아가는 데 더 바람직하다고 생각해."

솔직히 수능에서만큼은 대박이 나면 좋겠다고 생각했지만 평소 시험에서는 정말 이렇게 생각했다. 공부를 조금 했는데 시험을 잘 보는 게 사실 더 문제라고. "노력한 만큼만 바래라."라고 말해 주면 아이도 찍어서 맞히는 요행을 바라지 않고 노력해서 좋은 점수를 받겠다고 생각하게 된다. 또 내가 공부를 조금 했으면 그만큼만 나오겠지 생각하면서 어느 정도 내려놓게 돼 덜 불안해한다.

이런 마음가짐이 하루아침에 생기는 건 아니다. 엄마가 꾸준하고 일관되게 말하고 행동해야 한다.

'노력한 것은 (언젠가) 다 돌아온다.'

'노력한 것 이상으로 바라지 않는다.'

이 2가지 생각만 굳건하다면 아이도 엄마도 점점 단단해질 것이다.

• 조용히 지켜보기

이 이야기를 가장 해주고 싶었다. 공부도 인생도 결국 아이가 해결해야 할 문제라고. 대신 아파할 수 없다고. 세상의 규칙은 가정의 규칙과 다르고 결국 아이가 극복해 가야 하는 과정이다. 아무리 엄마가 옆에서 뭘 해주고 싶어도 결국 아이의 몫이다. 무언가를 아이 스스로 극복해 보는 경험을 한 번이라도 더, 조금 더 일찍 경험할수록 아이는 단단해진다. 그러면서 아이가 내려놓을 건 내려놓고 더 노력할 부분은 더 노력하게 된다.

우리는 지켜보면서 조금 멀리 볼 수 있도록 도우면 된다. 멀리 보면 중간중간 커버할 시간이 분명히 있고 꾸준히만 하면 된다는 걸 잘 알게 된다. 아이들은 이번 시험을 망치면 인생이 잘못되는 것처럼 걱정하기도 하는데, 시험 한 번 망쳐도 인생 어떻게 안 된다. 다음 시험도 있고 내신 망치면 정시도 있다. 안 되면 재수도 있고. 어떻게든 잘 살게 될 거다. 매번 너무 편하게만 생각해도 문제지만 지나치게 불안해하는 친구들에게는 멀리 보도록 도와주기 바란다. 한 시험 한 시험 연습이라고 생각하면서 지내자. 결국 스스로 극복해 내고 수능장에 '쿨'하게 들어갈 수 있을 것이다.

다시 돌아가도 꼭 시킬 사교육 2가지

나는 아이들 학원을 잘 안 보내는 엄마였지만 심사숙고해서 보낼 건 보냈다. 그런데 그렇게 고민을 거듭해서 보냈어도 몇 달 후 왜 보냈나 후회한 학원도 있고 시간과 돈이 전혀 아깝지 않은 학원도 있었다. 그중에서 다시 돌아가도 꼭 보낼 것 같은 학원이 있다.

영어 학원

무조건 보내라는 게 아니고 시기가 중요한데 파닉스, 어휘, 기본 문법이 됐을 때 리딩 수준을 올리기 위해서 보내는 걸 추천한다. 우리 큰아이는 청담어학원을 5학년 2학기에서 6학년 1학기까지 딱 1년 다녔다. 다시 돌아가도 보내고 싶은 이유는 다양한 지문의 리딩 훈련 때문이다. 아이 말로 그 1년 동안 다양한 주제의 어렵고 긴 지문에 적응이 된 것 같다고 한다. 기대 수준이 높은 아이가 직접 도움이 컸다고 이야기해서 나도 만족도가 높았다. 당연히 그 학원이 아니어도 되고, 다양한 주제의 조금 어렵고 긴 지문을 계속 다뤄 주는 곳이라면 어디든 좋다고 생각한다. 비슷한 어학원이 많이 있을 것이다. 중요한 건 아이의 수준이 어느 정도 된 후 리딩 강화 훈련을 위해서 필요하다는 것이다.

작은아이도 중학교 때 영문법 중심의 학원을 5개월 정도 보냈다. 학군지 유

236

명 학원이었지만 몇 달 후 시간이 아깝다고 했다. 학원이 유명해도 선생님마다 교육과정이 다르면 검증되었다고 할 수 없다. 학원을 보내는 목적에 잘 맞는 수업인지, 아이 수준과 맞는지가 중요한데 우리가 선택을 잘못 했을 수도 있다. 누군가에겐 그곳도 최고의 학원이 될 수 있을 것이다.

초등학교 예체능

어떤 사교육보다 의미 있다고 생각한다. 특히 엄마가 집에서 해줄 수 없는 영역이 많기 때문에 더 그렇다. 그래서 학원 잘 안 보내는 집도 초등학교 때 예체능 한두 가지는 보내는 것 같다. 우리 집도 초등학교 저학년 때 태권도 1~2년, 수영 2년, 피아노 2년 정도씩 보냈다. 미술과 플루트는 방과후수업으로 잠시 보냈다. 남들이 기본적으로 하는 것은 거의 해본 듯하다. 고학년 이후로는 플루트만 꾸준히 했다. 작은아이도 양과 시기만 다르고 태권도, 수영, 피아노, 플루트 똑같이 배웠다. 그러고 보니 나도 예체능 사교육은 적당히 시킨 것 같다.

우리 아이들은 음악을 정말 좋아한다. 큰아이는 관현악단, 작은아이는 밴드 동아리를 하고 있고, 늘 음악 이야기를 같이 많이 한다. 클래식부터 인디밴드, 힙합까지 좋은 곡들은 서로 권한다. 음악은 나이가 다르고 세대가 달라도 대화의 중심이 돼 줘서 좋다.

운동은 따로 하지 않지만 하나를 꾸준히 하는 것도 좋을 것 같다. 특히 체력이 뒷받침돼야 공부도 잘한다. 초등학교 시절 예체능은 다시 돌아가도 이 정도는 꼭 보낼 것이다. 더 말할 필요도 없겠다.

사실 아이들 어렸을 때는 내가 촌스러워서 예체능의 의미를 크게 받아들이지 못했다. 대단한 생각으로 배우기 시작한 것도 아니었다. 그저 음악이나 체육 시간에 당황하지 않고 수행도 수월하게 보면 좋겠다 싶었다. 운동은 기본이란 생각에 서바이벌로 시킨 거다. 악기도 플루트 말고 클라리넷을 하고 싶어 했는데, 클라리넷에는 리드라고 계속 사야 하는 게 있어서 악기 하나로 준비가 끝나는 플루트를 시켰다. 이건 두고두고 지금까지도 원망을 듣는다.

시간이 지나 고등학생이 되니 초등학교 때 악기를 배우고 운동을 익힌 게 얼마나 중요했는지 그제야 깨달았다. 인생을 보다 풍부하게 만드는 건 당연하고, 아이들 공부를 위해서도 아주 좋은 거였다. 운동과 악기를 배우면 좋은 점이 여러 가지겠지만 내가 생각하는 이유는 크게 3가지다.

유능감을 가질 수 있다

특정 악기나 운동은 모든 아이가 배우는 건 아니기 때문에 친구들 사이에서 자신감을 느끼게 한다. 특히 남자아이들에게 운동은 정말 최고다. 축구나 태권도, 농구 등.

큰아이가 지금은 평균 키를 넘겼지만 초등학교 입학 때는 반에서 작은 편이었다. 체격이 작아서 어디 가도 운동으로는 부각되는 아이가 아니었고 본인도 큰 기대가 없었다. 그런 아이가 초등학교 때 집에 오면 점심시간마다 축구 한 이야기를 30분씩 했다. 고등학교 때는 반 대항전에서 골키퍼를 맡아 적지 않은 공을 세웠다. 평소 공부만 잘하는 아이라는 인식을 싫어했는데, 친구들 사이에서 운동도 꽤 하는 아이라는 평가만으로도 수학 1등급 이상의 느낌을 받은 듯했다. 운동 못하는 우리 아이도 이 정도니, 잘하는 친구들의 존재감은 어떻겠나? 남자 아이들은 공부보다 운동에서 유능감을 더 크게 느끼는 것 같다.

작은아이도 수영을 잘하진 못하는데 모든 영법을 다 익히면서 학교에서 수영할 때, 물놀이 갈 때 얼마나 신나 했는지 모른다. 대단한 능력이 없어도 내가 어떤 과정을 다 할 줄 안다, 끝까지 다 해봤다 하는 정도로도 아이들은 그 세계에서 유능감을 느낄 수 있다. 이 느낌은 당연히 공부에도 긍정적인 역할을 했다고 생각한다. 자아를 만들어 가는 과정에서 자신감과 유능감만큼 중요한 게 있을까? 예체능이 정말 좋은 효과를 발휘하는 것 같다.

익히는 과정이 공부와 비슷하다

운동과 악기, 이 두 가지는 숙련된 단계로 가기 위한 과정이 공부와 정말 비슷하다. 원하는 곡을 연주하려면 오랜 시간 소음처럼 들리더라도 연습하고 또 연습하고 연마하는 과정이 필요하다. 운동도 마찬가지다. 한 가지를 마스터하려면 많은 시간을 참고 버티며 꾸준히 연습해야 한다.

안 될 것 같은 것을 이뤄 내는 과정. 그만 포기하고 싶을 때도 "원래 처음부터 잘하는 건 없어. 노력하면 잘하게 돼 있단다." 늘 그렇게 말해 줄 수 있는 과정이다. 중요한 인생의 가치를 배우게 되는 것 같다. 연습하면 할수록 달라지는 음색과 실력.

계단식으로 실력이 향상하는 모습도 비슷하다. 계속 같은 단계 같아도 어느 날 보면 다음 단계로 올라가 있는 상황이 그렇다. 이렇게 체득한 가치는 성적이 정체돼 있어도 꾸준히 공부할 수 있는 끈기를 만들어 정체기를 극복할 수 있다. 엄마 입장에서도 좋다. "못해도 돼. 힘들면 쉬면서 해."라고 말해 주고 싶은데 공부할 때는 잘 안 나온다. 반면 악기를 연주하거나 운동을 할 때는 그런 말을 자주 해줄 수 있었고, 여유를 주는 느낌 그 자체로도 너무 좋았다.

멘탈을 다스리고 스트레스를 해소하는 도구가 된다

요즘은 아이들도 스트레스가 많다. 성인이 된 어른도 힘든데 아직 작은 세계 안에 있는 아이들은 얼마나 힘들겠나? 시험에 한 번의 실수로 등급이 나뉘고 학교도 바뀌는 참 안타까운 현실이다. 좁은 쳇바퀴 안에서 스트레스까지 다 풀어야 한다. 상담이나 정신과 진료를 받는 친구도 상당히 많은데, 그게 그렇게 이상한 현상도 아니다.

이럴 때 스트레스를 풀고 긴장감을 낮출 수 있는 무언가가 있다면 얼마나 행운인가. 우리 아이는 고등학교 힘든 시기에 자전거를 타기도 하고 영화도 보곤 했지만 제일 좋아했던 건 바로 플루트 연주였다. 시험이 끝나거나 스트레스를 받아 힘들 때면 30분 정도 방에서 연주를 했다. 아무 생각 없이 악보를 넘기면서 곡을 고르고 한참 불었다. 그런 다음 악기를 분리해서 천천히 닦았는데, 이 과정이 아이에게는 더 중요했던 것 같다. 악기를 연주하는 것도 좋지만 악기를 깨끗하게 닦으면서 더 힐링이 되었다고 했다.

"기분이 좋아진다기보다 아무 생각이 없어지고 그냥 편안해요."

어디 멀리 가는 것도 아니고 조용히 방에서 혼자 스트레스를 푸는 방법이다. 긴장되고 압박감이 심해지는 고등학교 3년 그리고 입시. 긴 시간 동안 아이를 위로하고 마음을 가볍게 만들어 준 음악, 악기 연주. 그것만으로도 나는 참 고맙고 소중하다.

주의할 점이 있다. 다양한 경험을 하게 해주고 싶어서 여러 가지를 시키는 집도 있다. 하지만 한정된 시간에 모든 것을 다 해볼 수는 없다. 아이가 집중해서 정말 하고 싶어 하는 것만 보내길 바란다. 잠깐 경험은 해볼 수 있지만 결국은 선택과 집중이 진정으로 아이를 위하는 길이다.

제5장

최상위권 되는
과목별 공부 로드맵

이 장의 내용은 사교육을 최소화하면서 직접 교육한 이야기다. 과목 별로 최대한 자세히 담으려고 노력했지만 먼저 알아 두어야 할 것이 있다. 나는 국어, 영어, 수학, 과학 어떤 과목도 전공하지 않은 그저 평범한 엄마일 뿐이다. 두 아이를 키우면서 알게 된 것들이라 일반화하기도 어렵다.

뜬구름 잡는 소리보다는 실질적으로 활용할 수 있도록 교재도 다 밝혔는데, 교재는 언제라도 절판될 수 있고 더 좋은 교재가 나오기도 한다. 교재 부분은 참고만 하고 아이에게 맞는 교재를 함께 선택하면 된다. 우리 아이는 둘 다 서울 변두리 비학군지 고등학교를 나왔다. 학교마다 사정이 다르고 시기마다 중요한 점도 달라진다는 점에 주의해서 아이 학교 사정부터 확인하자. 내 이야기는 지극히 주관적인 경험담이니 감안해서 읽고 힌트만 얻어 가길 바란다.

공통

과목별 목표와 계획
큰 그림 그리기

과목별로 자세히 알아보기 전에 주요 과목인 국어, 영어, 수학, 과학의 큰 그림을 그려 보겠다. 바로 앞만 보면서 조급해하지 말고 멀리 보고 크게 보면서 꼭 챙겨야 할 것만 잊지 말자. 간혹 조금 늦거나 쉬어 가더라도 목적지에 제시간에만 도착하면 된다.

고등학교에 가면 주요 과목 전체적으로 균형을 유지하는 게 좋다. 어느 한 과목이 아주 형편없이 부족하면 열심히 한 다른 과목들도 빛을 보지 못한다. 열심히 노력한 과목을 위해서라도 전 과목을 골고루 잘할 수 있도록 챙겨야 한다.

이런 계획이 하루아침에 생각난 건 아니고 아이를 살펴 가며 자료를 찾아보다 조금씩 정리된 결과물이다. 대부분의 정보는 네이버 '상위 1% 카페'에서 찾았다. 유튜브가 활성화되기 전에는 네이버 카페 활동이 훨씬 활발해서 학년별 필요 과정과 교재에 대한 질 좋은 자료가 정말 많았다. 그 외에 네이버 '수만휘', '포만한 수학 연구소', '이공계의 별'과 교육 관련 지역 맘카페, 다음 '파파안달부루스', 대학 입시 정보 커뮤니티 '오르비' 등에서 잠깐씩 자료와 정보를 찾았다. 하지만 정보는 정보일 뿐 계획은 아이에 맞게 짜면 된다.

다음 계획표는 두 아이 입시를 다 끝낸 시점에 보완했다. 전체적인 목표는 길고 장황할 필요가 없다. 간단하게 적어 보고 엄마 머릿속에 담아 두었다가 아이에게 천천히 넘겨주면 된다.

• 국어

목표	고등학교 입학 전 고1 9월 모의고사 1등급
초등	독서, 한자 어휘력 기르기 고학년에는 문해력 기본기를 다지기 위해서 논술 교재나 독해 교재 추가
중등	학년별 현행 학습 고등 선행용 문법, 어휘, 독해, 문학작품 영역별로 공부하기 (영역별 교재 필요)

• 영어

목표	고등학교 입학 전 고1 11월 모의고사 (고2 11월 모의고사) 1등급

초등	영어책 많이 읽기 리딩 교재로 리스닝, 어휘, 구문, 리딩을 함께 공부하며 다지기 영어책 + 리딩 교재(세 달에 두 권 이상)
중등	입시 공부 시작. 어휘, 리딩, 구문, 문법 영역별로 다지기 매일 15분 영작으로 주관식 서술형 준비하기

• 수학

목표	고등학교 입학 전 고2 수학까지 개념, 응용 다지기
초등	기본 교과를 중심으로 연산, 사고력만 일부 진행 5학년부터 선행 시작, 중학교 입학 전에 중1 과정 마치기 경시대회 경험해 보기(우물 안 개구리 벗어나기, 선택)
중등	학년별 현행 학습 중2 과정부터 고2 과정까지 선행 학년별 개념 교재, 응용 교재 각 2~3회 반복

• 과학

목표	고등학교 입학 전 공통과학 다지기 물리 I, 화학 I 개념 완성하기
초등	과학책 많이 읽기, 학년별 현행 학습 과학 행사 참여하기(과학탐구 토론 대회, 과학 실험 보고서 작성 등) 영재 학급, 영재원 지원해 보기(선택)
중등	학년별 현행 학습 물리 I, 화학 I 개념 다진 후 공통과학 공부하기

- **기타**

초등	책 많이 읽기, 악기 하나 배우기, 운동 하나 익히기 영재 학급, 영재원 지원해 보기, 학교(공교육) 행사 참여하기
중등	과목별 공부법 익히기, 계획 짜서 지키는 공부 루틴 습관 들이기 수학 경시대회, 수학 올림피아드, 과학 올림피아드 참가해 보기(선택)

너무 단순해서 이것도 계획이냐 하겠지만 이 정도도 있는 것과 없는 것은 다르다. 도착지에 챙겨 가야 할 것만 확실하게 기억해서 과하게 에너지를 쓰거나 조급하게 아이를 잡을 필요가 없다. 참고로 상위권을 위한 계획이니 조금 늦더라도 너무 조급해하지는 말자. 기차를 놓쳤으면 택시를 타도 되고 혹은 비행기를 타서라도 도착하면 된다.

수학

초등 로드맵

: 현행&심화, 연산, 사고력, 독서

아이들 공부를 봐준 전체 과정에서 가장 신경 쓰고 가장 노력한 과목은 수학이다. 하지만 시기별로 생각해 보면 차이가 가장 큰 과목도 수학이었다. 수학 공부를 봐줄 때 시기별로 진도와 공부 수준을 미리 알고 있으면 답답함이나 조급함이 조금 줄어들 것이다. 물론 내가 말하는 방법은 평범한 일반고 지망생 기준이다. 특목고나 전사고를 지망한다면 다를 수 있다는 점을 감안해서 봐주시기 바란다. 수학 공부 시행착오를 줄이는 데 도움이 되었으면 좋겠다.

· 진도

초등학교 저학년 때는 수학에 많은 시간을 투자하진 않았다. 수학은 아이마다 받아들이는 속도가 다를 수 있다. 책 읽기나 영어는 수준을 따지고 말고 할 게 없어서 그냥 많이 읽고 듣고 읽어 주면 좋다. 하지만 수학은 아이 수준을 정확하게 파악해서 진도를 나가는 것이 중요하다. 하다가도 무리가 있다 싶으면 조정해야 한다.

나는 3~4학년에 제 학년 심화, 사고력 수학을 풀어 보면서 속도를 정했다. 수학을 못했던 건 아니지만 뛰어난 영재급은 아니라는 생각이 들었다. 영어나 기타 과목 공부 시간을 줄이면서 선행 진도를 빼야 하나 고민될 때 아니구나 생각했다.

수학만 하라면 노력은 해보겠는데, 이때가 수학만 중요한 시기가 아니고 할 게 얼마나 많은가? 그래서 수학은 어차피 영재급이 아니니 서두르지 않고 저학년에는 경시대회도 참가하지 않았다. 대신 영어에 많이 투자했다. 독서를 더 많이 했어야 하지 않나 후회가 남지만 수학은 초등 저학년에 더 빨리 할걸 이런 후회 해본 적이 없다.

1~2학년	현행, 심화, 연산, 수학 독서 많이
3~4학년	현행, 심화, 연산, 사고력, 수학 독서
5~6학년	현행, 심화, 사고력, 중1~2 과정 선행 (초등학교 과정 모두 마치고 중학교 선행 시작)

• 현행 & 심화

초등학교 수학에서는 학기당 개념서와 심화서 두 권만 풀었다. 저학년 수학이라는 게 여러 권 풀어서 다지고 말고 할 것도 없다. 3~4학년까지도 혼자 잠깐씩만 해도 크게 문제 되진 않는다고 생각한다. 4학년까지는 학기 전 방학에 개념 교재 풀고 학기 중에는 심화 교재를 풀었다. 그리고 사고력 교재나 서술형 교재 중 하나만 골라서 추가로 풀었다. 개념서로는《우공비》나《디딤돌》을 풀었고, 심화서로는《최상위》를 풀었다. 문제집은 워낙 많고 계속 새로운 것이 나오기 때문에 서점에서 아이와 함께 고르면 된다.

우리 아이들은 선행을 5학년 2학기에 시작했는데 5학년 초부터 시작해도 좋을 것 같다. 더 늦은 경우도 고등학교에 가서 잘하는 친구들이 있긴 한데 너무 늦게 시작하면 더 초조해서 하루 공부량이 많아진다. 그러니 할 수 있으면 늦어도 6학년부터는 중학교 선행을 시작하는 게 좋다. 5학년이라는 시기가 누구에게는 빠르고 누구에게는 느리게 느껴질 것이다. 아이 수준에 맞춰서 진행하는 것이 가장 좋은 방법이다.

어려운 문제를 만났을 때 바로 답을 알려 주지 말고 혼자 생각할 시간을 많이 갖도록 해야 한다. 한참을 생각해도 답을 못 구하면 힌트를 살짝 줘 보고 계속 생각할 시간을 주는 게 좋다. 중·고등학교 진도를 나갈 때는 오래 생각할 시간이 현실적으로 부족하다. 초등학교 때라도 수학을 깊이 있게 생각해 보는 게 정리하는 데 도움이 된다.

• 연산

저학년에는 연산이 수학의 대부분이다. 연산이 잘되면 수학에 자신이 생긴다. 현행이든 심화든 문제 풀이 시간이 절약되고 문제를 정확하게 푸는 기본이 된다. 나는 학습지는 시키지 않았고 문제집을 사서 짧게만 풀도록 했다. 학습지도 꾸준히 고학년까지 하면 구멍 없이 잘하게 된다는 이야기를 듣긴 했는데, 나는 그 3만 얼마도 아깝더라. 연산 문제집 한 권 얼마 하지도 않는다. 《기탄 수학》, 《기적의 계산법》 등 연산 문제집을 수학 공부 시작 전에 10~15분 마중물처럼 살짝 풀도록 했다. 연산이라는 건 그냥 도구다. 사람이 계산기나 컴퓨터보다 빠르게 계산할 수는 없지 않은가. 그저 수학 문제를 잘 풀 수 있는 기본기로만 익히도록 하면 된다.

• 사고력(서술형)

서술형이나 사고력 문제 자체가 이해가 안 되는 경우는 수학이 아니라 국어 이해력이 문제다. 이건 책을 정확하게 읽는 습관과 깊이 생각하는 습관으로 좋아질 수 있다. 사고력 수학으로는 《문해길(문제 해결의 길라잡이)》, 《팩토(창의사고력 수학 팩토)》, 《씨매스 1031(영재사고력수학 1031)》이 유명했다. 초등학교 2~3학년 때는 《문해길》이나 《팩토》 하나만 풀었고, 4~5학년에는 《씨매스 1031》을 살짝 풀었다. 큰아이가 6학년 때 영재 학급을, 작은아이는 교육청 영재원(과학)을 5~6학년 때 2년 다녔다. 이때도 둘 다 수학이나 과학 학원은 다니지 않았기 때문에 영재원 시험 준비를 책으로 해야 했다. 그때 집에서 잠깐씩만 풀었다. 학기 중에는 내내 현행과 심화 공부만 했다.

사고력 책 시리즈 전체를 꼭 다 해야 한다고 생각하진 않는다. 하지만 아이가 잘 따라 주고 수학에 흥미가 있다면 하는 게 좋다. 정답률 신경 쓰면서 너무 강압적으로 하지만 않는다면 꾸준히 풀게 해도 괜찮다. 난이도는 《팩토》가 살짝 더 쉬웠다. 《씨매스 1031》은 해답지가 꼼꼼해서 집에서 엄마와 하기에도 좋았다. 《문해길》은 내가 좋아해서 꼭 하려고 했다. 이후로 좋은 서술형 교재가 더 많아졌기 때문에 참고만 하기 바란다.

• 수학 독서

수학은 중학교만 올라가도 반복하면서 학습해야 할 양이 확 늘어나는데, 초등학교 저학년부터 선행을 한다면 얼마나 지겨울까? 그러니까 초등학교 때는 속도보다는 깊이에 중점을 둬야 한다. 그리고 수학을 좋아하는 과목으로 만들어야 한다. 우리 아이들은 지겹게 영어 시키면서 수학 잠깐 하라고 하면 무척 좋아했다.

수학을 좋아하고 잘하게 만드는 데는 재미있는 수학 동화를 읽히는 게 좋다. 우리 아이들이 학원도 다니지 않고 심화도 많은 시간 시키지 않았는데 영재 학급과 영재원에 합격한 것은 책 덕분이었던 것 같다. 책에서 교과서나 문제집에 나오는 원리를 재미있게 배울 수 있고 서술형 문제를 풀 때도 당연히 도움이 된다.

《수학 귀신》,《수학 대소동》,《피타고라스 구출 작전》,《수학 마법사》, 《탈레스 박사와 수학 영재들의 미로 게임》 같은 책들은 저학년에는 기본이다. 보통 책을 빌려서 읽었는데 이런 책들은 사주었다. 기억을 다 하지는 못하지만 수학·과학은 정말 좋은 책이 많다. 고학년에는《수학자가 들려주는 수학 이야기》,《과학자가 들려주는 과학 이야기》 전집도 사주었다. 하지만 어떤 것이든 수십 권이 넘는 전집은 비추다. 도서관에서 빌려 읽고 아이가 더 읽고 싶다고 하면 그때 단권으로 사줘도 충분하다. 어쨌거나 수학을 좋아하게 만들고 중요한 원리를 재미있게 배울 수 있는 수학 도서는 많이 읽히기 바란다. 고학년의 수학 달리기가 그때 시작된다.

공부량은 주 6일, 하루 1시간에서 1시간 30분 하다가 5학년 때부터 2~3시간으로 늘렸다. 초등학교 때는 차곡차곡 밟아 가며 수학 자신감 챙기기만 제대로 해도 반은 성공이다.

중고등 로드맵
: 현행&심화, 연산, 사고력, 독서

수학은 중학교 때 공부가 정말 중요하다. 이때 중학교 수학으로 기본기를 탄탄하게 다지면서 고등학교 준비도 제대로 해야 한다. 중학교 수학 로드맵에서 고등학교 준비 이야기만 하고 있으니 어이없다 할 수도 있겠다. 하지만 중학교 수학은 당연한 거고 고등학교 준비를 마음속에 새겨야 한다.

우리 아이들은 중학교 때 수학 공부는 평일 하루 3시간 이상, 주말에 4~5시간 했다. 공부 시간 상당 부분을 수학에 할애하고, 나머지 시간을 쪼개서 국어, 영어, 과학을 한 셈이다.

중학교 수학

• 진도

중학교 시기가 생각보다 중요하다. 이때 어떻게 보내느냐에 따라 고 등학교 생활을 예측할 수 있다. 특히 수학은 그 중심에 있는데 깊이 있 게 많이 할수록 고등학교 생활이 편해지고 결국 좋은 입시 결과를 낸다. 중학교 현행 수업을 충실하게 받아 잘 다지는 건 기본이고 시간을 아껴 서 고등학교 준비도 할 수 있도록 해보자.

기본적으로 중학교 수학을 아무리 잘해도 고등학교 수학과 그대로 직결되는 것은 아니라고 생각한다. 이런 이야기를 직접적으로 한다는 게 조금 마음이 불편하긴 하다. 학교 수업만 천천히 잘 따라가도 문제가 없다고 해야 좋아하실 텐데 논란이 있을 수도 있겠다. 하지만 학군지가 아니어도 조금만 관심이 있다면 상당수가 이미 다 알고 있을 것이다.

중학교 수학은 그리 어려운 수준이 아니라고 생각한다. 기본기 정도 라서 이 과정에 너무 많은 시간을 쓰는 것은 비효율적이다. 초등학교 수 학이 1이라면 중학교 수학은 3, 고등학교 수학은 10 이상 되는 양이다. 그래서 중학교 때는 기본적인 과정을 빠르게 나가고 무조건 고등학교 수학을 반복했다.

참고로 대학교 입시에는 중학교 성적이 하나도 들어가지 않는다. 중 학교 성적은 고등학교 입학 때만 필요하다는 이야기다. 우리의 목표는 고등학교를 잘 가는 게 아니고 명문대를 가는 거다. 결국 고등학교 상위권이 되기 위해서 무엇을 해야 할지 늘 생각하고 있어야 한다.

중학교 수학 공부 진도와 속도의 큰 틀은 이렇다.

1학년	현행, 중2~3 과정 선행
2학년	현행, 중3~고1 과정 선행
3학년	현행, 고1~2 과정 선행

• 현행 & 심화

중학교 과정은 학기당 개념서, 유형서, 준심화서 또는 심화서 이렇게 세 권 진도를 나갔다. 평소 선행 때는 개념서와 유형서까지만 보다가 내신 시험 기간에는 개념 간단히 보고 다시 유형서, 준심화서 또는 심화서를 보는 형태로 진행했다. 나머지 시간은 계속 선행 진도를 나갔다고 보면 된다.

• 고등학교 준비

수학이 무너지는 시기는 저마다 다르지만 수학을 조금 한다, 열심히 했다, 공부를 잘한다 하는 아이들이 가장 많이 무너지는 시기는 고2 과정이다. 수학을 싫어하는 아이들은 진작 수포자가 됐겠지만 수학을 제법 잘하던 아이들이 이 시기에 수포자가 되는 경우가 많다. 이때 극명하게 갈린다.

보통 고등학교 1학년 과정까지는 중학교 때 많이 해온다. 고1 과정도 중학교에 비하면 양이 많아 준비하면서 한 번씩 좌절 하지만 정작 힘든 공부는 고2 수학이다. 수행평가다 뭐다 그 많은 걸 완벽하게 하면서 수학을 제대로 챙긴다는 게 얼마나 어렵겠나? 수학을 잘 챙겼다면 다른 과목이 무너졌을 수도 있다.

그래서 중학교 시기를 고등학교 수학을 위한 기본기 쌓는 시간으로 활용해야 한다. 수학을 고2 과정 대수와 미적분I까지 해가길 추천한다. 학교 가보니 전 과정을 해온 친구도 많았다. 그 정도는 아니어도 고2 과정 개념이라도 제대로 해왔다면 조금은 수월하다. 고등학교 때 제대로 실력 발휘하고 나머지 과목들도 고루 잘 챙겨서 좋은 대학 진학하려면 중학교 때 영혼을 갈아 넣어 준비해야 한다.

고등학교 수학

• 선행은 잊고 전력질주

선행 학습을 조금 해온 아이들은 살짝 마음을 놓는 경우가 있다. '내가 두 번은 봤는데', '혼자 풀어 보니 잘 풀리던데' 이런 생각 조금이라도 하고 있을 거다. 그런데 완전히 잊어야 한다. 다 열심히 했기 때문에 내가 한 건 그냥 기본일 수 있다. 새롭게 출발한다고 생각하면 된다. 혹 선행이 덜 되어 있어도 하기 나름인 게 아이들이 고등학교 들어간다고 갑자기 더 열심히 하진 않는다. 그래서 늦게라도 정신 차리고 달리면 또 달라질 수 있다. 계급장 다 떼고 싸운다 생각하고 전력질주해야 한다. 얼마나 했는지, 얼마나 오래 얼마나 많이 했는지 잊고 지금부터 다시 유형 하고 심화도 달려야 한다.

• 유형은 기본

내신 시험 기간이 되면 선행할 때처럼 몇 회독 수준이 아니라 모르는 것 없이 준비해야 한다. 혼자서 풀면 잘 푸는데 시험만 보면 성적이 잘 안 나오는 경우도 많다. 심화가 되느냐 안 되느냐는 둘째 문제고 기본 유형에서부터 문제가 있는 경우다.

시험지 딱 보면 유형에서 시간을 거의 쓰지 않고 심화에 시간을 쓸 수 있도록 유형을 준비해야 한다. 기계처럼 풀 수 있도록 연습하자. 그 후에 심화도 열심히 하고 시험 때는 끝까지 물고 늘어져야 한다. 심화 문제를 위해서라도 유형은 기본이라는 것, 그래야 이후도 바라볼 수 있다는 것을 잊지 말자.

• 내신 문제 파악

내신은 학교마다 문제 난이도나 스타일이 많이 다를 수 있다. 수학은 크게 차이가 없는 편이지만 그래도 파악은 해야 한다. 심화서《블랙라벨》정도의 어려운 교재 위주로 준비했는데 시험은 유형서 중난도《쎈》 B단계 수준으로 나온다면 시간과 에너지를 허비한 꼴이 되고 만다. 수준에 맞게 준비하되, 평소 어려운 문제들도 적절히 풀어서 최고 등급에

도전하는 게 좋다.

고등학교 수학 공부 시간은 하루 3~4시간, 주말 4시간 이상이었다. 고등학교라고 중학교보다 크게 시간을 늘리지 못했다. 수업 시간도 많고 전 과목에서 할 게 많기 때문이다.

• 애증의 수학

모든 과목이 그렇지만 수학은 특히 1시간을 공부해도 집중해서 깊이 생각해 가면서 문제를 풀어야 한다. 오래 앉아 있다고 많은 문제를 푼다고 다 되는 게 아니라서 참 어렵다. 하지만 수학처럼 정직한 과목도 없다. 다른 과목은 공부를 해도 성적에 그대로 반영되지 않을 수 있지만 수학은 시간 차가 있더라도 성적에 반영되는 과목이다. 의심하지 말고 열심히 하길 바란다. 아이들이 수학 문제 푸는 걸 보면 참 느려 보인다. 하지만 우리 닮아서 그런 거다. 그리고 우리에게 인정받으려고 노력하는 아이들이다. 조금 느려도 목표만 잊지 않게 꾸준히 할 수 있도록 도와주자.

수학

생각하며 제대로 푸는
수학 풀이 9단계

거북이처럼 해온 우리 아이들 집공부 방식을 이야기해 보려고 한다. 심화 없이 유형까지만 선행하고도 두 아이 모두 수학을 잘하게 된 이유는 이 루틴을 철저하게 지킨 덕분이다. 초등학교부터 고등학교 과정을 선행할 때까지, 선행이든 현행이든 이 방법으로 풀었다. 단계를 건너뛰지 않고 꾸준히 실천하기는 쉽지 않았다. 하지만 같은 교재를 사용해도 결과가 다른 이유는 작은 차이가 오래 쌓여서 그렇다.

공부에는 지름길이 없고 대단한 비법도 없다는 걸 기억하면서 힘들어도 충실히 지킬 수 있도록 노력해 보자.

- **1단계: 교재 내용 읽기**

모든 공부의 시작은 '혼자 교재를 읽으면서 이해해 보기'다. 이해할 수 있도록 꼼꼼하게 읽는다. 수학뿐 아니라 모든 공부는 혼자 교재를 읽어 가면서 해낼 수 있다고 생각한다. 충분히 노력해 보기 전에 다른 도움을 찾는 버릇을 들이면 안 된다. 교재를 혼자 곱씹으며 이해해 보는 것이 가장 중요하다.

- **2단계: 교재의 확인 문제 풀기**

개념 내용 바로 아래 간단한 예제 문제들이 있는데, 아이가 이 문제를 풀 수 있으면 이어서 문제를 쭉 풀어도 된다. 여기서 조금이라도 이해가 안 되면 바로 인터넷 강의를 본다. 유형·응용 교재부터는 무조건 인강을 보기보다는 교재를 한 번 더 보면서 풀 수 있을지 고민한 후 그래도 이해가 안 될 때만 인강을 본다.

- **3단계: 인강 보기**

인강부터 보기 시작하면 분명히 대충 보게 된다. 먼저 교재를 보고 어떤 점이 헷갈렸는지, 어디가 잘 이해가 안 됐는지 기억해 두고 그 부분을 자세히 봐야 효율이 높아진다. 그리고 인강을 전부 보려면 시간이 많이 걸린다. 처음부터 끝까지 무조건 다 보려고 고집하지 말고 보조적으로만 활용하자.

• 4단계: 다시 개념 보고 문제 풀기

인강을 본 다음 다시 개념을 읽어 본다. 시간을 길게 주지 말고 1시간에서 1시간 30분 안에 풀 만한 양을 이어서 푼다. 이때 교재에 풀기보다는 별도의 연습장에 적어 가면서 푼다. 풀이는 깨끗하게, 누가 봐도 이해하기 쉽게 한다. 도형이나 그래프도 정확하게 그리는 습관을 들이자. 이것만 잘 그려도 풀이 방법이 저절로 떠오르기도 한다. 무엇보다 중요한 건 중·고등학교 주관식 시험은 깨끗하게 적어야 실수할 확률이 줄어든다는 점이다.

특히 6, 9, 0 등 비슷하게 생긴 숫자들은 정확하게 쓰도록 버릇을 들여야 계산 실수를 줄일 수 있다. 이런 실수들은 대체로 학년이 올라가면서 좋아지지만 그냥 놔두면 계속 반복하기 쉽다. 보통 한 문제로 등급이 나뉘고 1점으로 최저를 못 맞춰서 재수, N수 하는 거다. 저학년부터 실수하지 않도록 주의를 기울여야 한다.

• 5단계: 채점하기

채점은 교재에 한다. 틀린 문제도 풀이를 완전히 모르는 문제, 풀이를 시작하긴 했는데 끝을 못 낸 문제, 풀이 다 해놓고 계산만 틀린 문제 정도로 나눠서 표시하고 표시에 따라 반복 횟수를 달리 한다.

• 6단계: 틀린 문제 다시 풀기

틀린 문제는 답지를 보지 않고 스스로 다시 풀어 본다. 6단계가 가장 중요하다. 모든 사람이 비슷하게 공부하지만 틀린 문제를 어떻게 다루느냐는 다르다. 이때가 수학 실력 성장의 핵심으로 어떻게 관리하느냐에 따라서 발전할 수도 그대로 정체될 수도 있다.

답지를 보지 않고 다시 풀 때 생각을 많이 하게 된다. 한 번 틀린 문제이기 때문에 개념의 오류가 있는지, 착각한 건 없는지, 문제의 주어진 조건을 다 확인하지 않았는지 더 많이 생각하게 된다. 수학은 생각을 많이 하면서 풀어야 성장한다고 한다. 이렇게 틀린 문제를 고민하는 시간은 절대 버려지는 시간이 아니다.

그리고 다시 풀 때 답지를 안 보면 다양한 풀이를 고민하게 된다. 수학은 풀이가 딱 한 가지인 경우도 있지만 답으로 가는 과정이 하나가 아닌 경우도 많다. 다양한 방법으로 이렇게 저렇게 생각해 보게 된다. 그러니 아이가 다양한 풀이로 적어 왔다면 칭찬을 많이 해주자. 특히 답지와 다른 풀이로 접근했을 때 더 많이 칭찬해 주시기 바란다.

물론 틀릴 수도 있고 너무 돌아가는 방법일 수도 있다. 하지만 이런 과정 하나하나가 아이들을 성장시킨다. 당장은 답답해 보이겠지만 어느 단원, 어떤 순간에 꽃피울지 모른다. 유도해 본 풀이들은 더 잘 기억나고, 틀린 풀이의 오류를 발견해서 다음엔 제대로 사용한다.

고학년 과정은 엄마가 아이의 풀이를 봐도 모를 수 있다. 그럴 땐 답지와 다르다고 무조건 틀렸다고 하지 말고 왜 이렇게 풀었는지 설명을 들어 보자. "다르게 시도해 봤네. 잘했어! 그런데 엄마는 잘 이해가 안 되네." 이렇게라도 이야기해 주면 된다. 나도 아이에게 다 설명할 수 없었고 이해가 안 되는 부분도 있어서 "잘 모르겠다!"로 끝낸 적도 있다. 이런 시간들조차 도움이 되었다고 생각한다.

• 7단계: 틀린 문제 다시 채점하고 또다시 풀기

틀린 문제를 풀어서 가져오면 다시 채점을 한다. 이때 또 틀리기도 한다. 그러면 다시 풀게 한다. 이 과정을 두 번은 무조건 한다. 다시 풀어도 틀리면 힌트를 하나씩 주면서 다시 풀도록 한다. 문제를 틀리면 몇 번이고 계속 풀어야 하니까 아이도 처음부터 집중해서 풀게 된다.

틀린 문제를 반복해서 풀어 보는 과정이 정말 힘들다. 그런데 이 과정을 버텨 내면 아이들은 많이 성장한다. 우리 아이만 힘든 게 아니고 모든 친구가 힘들지만 누구는 하고 누구는 못 하는데, 여기서 차이가 나는 것 같다. 귀찮지만 엄마의 단호함이 있느냐, 아이를 잘 구슬려서 끌고 갈 수 있느냐에 달려 있다. "수학은 당연히 틀리는 거야. 처음부터 잘 풀면 뭐 하러 풀겠니. 문제집 값 건졌네." 아무렇지 않게 이야기하고 무엇보다 표정 관리 잘하면서 '틀려도 다시 하면 되는구나'라는 마음을 갖게 해야 한다. 말투, 한숨 모두 신경 쓰고 당근과 채찍 다 활용해 보자.

• 8단계: 답지 보기

두세 번 풀어도 계속 틀리면 답지를 보게 한다. 답지를 보는 건 아이가 선택하도록 해야 한다. 답지를 보지 않고 아이 혼자서 풀다가 정답을 맞히면 거기서 끝낸다. 여러 번 틀렸지만 그것 자체로 훌륭히 해낸 것이

다. 단, 답지에 다른 풀이가 있다면 그것도 학습하도록 보여 줘서 익히
게 해야 한다. 나는 답지를 본 문제에는 패널티를 주었다.

• 9단계: 틀린 문제 중 답지를 본 문제는 풀이 설명하기

답지를 본 문제는 엄마에게 풀이 방법을 설명하게 하거나 오답노트
를 제대로 적게 한다. 다른 사람에게 설명하는 것만큼 확실하고 오래 남
는 방법이 없다. 엄마가 들으면서 부족한 부분을 채우거나 더 좋은 풀이
를 알려 주면 좋겠지만 꼭 그러지 않아도 된다. 아이의 설명을 듣고 끄
덕끄덕만 해도 그 자체만으로 배우고 성장한다. 나도 잘 모르는 내용도
열심히 설명을 들었다. 답지를 보면서 묻기도 하고 '네가 선생님이 돼서
엄마를 이해시켜 봐' 이런 콘셉트로 해도 좋다. 설명할 상황이 안 되면
풀이노트를 적게 한다. 꼭 거창한 오답노트가 아니고 풀던 연습장이어
도 된다. 자세히 적으면서 스스로 확인만 하면 된다.

이렇게 한 단원의 문제를 모두 마쳤을 때 그 단원이 끝난다. 그런데
고등학생이 되면 시간 부족으로 무한정 오래 생각할 수는 없다. 답지를
조금 일찍 찾아보고 다지며 기본적으로 암기를 해야 하는 부분도 있다.
답지의 다양한 풀이를 보면서 익혀야 하는 것이다. 하지만 기본적으로
는 이 루틴대로 꼼꼼하게 했기 때문에 고등학교까지 문제가 없었다. 학
원을 다닌다면 문제 풀이를 제대로 하는지, 틀린 문제는 답지를 보지 않
고 스스로 풀며 다지는지 꼭 확인하기 바란다.

수학

수능 1등급 받는
N회독 선행 공부법

수학 N회독 선행 방법, 두 아이 모두 학원 도움 거의 없이 수능에서 수학 1등급을 받게 한 바로 그 방법이다.

개념 교재 1회독 방법

개념 교재 1회독 때는 앞서 살펴본 수학 풀이 루틴과 인강 활용법에서 설명한 대로 진행하면 된다. 앞 장을 읽지 않고 이 장을 먼저 읽는 분을 위해 간단히 설명하겠다. 이미 읽었다면 복습이라고 생각하며 다져 보자.

아이가 처음 인강을 보기 전에 교재를 먼저 살펴보고 혼자 이해하려고 노력하도록 한다. 그리고 기본 개념 문제를 푼다. 문제가 잘 풀리면 그대로 이어서 진도를 나가도 좋다. 아이가 아무리 읽고 이해하려고 해도 안 되는 부분은 인강을 본다. 인강을 보고 아이가 이해하면 개념을 다시 간단히라도 살펴보고 문제를 푼다.

이때 우리 아이들은 교재에 직접 풀지 않았다. 연습장에 풀이를 정확하게 적어 가면서 풀었다. 교재를 다시 사는 것도 그때는 아까웠고, 무엇보다 교재에 풀면 풀이를 정확하게 적는지 알아보기 어렵기 때문이었다. 수학 연습장에 풀이를 제대로 적지 않으면 문제를 풀지 않은 것으로 간주했다.

채점은 교재에 한다. 풀 때마다 교재를 사느냐는 질문이 많았는데, 우리는 교재는 채점만 했기 때문에 매번 사지는 않았다. 여러 번 풀어서 교재가 너덜너덜해지면 그때 다시 구매했다.

채점 후에는 틀린 문제를 다시 푼다. 바로 답지를 보지 않고 아이가 몇 번이고 스스로 노력해서 해결하도록 했다. 하지만 시간이 과하게 지체되면 답지를 보게 했고 중학교까지는 나에게 설명하도록 했다. 답지를 보고 푼 패널티인 셈이었다. 이렇게 전체 풀이를 적어 가며 풀고 채점 후 틀린 문제까지 다 풀면 1회독이 되는 거다.

개념 교재 2~3회독 방법

1회독을 끝낸 개념 교재의 모든 문제를 처음부터 다시 푼다. 틀린 문제만 푸는 게 아니라 전체를 처음부터 다 푼다. 이번에도 연습장에 풀고 채점은 같은 교재에 한다.

두 번째 채점할 때는 1회독 때 채점했던 색과 다른 색으로 한다. 그러면 1회독 때 틀린 문제와 2회독 때 틀린 문제가 구분된다. 두 번째도 모든 문제를 다 풀었기 때문에 전체적으로 틀린 수를 확인하면서 아이 실력이 얼마큼 성장했는지 볼 수 있다.

보통 2회독 때는 덜 틀리긴 하는데, 1회독 때 맞혔던 문제를 틀리기도 한다. 처음에는 어쩌다 맞혔는지 몰라도 개념이 부족하면 다시 풀 때 틀리는 경우가 생긴다. 계속 이런 결과를 보다 보니 2회독 때 1회독에서 틀린 문제만 풀도록 하지는 못하겠더라. 2회독까지는 모든 문제를 다 풀어 봐야 수준이 제대로 보인다.

2회독까지 풀었는데도 어떤 단원은 여전히 너무 많이 틀리기도 한다. 그러면 더 이상 진도를 나가지 않고 멈춰서 인강 설명을 한 번 더 듣게 했다. 그러고 나서 해당 단원 전체를 다시 풀도록 했다. 틀린 단원만. 그래서 2~3회독이라고 하는 것이다.

응용서 N회독 방법

개념 교재 2회독이 끝나면 이젠 응용서를 처음부터 푼다. 응용서도 개념서와 똑같은 방법으로 2~3회독 한다. 계속 비슷한 말이 반복되는 건 수학 공부를 이렇게 같은 방법으로 교재만 바꿔서 반복했기 때문이다. 응용서도 풀이는 연습장에 적고 채점만 교재에 하는 식으로 진행한다. 마찬가지로 2회독 때 문제 전체를 처음부터 다 푼다. 다시 똑같은 방법으로 1회독, 2회독 때 틀린 문제를 보면서 비교해 본다. 덜 틀려야 하는데 또 많이 틀리는 단원은 또다시 푼다.

우리 아이들은 《쎈》 문제집으로 풀었는데 C단계까지 모두 이런 식으로 했다. C단계는 준심화 수준이라 어렵다. 종종 엄마들이 C단계 빼고 다음 학기를 해도 되느냐고 묻기도 하는데, 우리 아이는 많이 틀려도 이 단계까지 반복해서 풀어야 다음 진도를 나갔다. 준심화 교재를 따로 하지 않는데 B단계까지만 하고 넘어가면 부실할 것 같았다.

회독 때마다 틀리면 계속 반복해서 풀었고, 혼자 여러 번 시도하다가 답지를 봤다. 결국 답지를 보게 되는 문제는 응용서도 나에게 설명하거나 그게 안 되면 오답노트를 적도록 했다.

이렇게 매 과정 반복하면서 선행을 해나가는 것이다. 응용서도 2~3회독이 되면 그때 다음 학기 개념서 진도를 나갔다. 수학 선행은 이런 식으로 진행했다.

기타 주의할 점

1. 같은 교재를 반복해서 풀기 싫어하는 아이들이 있다. 교재에 직접 푸는 걸 선호하기도 하고. 이럴 때는 아이들 원하는 방식에 맞춰서 매번 구매하면 된다. 공부 안 하는 게 문제지, 교재비쯤 뭐가 아깝겠나.

2. 개념서, 응용서 할 때부터 한가지 교재 말고 다양한 교재를 풀고 싶어 하는 아이들도 있다. 그때는 아이 성향에 맞춰 주면 되지만, 아이가 딱히 원하지 않는다면 선행하면서 기본기 잡을 때는 같은 교재로 반복하기를 추천한다. 그래야 회독마다 비교가 되고 기본 틀 잡기가 쉽다.

3. 현행 때는 이 정도가 아니고 다양한 교재를 아주 많이 풀어야 한다. 선생님 프린트물과 주교재는 당연하고 여러 가지 교재를 살펴보면서 특이한 문제, 평소 못 보던 문제를 풀어 보는 게 좋다. 이에 대해서는 뒤에서 더 자세히 설명하겠다.

공부에는 지름길이 없다. 조금 수월하게 하는 방법이 있다면 알려 주시면 좋겠다. 아이들 집공부에 관심이 많아서 초등학교 저학년 때부터 입시 커뮤니티 글을 찾아 읽었고, 주변에 명문대 보낸 엄마들 귀찮게 해서 알아봐도 달리 뾰족한 방법이 없더라. 엉금엉금 꾸준히 노력하는 방법뿐이다. 대신 힘든 만큼 쉽게 배신하지 않는다. 지금 당장은 성적이 안 나올 수 있지만 다음 학기에라도 분명히 바탕이 되어 준다. 엄마가 믿지 않으면 아이들도 믿을 이유가 없다. 그러니 의심하지 말고 열심히 하자.

중고등 현행 공부와 시험 기간 전략

수학 현행은 어떻게 공부해서 개념과 유형을 챙기고 심화도 다지는지 살펴보자. 중학교와 고등학교는 비슷한 듯 다르다. 아이가 지금 중학생이더라도 고등학교 이야기를 미리 읽어 보고 어떤 식으로 내신 공부를 진행하는지 알아 두면 좋다. 우리의 최종 목적은 고등학교 내신이고, 고3 11월의 수능 시험이다. 따라서 중학교 때부터 조금 다르게 접근해서 공부하는 게 좋다.

내신 이야기라서 정시 준비하는 아이에겐 의미가 없지 않을까 생각할 수 있지만, 이건 정시를 준비하는 친구들도 똑같이 해야 하는 일이다.

중학교 현행

중학교 수학 현행은 시험 기간에만 공부한다. 초반 열흘 정도 개념과 유형 다 반복하고 나머지 시간에 다른 과목과 수학 준심화, 심화를 병행한다. 아이가 생각을 많이 하면서 최대한 많이 풀도록 신경 쓰되 심화에 목숨 걸지 않는다. 준심화 문제를 잘 푸는 수준이면 넘어간다. 마지막은 다시 유형, 부교재, 프린트물로 마무리한다.

• 현행 공부는 시험 기간에만

중학교 때는 시험 일정이 나오면 시험 공부 기간을 4~5주 잡고 수학 현행 공부를 한다. 시험 기간 외에는 무조건 선행한다고 생각하면 된다. 1년 중 네 번의 시험 기간인 4~5개월은 현행 수학을 공부하고 나머지 7~8개월은 선행을 하는 거다. 우리 아이들은 시험 기간 모드에 돌입하면 처음 열흘에서 2주 동안 수학만 했다. 다른 과목은 보통 시험 진도가 다 나가지 않았을 때라 공부하기도 힘들지만, 수학만큼은 범위만 나오면 공부를 할 수 있다. 수학 공부는 개념과 유형을 아주 빠르게 풀고 심화 풀 시간을 충분히 확보하는 방식으로 한다.

시험 범위 전체를 처음부터 끝까지 개념, 응용 다 풀어 본다. 수업 시간에도 하고 있고 이미 다 본 교재들(《개념 원리》,《쎈》)이라서 아주 빠르게 진행이 될 것이다. 당연히 선생님이 주신 프린트물이나 부교재도 꼼꼼하게 봐야 한다.

· **준심화와 심화 병행**

기본 유형까지 끝내면 과학, 국어, 영어, 암기 과목 공부하는 중간중간 준심화, 심화 수학을 공부한다. 수학 심화는 보통 교재가 얇은 편이고 문제가 많지는 않기 때문에 다른 과목을 공부하다가 수학을 마저 하고 하루를 끝내는 것이다. 물론 양이 적다고 시간이 적게 드는 건 아니다. 한정된 시간에 최대한 많이 풀어 볼 수 있도록 신경을 써야 한다. 수학 심화서는《일품》,《에이급》또는《블랙라벨》을 풀었다.

우리 아이들은 준심화《일품》은 잘 풀었고, 심화《에이급》이나《블랙라벨》은 그리 잘 풀지 못했다. 정답률 70퍼센트를 넘긴 적이 거의 없다. 다른 과목을 공부하다 보면 시간이 빠듯해서 안 풀리는 문제는 답지를 보고 이해하면서 풀도록 했다. 시간이 부족하면 S단계는 빼고 풀거나 시간이 너무 부족한데 준심화조차 애매하면 준심화를 한 번 더 제대로 풀었다.《블랙라벨》은 문제를 아예 안 푼 단원도 있다. 꼭 풀어야 하나 싶은 어려운 문제도 있다고 생각했다. 시험이 끝난 후, 심화 못 하고 건너뛴 단원을 다시 한 적은 한 번도 없다.《일품》정도 준심화 과정이 해결되는 수준이면 큰 고민 하지 않고 다시 쳐다보지 않았다.

나는 중학교 심화를 아무리 잘해도 고등학교 수학은 다른 영역이라고 생각했고 지금도 그 생각에 변함이 없다. 고등학교 수학을 제대로 공부하고 반복, 반복, 반복해야 한다. 고등학교 수학은 심화까지도 반복해야 성적이 나온다. 중학교 심화를 잘하면 무조건 고등학교 수학도 잘한다는 생각은 맞지 않는 것 같다. 물론 중학교 심화가 안 되는데 고등학교 수학을 잘할 수 있느냐고 물을 수 있다. 나는 아이가 준심화까지 잘 풀 수 있다면 고등학교 수학은 충분히 가능하다고 생각한다. 두 아이 모두 이렇게만 했는데도 고등학교에서 문제없이 잘해 주었다.

· 시험 하루 이틀 전

시험을 하루 이틀 남겨 두고 다시 유형서, 부교재, 프린트물을 꼼꼼하게 풀어서 마무리한다. 중학교 시험은 아이가 크게 실수하지 않으면 혼낸 적도 별로 없다. 어차피 대입에는 0퍼센트 들어가기 때문에 고등학교 시험 연습으로 충분히 활용하는 데만 신경을 썼다. 아이들이 직접 계획 짜서 단기간에 개념부터 심화까지 집중해서 해보는 과정을 연습한 것이다.

물론 특목고나 자사고 진학을 고민한다면 조금은 더 신경을 써야 할 것이다. 하지만 우리 아이들은 일반고 진학 예정이었기에 이 정도가 딱 좋다고 생각했다. 이 정도 신경 써서 A가 나오지 않는다면 명문 고등학교에 입학해도 경쟁력이 없다고 생각했다. 특목고에서 잘 버텨 낼 수 있을지, 고등학교 성적 경쟁력을 알아보는 기준이 될 수도 있다.

중학교 내신은 굳이 시간을 많이 할애하기보다는 적정 시간만 집중해서 준비하고 고등학교 선행에 힘쓰자. 우리 아이들처럼 동네 일반고 지망이라면 중학교 내신 수학 점수에 일희일비하지 말고 묵묵히 고등학교 수학 과정 밟아 가길 바란다.

고등학교 현행

고등학교에는 나중이 없다. 매 시험에 최대한 역량을 다 뽑아 내야 한다. 최고의 실력을 모든 내신 시험에서 보여 줘야 하는 것이다. 입시 제도가 아무리 다르게 바뀌어도 수학은 수학이다. 내신 수학 점수를 중요하게 볼 것이고 웬만한 명문대에서는 수리 논술로 면접을 보는 경우도 많다. 입시를 생각하면 정말 '닥치고 수학'이다. 그리고 정성을 들이면 반드시 점수가 오르는 과목이 수학이다. 학원을 못 다녀서, 수학 머리가 없어서가 아니고 공부를 하다 말아서 실력이 안 늘고 성적이 안 나오는 것이다. 남들 다 하기 싫어하는 마지막 그 순간까지 버텨 낸 사람에게만 따라오는 게 실력이고 그게 좋은 성적을 만든다.

• 내신 시험 준비에 집중

고등학교는 첫 내신 시험부터 바로 입시다. 중학교 때와는 완전히 다른 생각으로 임해야 한다. 내신은 교과나 종합 등 수시 전형뿐 아니라 정시에 반영되기도 한다. 그렇기 때문에 공부를 현행만 한다는 것이 중학교와는 아예 다르다.

고등학교에 가면 무조건 다음 내신 시험을 준비하면 된다. 중3 겨울 방학 또는 늦어도 고1 3월부터는 무조건 중간고사를 공부하고 중간고사가 끝나면 바로 기말고사 준비를 시작한다. 고1 내신이 잘 나와 줘야 이후에도 더 열심히 할 의미가 생기기 때문이다. 고2가 되어도 마찬가지다. 고2면 수능 과목과 내신 과목이 같기 때문에 더욱더 내신 공부만 하게 된다. 고1 내신이 엉망이어서 정시를 보기로 결심해도 고2 수학은 수능 공부이기 때문에 변함없이 '열공'해야 한다.

학원에 따라서는 두 과정을 함께 진행하기도 한다. 대부분의 학원이 현행과 선행 진도를 같이 나간다. 하지만 우리 아이들은 방학 때를 제외하고는 대부분 다음 내신 시험을 위한 공부를 했다. 다음 학년 선행 공부는 방학 때만 집중해서 했다. 선행이 안 돼 있어서 불안하다면 방학에 선행을 하고 학기 중에는 시험 일정이 나오기 전까지만 일부 병행하는 게 좋다.

• 진도와 교재

시험 준비 기간은 2개월 정도로 잡아야 한다. 중학교 때처럼 개념과 유형 전체를 한 번 돌리고, 이후 준심화와 심화 순으로 계속 반복한다. 유형 3회, 준심화 3회, 심화 3회 식으로. 선행을 얼마나 했건 혹은 안 했건 제 학년 제때에 열심히 하지 않으면 아무 소용이 없다. 이때 얼마나 열심히 하는지에 따라서 많이 달라진다. 이건 정말 확실하다. 해마다 새로운 유형이 더해지기도 하기 때문에 학기 전 방학부터 해당 학기 현행 과정에 몰입해서 반복 또 반복해야 한다. 구체적으로 예를 들어 보면 다음과 같다.

7~8주 전	교과서, 개념서, 부교재, 프린트물
4~6주 전	《쎈》 3회독, 《일품》 3회독
2~3주 전	수능 특강, 수능 기출, 《블랙라벨》
1주 전	학교 기출, 주변 명문고 두세 곳의 기출(시간 엄수) 《EBS 올림포스 고난도》, 《최강 TOT》, 《절대등급》 등 못 푸는 문제 있는지 살펴보기
시험 전날	교과서, 부교재, 프린트물, 《쎈》, 오답노트

중요한 건 학교에서 사용하는 부교재와 프린트물이다. 내신 시험은
학교 선생님이 출제하니 대충 보면 안 된다. 학교마다 난이도가 다를 수
있는데 평범한 일반고에서는 극심화가 그렇게 많이 나오지 않는다. 이
럴 때는 심화 실력이 부족해도 실수 없이 잘 풀어내는 경우 성적이 더
잘 나온다. 물론 수능을 위해서 기본적인 준심화 교재까지는 해야 경쟁
력이 생기지만 내신 시험 직전 최종 정리할 때는 학교 수준으로 하는 게
좋다. 극상위권 친구들은 모든 교재를 여러 번 풀다 보면 정말 빨리 잘
풀게 된다. 그런데 학교 시험은 변별을 위해서인지 계산이 많거나 조금
이상한 문제도 나온다. 거기에서 실수가 없어야 하기 때문에 정말 다양
한 문제까지 살펴봐야 한다.

수학

점수 차이가 나는
결정적 이유

아이들이 오랜 시간 선행을 하고 같은 교재로 공부를 해도 누구는 1등급을 받고 누구는 4~5등급을 받는다. 공부량, 공부법, 마음가짐 등 다양한 이유로 차이가 벌어진다.

공부량

아이들이 집이나 학원에서 혼자 풀 때는 다 잘 푼다. 평소에 학교 기출문제도 풀어 보면 다 맞거나 하나 틀리니 시험을 보면 비슷하게 맞을 거라고 생각한다. 그런데 이상하게 시험만 보면 성적이 안 좋다. 특히 모의고사보다 내신에서 차이가 심하게 벌어진다. 내신 시험은 시간이 적어서 문제 풀 시간이 촉박하기 때문이다. 모의고사는 100분인데 내신은 보통 50분이나 60분이다.

우리 작은아이도 수학 내신에서 형편없는 점수를 받아 온 적이 많다. 그런데 집에서 혼자 풀면 잘 푸니까 이유를 이상한 데서 찾았다. '시험 때는 긴장을 해서 그렇다', '시간 압박을 못 이긴다' 등 핑계를 댔지만 진짜 이유는 공부량 부족이었다.

- 기본 유형 문제 푸는 속도가 늦다.
- 심화 문제 풀 시간이 없다.
- 심화 문제 풀 실력이 안 된다.

위 3가지 모두 공부량이 부족하면 해결이 안 된다. 학교가 명문 '갓반고'가 아니라면 《쎈》만 제대로 풀어도 내신 시험 적당히 볼 수 있다. 그런데 제대로 한다는 수준이 그냥 시간 들여서 푸는 수준이 아니다. 기본 유형이나 변형은 문제를 보면 아이 머릿속에 풀이 방법이 바로 떠올라야 한다. 학교 시험은 변별을 위해서 특히 많이 꼬아 놓은 문제가 많다. 그런 문제는 몇 번 시도 끝에라도 방법이 떠올라야 한다. 이 정도로 준비해 놓아야 학교 시험에서 좋은 성적을 받을 수 있다. 그래야 등급을 가르는 심화 문제에 시간을 충분히 쓸 수 있는 거다.

그러니 최소 개념·유형 5회독 이상(여러 교재 합쳐서), 준심화 2회독 이상 해야 한다. 너무 많아 보이나? 충분히 할 수 있다. 고등학생이라면 10회독 이상도 해야 한다. 그것도 시험 기간에 집중해서 말이다. 가끔 1~2회독 정도 미리 하고 현행 때도 두세 번 봤는데 성적이 안 나온다고 괴로워하는 엄마들이 있다. 합쳐서 서너 번 보고 아이 실력 운운하는 거다. 내가 10회독은 기본으로 해야 한다고 하면 "헉!" 놀란다. 이렇게 여러 번 풀고 나면 심리적인 이유로 풀지 못한다는 이야기는 쏙 들어간다. 아이가 자신감도 생기고 기본 문제에 당황하지 않기 때문에 리듬이 찾아진다. 긴장해서 못 풀었다는 생각조차 안 들 거다.

실수 안 하는 습관도 중요한데, 이 또한 문제를 많이 풀면 자연스레 해결된다. 아이가 반복해서 틀리는 문제도 여러 번 문제를 풀면서 어떤 유형에서 실수하는지 자연스럽게 파악이 된다.

여기서 공부량을 늘리라는 건 개념, 유형, 심화까지 충분히 고민하면서 공부한 상태에서 마지막에 내신 시험 연습할 때를 말하는 것이다. 시작부터 문제에 대한 고민도 없이 많이만 풀라는 이야기가 절대 아니다. 수학은 생각하면서 푸는 게 당연히 더 중요하다. 그렇게 하고 있고 그래서 잘하는 친구인데, 문제를 많이 안 풀고 시간 내 푸는 연습이 안 돼서 성적이 안 나오고, 그 이유를 이상한 데서 찾으니까 안타까워서 하는 말이다.

공부법

몇 번이고 반복하는 'N회독 공부법'과 하나를 풀어도 제대로 푸는 '깊이 생각하며 풀기' 중 어느 공부법이 맞느냐에 대한 의견은 엇갈린다. 하지만 나는 2가지 공부법 모두 맞다고 생각한다.

기출에서 볼 수 있는 유형 문제들은 기계적인 N회독이 필요하다. 내가 말하는 상당 부분은 여기에 집중되어 있다. 개념도 유형·변형 문제들도 나는 몇 번씩 반복하며 진행했다. 선행할 때도 개념 2~3회, 유형 2~3회, 가능하면 준심화도 2회 이상 하도록 했다.

현행 중간고사와 기말고사에도 다시 유형부터 반복한다. 오답만 다시 푼 게 아니고 모든 문제를 몇 번이고 반복시키며 진행했다. 패턴이 보이는 기본 유형은 여러 번 반복해서 문제 시작만 봐도 풀이가 떠오르도록 해놓아야 한다. 이것만 잘되어 있어도 3등급까지는 가능하다. 노력으로 가능한 영역인 것이다. 기본 유형은 기계적으로 풀 수 있게 해두고 킬러·준킬러 문제에 시간을 써야 한다.

반면 중·고등학교 심화 문제를 풀 때는 깊이 생각하며 풀어야 한다. 심화 문제는 고민하면서 풀고 복기해서 기억해 둔다. 그리고 시험 문제에서 만나면 어떤 식으로 진행하면 되겠다는 풀이 이미지를 만들어 둔다. 심화는 정답률보다도 연습장의 양을 보면서 다양한 풀이를 유도해야 한다. 고등학교 시험에서 완성되면 되니까 과정에서 나타나는 시행착오는 아주 칭찬할 만하다.

이렇게 두 가지 공부법을 다르게 운용하는 데는 이유가 있다. 수학 공부를 하는 목적이 시험이기 때문이다. 수학자가 된다거나 학문적으로 연구하는 게 아니라 아이가 한정된 시간 안에 정해진 문제를 풀고 잘 맞히면 되는 거다. 여기에서 상위권과 최상위권의 차이가 나온다.

평소에 심화·신유형 문제를 많이 풀어 봤다고 시험에서 무조건 잘 풀수 있는 게 아니다. 심화·신유형 문제는 풀이 시간이 더 걸리는데, 풀이를 어느 정도 알고 있어도 시간이 부족해서 건드리지도 못하고 끝나는 경우가 많다. 3~4등급 친구들도 시간을 주면 풀 수 있는 걸 시험 때는 시간이 부족해 못 푼다. 반면 최상위권 친구들은 반복된 문제 풀이로 기본 문제에서 시간을 단축해 심화·신유형 문제에서 생각할 시간을 확보한다. 기본 유형 문제를 빨리 정확하게 풀어서 고난도 문제를 풀 시간이 충분히 확보되는 것이다.

교재를 사용할 때 개념서나 유형서는 같은 교재를 여러 번 반복하고 준심화서나 심화서는 다양한 교재로 한두 번씩만 풀어도 좋다. 기본 유형 패턴을 다질 때는 질 좋은 유형서를 반복하는 게 도움이 되고, 준심화·심화로 들어가면 다양한 형태를 보는 게 좋다. 특히 극상위권의 경우 웬만한 문제는 다 풀어 봤기 때문에 시험 직전에는 특이한 문제가 있는지 다양한 교재를 확인하면서 그런 문제만 풀기도 한다. 어떤 문제도 틀리지 않겠다는 생각으로. 특히 학군지 고등학교 내신에서는 무결점으로 준비해야 원하는 성적이 나온다.

그런데 기본 유형도 머릿속에 정리가 안 된 상태에서 깊이 생각하며 푼다고 심화 문제 오래 보고 있으면 죽도 밥도 안 된다. 유형·변형 문제는 기계적인 N회독으로 아이가 문제를 보기만 해도 풀이가 머릿속에 떠오르도록 해두고, 심화 문제에 시간을 할애해서 오래 깊이 생각하며 풀게 하기 바란다.

마음가짐

극상위권과 1등급을 가르는 가장 중요한 차이는 바로 수학에 대한 겸손한 자세다. 이건 또 무슨 소린가 하실 수도 있겠다. 서울대 의대 수석 합격자의 "내가 제일 잘하는데 내가 제일 열심히 한다."는 말이 그냥 나온 게 아니다.

수학 잘하는 친구들은 주말 하루에 수학만 4~5시간 하기도 한다. 잘하는데 계속 많이 하는 거다. 특히 시험에 임하는 자세가 다르다. 자기 자신을 의심한다는 게 아니고, 자신의 공부량과 공부 이해도를 의심한다. 그리고 마지막까지 더 노력한다. 그런데 우리가 교만한 마음으로 어떻게 이미 잘하는데 열심히까지 하는 친구들보다 잘할 수 있겠는가.

상위권 친구들 중 시험을 매번 잘 보다 보면 어느 순간 살짝 자만하게 된다. 그러다가 중요한 시험에서 한 번씩 훅 떨어진다. 회복이 다 안 되는 경우 희망 전공과 대학이 바뀌기도 한다. 그러니까 정말 마지막 순간까지 겸손한 자세를 잃지 말아야 한다.

모든 과목이 그렇지만 특히 수학은 넘사벽 능력자와 덕후들이 있다. 그 아이들과 경쟁한다는 것을 항상 기억하고 늘 겸손하게 임해야 한다. 한 번 더 풀어 보고 기본도 다시 확인하고 또 생각해 보고… 이런 자세가 결정적인 차이를 만든다. 생각지도 못한 좋은 결과를 우리는 운이라고 부르지만, 나는 한 번 풀어 본 문제를 겸손하게 보고 또 보는 반복 과정이 오래 쌓인 결과라고 생각한다.

초등학교 입학 전 6~7세 공부법

영어

수능에서 영어 100점을 맞은 우리 큰아이의 초등학교 입학 전 영어 공부법을 소개한다. 영어 선생님이나 영어 교육 전문가의 공부법은 아니지만 큰아이 집공부의 특이점이 있다면 영어 못하는 엄마가 배워 가며 가르친 가성비 영어 교육이라는 점이다.

내가 이야기하는 공부법은 이미 다 아는 방법일 것이다. 단지 그것을 했느냐 안 했느냐, 아이가 할 수 있도록 지지하고 함께 정한 규칙을 지키게 해주었느냐의 차이일 뿐이라고 생각한다.

영어를 배울 때 제일 중요하게 고려할 것 3+1

영어 교육의 목표를 어디에 두느냐에 따라서 달라질 수 있는데, 나는 아이들의 영어 공부 목표를 대학교 입시만이 아니라 '영어에 자유로운 사람 되기'로 삼았다. 목표가 이루어지지 않더라도 최대한 잘하도록 돕고 싶었다. 다른 과목과는 다르게 신경 쓴 점 3가지는 노출 시기, 노출 양, 국어책 몰입 수준이다. 그리고 가장 중요한 한 가지는 마지막에 이야기하겠다.

• 영어 노출 시기

6~7세부터 천천히, 늦어도 10세 이전에 시작하자. 영어 노출이란 단어 암기와 문법 공부를 말하는 게 아니다. 듣기와 읽어 주기다. 되도록 어릴 때 시작해야 좋다. 귀가 트이는 10세 이전에는 아무 편견 없이 듣는 대로 몸이 기억하고 부끄러움을 적게 느끼는 시기다. 고학년 돼서 학원에 갔는데 친구들이 영어를 나보다 잘한다고 느끼면 웬만한 아이들은 기가 죽는다. 열심히 하는 '멘탈 갑' 친구들도 창피해서 쉽게 지칠 수 있다. 어떤 과목보다 영어는 겉으로 티가 나서 그렇다.

무엇보다 어릴 때 빨리 시작해야 스토리북 읽을 때 재미를 느낄 수 있다. 영어책과 국어책 수준이 어느 정도 비슷해야 책 읽기가 즐겁다. 늦게 시작해서 초등학교 4~5학년에 한 줄, 두 줄짜리 영어책을 읽는다면 얼마나 재미없겠나? 두 줄짜리 책을 아이가 얼마나 오래 볼 수 있을까? 일찍 시작해서 제 나이에 맞는 책을 읽게 해주자.

• 영어 노출 양

노출 시간은 가능한 한 많이, 적어도 하루에 2~3시간 이상 하는 걸 권장한다. 그러니 유치원이나 초등학교 때여야 가능하다. 초등학교 저학년 때 시간이 없다면 앞으로 영어를 공부할 수 있는 시간은 거의 없을 것이다. 중학생이 하루에 3시간 영어를 공부하고 있으면 영어만 잘하는 아이가 될 테니까.

아이가 장난감 가지고 놀 때 영어를 틀자. 우리 아이들은 텔레비전도 디즈니 채널 나오는 유료 방송 위주로 시청했다. 캔커피도 아까워서 믹스커피 마시던 시절에 손 떨며 스카이라이프 유료 결제를 했다. 공부 아닌 척하면서 최대한 영어 노출 시간을 늘려야 한다.

• 국어책 몰입 수준

국어책 수준이 영어책 수준을 결정한다. 영어 실력이 늘면서 책 난이도를 높이고 싶은 욕심이 생긴다. 그런데 스토리북, 챕터북으로 옮겨 갈 때 국어책 읽기가 얼마나 되었느냐에 따라서 영어책 읽기도 많이 달라진다. 국어책으로도 안 읽던 아이가 영어라고 읽겠나?

소설책, 사회과학책, 수학책, 과학책 등 다양한 분야를 깊이 있게 읽어 온 아이가 영어책 수준도 잘 올라가고 더 재미있게 공부한다. 한글로 잘 알고 있는 내용을 영어로 접하면 얼마나 접근이 빠르겠는가. 내용도 모르는데 어떻게 영어로 즐기면서 잘하기까지 할까? 기대도 말아야 한다. 책 읽기야 영어뿐만 아니라 전 과목 성적에 영향을 미치고, 나아가 마음이 성장하고 지혜롭고 풍부한 삶을 살아갈 수 있도록 도와주니 긴 말이 필요 없다.

• 제일 중요한 +1은 재미

영어는 재미있는 책만 제때에 잘 들여도 수월하게 공부시킬 수 있다. 기본기만 알고 있으면 수학, 국어, 과학보다 알아서 하게 되는 과목이다. 스토리북이나 챕터북도 재미있어야 계속 시리즈를 읽어 나간다. 음원이 느리고 졸리면 책을 한 번 보고 마는데 그럼 본전 생각이 절로 난다. 그때는 강요하지 말고 재미있는 책 많이 읽게 해주자. 책을 안 읽어서 문제지 재미있는 책이 없겠나. 책도 남아, 여아, 성격 등에 따라 좋아하는 분야가 다르다. 한두 줄짜리 책이야 크게 호불호가 없겠지만 시간이 지나면 차이가 난다. 엄마가 재미있는 책을 찾아서 보여주자.

• 6~7세의 영어 공부

작은아이는 종교학교의 저렴한 영어 유치원을 1년 다녔지만 큰아이는 일반 유치원을 다녔다. 그때만 해도 대출을 많이 받아 이사를 했기 때문에 영어 유치원 같은 건 생각조차 해본 적이 없었다. 게다가 지금도 그렇지만 영어책 가격이 워낙 비쌌다. 영어 도서관도 근처에 없어서 비교적 저렴한 '기탄 영어 동화'를 사서 매일 듣고 읽어 줬다. 한 줄, 두 줄짜리 책이었다. 그때는 회사에 다녀와서 저녁마다 틀어 줬고 주말에는 좀 더 틀었다. 큰맘 먹고 '노부영'(노래 부르는 영어 동화) 책도 몇 권 샀다.

이때 아이는 듣기만 했지 입으로 영어를 말하지는 못했다. 그래도 계속 CD를 틀고 읽어 주었다. 아이가 놀 때 틀어 놓고 나는 설거지하고 그랬다. 퇴근해서 집에 오면 저녁 8시가 되었고, 시간이 많지 않아서 제대로 뭘 가르치고 지도하기가 어려웠다. 나 혼자 열심히 불러도 아이는 반응이 없었다.

그런데 1년 정도 지났을까, 일곱 살 말쯤 되니까 갑자기 노래를 따라 불렀다. 아주 늦게 반응이 온 거다. 한두 줄짜리 노래를 계속 반복해서 듣다 보니 어느 정도 시간이 지나자 한꺼번에 줄줄 다 불렀다. 노래여서 가능했던 것 같긴 한데 20권 정도를 외우게 되었다. 아이의 영어 실력은 계단식으로 점프하며 성장했다. 처음에는 못하는 것 같아도 어느 순간 확 늘어 있었다.

초등 로드맵
: 파닉스, 독서, 문법, 쓰기, 말하기

영어 공부를 제대로 시킨 건 여덟 살부터다. 이때는 공부 환경을 아예 바꿨다. 일단 스카이라이프를 신청해서 낮에 대부분 영어 방송만 틀었다. 아이가 거실에서 놀 때, 레고 조립할 때 디즈니 주니어 방송을 틀었다. 공부할 때 외에 남편이 퇴근하기 전까지 집에서는 영어 방송이 흐르도록 했다. 또 비디오로 〈티모시〉, 〈카이유〉, 〈스펀지밥〉, 〈매직 스쿨 버스〉 같은 애니메이션을 계속 봤다. CD로도 〈몬스터 주식회사〉, 〈볼트〉 등 아이가 원하는 작품을 정말 많이 봤다. 지금은 OTT가 많아서 영화 보기가 수월해졌으니 더 편하게 시작할 수 있겠다.

그리고 책 읽기를 하면서 파닉스 떼고 리딩 교재도 풀었다. 책만 읽어도 되지만 그러면 속도가 살짝 늦어진다. 세 줄짜리 책을 읽고 이해할 수 있으면 쉬운 리딩 교재로 병행하기를 추천한다. 공부 시간 비율을 보면 교재로 공부하는 게 '1'이면 영어책 읽기가 '2' 이상 될 것 같다.

알파벳 익히기(파닉스)

큰아이가 초등학교 입학 후 동네 학원에 한 번 찾아갔었다. 그런데 스케줄 이야기를 듣고 학원을 조용히 나왔다. 세상에 무슨 파닉스를 몇 달을 하나, 학원비는 터무니없이 비싸고. 아이 영어 공부에 계속 구질구질하게 돈 없다는 소리만 하게 되지만, 큰아이가 영어에 집중하던 저학년 때는 외벌이에 대출금 갚을 때라서 정말 중요한 문제였다. 학원비를 냈으면 그 값을 해야 하는데 진도가 심하게 느리다고 느꼈다. 그래서 학원을 보내지 않고 무식하게 내가 가르쳤다. 파닉스는 다 떼고 공부 좀 시키다가 내가 더 이상 못 봐줄 때 그때 학원에 보내야지 생각했다.

따로 파닉스 교재도 안 샀다. 좋은 교재는 많은데 글자를 눈으로만 익히기보다는 음원이 있고 재미있는 것을 찾았다. '스타폴'www.starfall.com 은 파닉스로 유명한 사이트다. 사이트에 들어가서 발음과 재미있는 영상을 보면서 아이와 놀았다. 그리고 무료로 제공되는 워크시트를 프린트해서 두세 번씩 알파벳부터 썼다. 프린트한 걸 연필로 썼다가 검정 볼펜, 그다음엔 파란 볼펜으로 바꿔서 썼다.

스타폴 사이트만 잘 활용해도 파닉스를 제대로 잘할 수 있다. 파닉스는 너무 오래 완벽하게 하려고 하지 않아도 된다. 어차피 규칙을 따르지 않는 것도 많고, 책이나 다른 음원에서 계속 반복하면서 자연스레 알게 된다. 기본적인 것만 익히고 나는 아이들에게 영어책을 더 읽혔다.

책 읽기 * 영어책은 국내 출간된 제목과 원서 제목을 모두 표기하였다.

저학년 영어 공부에서는 영어책 많이 읽기가 9할이다. 영어책 안에서 단어도 배우고 표현도 배울 수 있다. 단순 영어 실력뿐 아니라 영어권 문화도 배울 수 있고, 주인공이 헤쳐 나가는 스토리를 보면서 아이도 함께 성장한다. 국어책을 많이 읽을 때처럼 영어책에서도 똑같은 효과를 기대할 수 있다.

재밌는 책을 고르되 읽을 때는 단어 하나하나 찾아보지 않아도 읽을 수 있는 책을 선택한다. 단어는 아이가 글 안에서 유추할 수 있어야 하고, 반복되는 패턴에서 자연스럽게 표현도 알아 갈 수 있어야 한다. 엄마들은 아이가 한두 줄 분량의 책을 읽다가 언제쯤 스토리북, 챕터북을 읽게 될까 기대한다. 빨리 그 단계로 올라가기를 꿈꾸게 된다. "우리 아이《매직 트리 하우스》Magic Tree House 읽어. 영어 학원에서도 최고 레벨이야." 이런 거 말이다. 그런데 그게 독이 된다. 그때는 정말 중요한 것처럼 느껴지지만, 시간이 지나고 보면 아무 소용 없었다는 걸 느끼게 될 거다.

영어 동화책도 영어권 문화를 모르면 한두 줄이라도 어려울 수 있다. 짧은데도 무슨 말인지 모르겠더라. 이 책 저 책 많이 읽어야 알게 된다. 만약 서둘러서 빠르게 챕터북으로 넘어갔는데 어려워서 아이가 재미를 못 붙이면 영어가 더 싫어지고 지쳐서 계속 공부하기 어렵다. 쉬운 책 많이 오래 읽고 챕터북으로 넘어가는 게 장기적으로 훨씬 좋다. 챕터북을 처음 고를 때도 너무 교훈적인 책만 고르려 하지 말고 아이가 좋다는 책으로 여러 번 읽혀도 된다.

영어책이 정말 재미있다. 특히 《로알드 달》Roald Dahl 시리즈는 황당하고 기괴한 스토리가 많아서 계속 읽게 만드는 매력이 있다. 고학년 돼서 아이들이 좋아한 것이 《해리 포터》Harry Potter, 《퍼시 잭슨》Percy Jackson 시리즈였는데 작은아이는 그 시리즈의 또 다른 책을 읽고 싶어서 안달이 나곤 했다. 수학 공부도 안 하고 다른 책도 안 읽고 그 영어책 시리즈만 읽고 싶어 해서 며칠 난리가 난 적도 있다. 반면 지루하고 교훈적인 수상작들은 아무리 줘도 내가 사정해서야 읽었다.

아이들이 좋아하는 재미난 책들이 영어 실력에 도움이 될까 걱정을 하기도 했지만 토플이나 고등학교 모의고사처럼 긴 지문을 빨리 읽어야 할 때 효과가 있었다. 단어나 표현들은 어차피 리딩 문제집을 풀면서 알게 된다. 너무 걱정하지 말고 재미있게 빠르게 많이 읽을 수 있게 하자. 그리고 책을 읽을 때는 소리 내서 읽는 게 좋다. 몇 시간 읽는 내내 계속 소리 내서 읽으라고 할 필요는 없고 중간중간 "소리 내서 읽어."라고 한 번씩 말해 주자.

여기서 영어 못하는 엄마가 도움이 될 수 있다. 대충 들어도 엄마보다는 잘할 수 있겠다 싶으니까 자신감 넘치는 환경이 되는 거다. 그리고 아이가 조금 잘해도 엄마 눈에서 '하트 뿅뿅' 나오면서 진심 어린 칭찬이 된다. 내가 그랬다. "내 새끼 어쩜 이렇게 영어를 잘하냐." 저절로 감탄이 튀어나왔다.

• 초등학교 저학년에 읽은 책

기탄 영어 동화, 노부영 단편들, 《스텝 인투 리딩》Step Into Reading, 《옥스퍼드 리딩 트리》ORT(일부), 《옥스퍼드 리드 앤드 디스커버》ORD(일부), 《리틀 크리터》Little Critter, 《네이트 더 그레이트》Nate the Great, 《큐리어스 조지》Curious George, 《미스터 멘》Mr Men, 《리틀 미스》Little Miss, 《베렌스타인 베어스》Berenstain Bears, 《프래니》Franny, 《매직 트리 하우스》Magic Tree House, 《매직 스쿨 버스》Magic School Bus, 《매직 리더》Magic Reader, 《호리드 헨리》Horrid Henry, 《호러블 해리》Horrible Harry, 《아토즈 미스터리》A to Z Mysteries, 《플라이 가이》Fly Guy, 《제로니모 스틸턴》Geronimo Stilton, 《잭 파일》The Zack Files 등. 시리즈 전체를 읽은 것도 있고 일부만 읽은 것도 있다. 이것 말고도 단편이 많았는데 기억이 안 난다. 동화책 외에 미국 영어 교과서, 과학책 몇 권도 읽었다.

• 5~6학년, 중학교

《로알드 달》, 《다이어리 오브 어 윔피키드》Diary of a Wimpy Kid, 《해리 포터》,《퍼시 잭슨》, 명작 단편 등 잡히는 대로 다 읽혔다. 구매하기도 했고 대여하기도 하면서 아이들이 읽을 영어책이 끊이지 않게 꾸준히 제공했다.

책에서 아이가 모르는 단어가 적당해야 좋지만 모르는 단어가 많은데 우겨서 읽은 경우도 있다. 이해도 못하는데 뭐 하러 읽느냐고 할 필요 없다. 모르는 단어가 나오면 못 버티는 아이보다 편하게 스킵하면서 읽는 아이가 시간이 지났을 때 성장이 빠르다. 작은아이도 재미있으면 나중에 또 읽으면서 "아~ 이런 뜻이었구나." 하더라. 전에는 이해도 못한 부분을 시간이 지나면서 알게 되는 걸 스스로 느끼는 시간이 되어 좋았다.

문법 익히기

문법은 아이가 기본 개념을 확실하게 익히도록 좁은 범위를 반복하는 걸 추천한다. 책으로 영어를 공부하는 집에서는 초등학교 때 문법을 전혀 안 하고 중학교 입시 영어 공부할 때 시작하는 경우가 많다. 우리 아이도 초등학교 때는 책만 읽히고 문법은 거의 하지 않은 편이다. 하지만 간단하게 문법 용어라도 배우기를 추천한다. 기본 용어도 모르면 학교 수업 들을 때 불편할 수 있다. 그리고 바뀌는 입시에서는 주관식 서술형이 도입되는데 문법도 결국 영어 쓰기와 연계해서 가르쳐야 한다고 생각한다. 간단한 쓰기를 시작하기 전에 짧게라도 문법 개념을 명확히 배워 두면 한결 편하다.

문법은 얇고 쉬운 교재로 시작해야 좋다. 어렵고 두꺼운 책보다는 쉬운 책으로 한 번씩. 우리 아이들은 초등학교 때 총 2회 했고, 대부분 중학교 때 해서 초등 문법이 부족한 편이었다. 특히 영어 독서 절대량이 부족하다면 문법을 많이 해도 좋겠다. 아이들이 싫증을 느끼지는 않을 만큼 공부량을 조율하길 바란다.

초등학교 2학년 때 기초 문법책《아이 엠 그래머》I am Grammar를 한 번 했고, 그 후에《그래머 인 유즈》Grammar in Use를 하다 말았다. 고학년에는 《EBS 그래머 중학 영문법》을 1~3회 했는데 아이도 나도 만족했던 교재다. 지금은 절판됐지만 EBS에는 좋은 강의와 교재가 많아서 언제라도 골라 들을 수 있다. 책을 많이 읽은 아이라 문법을 잘 몰라도 크게 불편해하지 않았지만 다시 초등학교 시절로 돌아간다면 문법책 한 권 정도는 천천히 제대로 밟아 나갈 것 같다.

영어 쓰기

저학년 때는 따로 영어 쓰기를 하지 않았다. 리딩 교재 답 달 때, 단어 외울 때만 조금씩 썼다. 하지만 입시 제도가 바뀌기 때문에 지금 다시 초등학생이 된다면 꼭 공부시킬 것이다. 중학교 입시 영어에서 주력으로 할

테니 초등학교 때는 아주 기초 단계를 시작하면 된다. 많은 시간 공부하기보다는 15분 안쪽으로 짧게, 단 꾸준히 하기를 추천한다.

책 읽는 수준이 어정쩡할 때는 영어 쓰기는 하지 말고 스토리북, 챕터북 읽을 때쯤 시작하는 게 좋을 듯하다. 처음에는 스토리북에서 아이가 좋아하는 부분을 필사하는 방법으로 해도 좋고, 아이가 거부감이 없다면 책을 읽고 내용을 요약해서 3~5줄 정도 쓰는 것으로 해도 좋다. 하지만 책을 읽고 공부를 시키면 책이 싫어질 수 있으니 너무 오래 하지 말고 교재로 하자. 서점에 가보면 라이팅 교재가 정말 많다. 누군가는 이미 많이 하고 있다는 이야기다. 그리고 당연하지만 아이가 처음에 이상하게 못 써도 뭐라 하지 말아야 한다. 꾸준히 하다 보면 무조건 실력이 늘게 되어 있다. 꾸준히 계속할 수 있도록만 신경 쓰자.

영어 말하기

아무리 엄마표 영어를 공부하고 있어도 말하기까지 잘해 줄 수 있는 집은 많지 않다. 나는 영어를 정말 못해서 간단한 회화도 못 봐줬다. 처음에 회화 교재 《렛츠고》Let's go (1~2)를 아이와 같이 했는데 다행히 간단한 회화를 잘 따라 했다. 하지만 평소에 영어를 말할 일이 없으니까 어떻게 되는지 도대체 알 수가 없었다. 미국에 갈 일이 없었으면 굳이 말하기는 신경 쓰지 않았을 것 같다. 중·고등학교 입시 관련 시험은 말하기가 없고 말하기 수행평가도 그리 어려운 편이 아니니 말이다. 그런데 큰아이가 초등학교 4학년 때 1년간 미국에서 지낼 기회가 있었다. 막상 미국에 보내려니 걱정이 되었다. 아이가 학교는 제대로 다닐 수 있을까 머릿속이 복잡하고 초조했다.

그래서 어쩔 수 없이 학원을 찾았다. 유명한 학원이 아니어도 회화 수업을 하는 곳이면 어디든 좋겠다 싶었다. 다행히 집에서 멀지 않은 곳에 초등 회화 학원이 있었고, 레벨 테스트를 봤는데 최고반이 나왔다. 집에서 나랑 많이 듣고 책만 읽은 아이가 말이다. 최고반은 캐나다 2년 살다 온 친구 한 명, 필리핀 4년 살다 온 친구 한 명, 나머지는 영어 유치원 2년 다닌 친구들로 모두 일고여덟 명이었다. 처음에는 아이가 힘들어했는데 천천히 적응했다.

미국에 다녀와서 화상 영어를 큰아이가 두 달 정도, 작은아이는 대여섯 달 했다. 그런데 드라마틱한 효과를 기대하기는 힘들었다. 짧은 기간 20분씩 해서 큰 효과가 있긴 어렵다고 본다. 영어권 나라에 방학 연수처럼 집중해서 스피킹에 집중할 수 있는 환경을 경험하는 것도 좋을 것 같다. 입시에는 스피킹이 전혀 들어가지 않기 때문에 의무적인 건 절대 아니다. 하지만 영어 공부의 목표를 입시가 아니라 우리 아이처럼 '영어에 자유롭기'에 두었다면 저학년 시기에 기회가 있을 때 어학연수를 가길 권한다.

tip

아이의 영어 수준을 알고 싶을 때

혼자서 아이의 공부를 봐주다 보면 내가 제대로 하고 있는지 알 수가 없다. 그래서 수준을 정확하게 측정해 앞으로 어떻게 할지 계획을 짜야 한다. 영어 대회에 참가하거나 학원 레벨 테스트를 해보길 추천한다.

큰아이는 청담어학원을 5학년 2학기부터 1년 다녔는데 1학년 말, 2학년 말에도 테스트는 봤다. 저학년에는 당장 학원에 다닐 생각이 아니었지만 테스트만 보고 상태를 파악했다. 레벨이 뛰어난 수준은 아니었고 그 나이 아이들 정도의 보통 레벨이 나왔다. 학원 열심히 다닌 아이들 레벨 말이다. 그러니까 학원비는 벌고 있구나 생각하면서 집으로 돌아왔다. 리딩, 리스닝 모두 비슷하게 나와서 공부 방향을 그대로 유지했다.

물론 학원 레벨 테스트를 맹신하는 건 아니다. 참고해서 집공부를 보충할 방향만 찾으면 된다. 첫 레벨 테스트에서 아이 실력이 제대로 안 나올 수도 있다. 점수가 보통만 돼도 잘한 거니 못 나왔다고 아이를 잡으면 득보다 실이 크다.

영어

리딩 교재 한 권으로 리스닝, 어휘, 구문 공부하기

우리 아이들의 영어 공부 루틴은 리딩 교재 하나로 리스닝, 어휘, 구문, 리딩을 한 번에 공부하는 방법이었다. 각각의 영역을 별도의 교재를 사용하지 않고 오직 리딩 교재만으로 한 번에 공부하고 넘어가는 방식이다. 내가 아이 영어 공부를 제대로 봐준 것은 이것 하나다. 나머지는 책 읽게 하고 교재 같이 고른 정도였다. 이 방법이 영어 공부 봐주기의 전부였다고 할 수 있다.

큰아이는 초등학교부터 중학교 1학년까지, 작은아이는 중학교 2학년까지 계속 나와 이 방식으로 공부했다. 공부 시간은 초등학교 때 30~40분, 중학교 때 40~50분. 영어 공부를 꼭 리딩 교재로 한 번에 하는 이 방법으로 하지 않아도 된다. 다만 단계별로 어떻게 하는지 읽어 보고 아이 공부를 봐줄 때 부분적으로 활용하면 좋을 것 같다. 특히 리스닝과 어휘 부분 공부법은 효과가 좋아서 더 자세히 기록해 본다.

영어책 읽기와 병행해서 리딩 문제집을 푸는 건 정말 중요하다. 책 읽기를 보통 소설책으로 많이 하다 보면 과학, 시사, 예술, 역사 등 비소설 어휘가 많이 취약할 수 있다. 또 짧은 지문에서도 배우는 게 많아 여러 문제집을 많이 풀려고 노력했다.

책 읽기에서는 단어를 암기하거나 내용을 요약하는 등 학습적으로 접근하지 않고 영어 공부는 리딩 문제를 풀면서 하려고 노력했다. 책 읽기와 영어 공부는 가능한 한 분리해서 접근했다.

리딩 교재

교재는 홈페이지에 답과 음원이 전부 올라와 있는 것으로 다운받아 가면서 공부하기 편한 것으로 선택한다. 책 뒷부분을 보면 레벨과 난이도가 표시되어 있다. 참고해서 고르면 된다. 잘 모를 때는 교재를 보고 한 쪽 지문당 아이가 모르는 어휘가 연달아 10개 이상이라면 어려운 교재를 선택한 것이다. 보통 5~7개 되어야 수준에 맞는 좋은 교재라고 생각한다. 리딩 교재는 많으니 쉬지 말고 난이도에 맞는 것을 찾아서 책 읽기와 병행한다. 하루에 짧은 시간을 하더라도 꾸준히 하길 바란다.

영어 공부 루틴 7단계

• 1단계: 리딩 교재 리스닝

초등학교와 중학교 때 레벨 확인용으로 고등학교 모의고사를 풀기도 한다. 이때 아이가 리스닝 문제를 다 맞혔다고 영어 실력이 뛰어나다고 생각하는 경우도 있지만 리스닝은 다 맞혀야 한다. 고등학교 모의고사, 수능 리스닝 시험은 난이도가 낮은 편이다. 그런데 이걸 고등학교 때 따로 시간을 많이 내서 준비하기가 어렵다. 그러니까 초등학교나 중학교 시절 영어 공부할 때 꼭 오디오 음원을 들려주면서 공부해야 한다. 그래야 따로 시간 내서 하지 않아도 잘하게 된다. 고등학교는 바쁘다.

이때 리딩 교재의 지문을 보지 않고 음원만 먼저 듣는다. 음원을 먼저 듣는 것이 핵심이다. 지문을 보면서 눈으로 읽어 가며 들으면 제대로 듣지 않고 대부분의 신경을 지문 읽는 데 사용하게 된다. 오로지 듣기만 충실하게 하도록 제목 정도만 알려 준다. 끝까지 다 듣고 다시 들을 때는 중간중간 멈춰서 "조금 전에 나온 문장 말해 봐." 이렇게 따라 말하게 하면서 듣는다. 한 번 듣고 대충 이해가 되면 딴생각으로 채우는 아이들이다. 듣고 따라 말하기를 해야 제대로 집중한다. 이렇게 두세 번 정도 듣는다.

• 2단계: 리딩 교재 메인 문제 풀기

리딩 교재의 문제 중에서 맨 위 딱 한 문제 정도 푼다. 보통 리딩 교재 첫 번째 문제가 주제 찾기, 메인 아이디어 찾기 문제다. 지문을 보지 않아도 집중해서 들었으면 풀 수 있다. 이걸 지문을 보기 전에 풀게 해야 리스닝에도 더 집중한다.

• 3단계: 리딩 교재 지문 읽기

대충 눈으로만 읽지 않고 지문을 소리 내 읽는다. 계속 눈으로만 공부하고 소리 내서 읽는 시간도 많지 않은데 리딩을 할 때라도 꼭 소리 내 읽자. 말하기 수행평가를 위해서도 음원에 가깝게 읽는 연습을 하는 거다. 속도도 비슷하게, 끊어 읽기도 맞춰서, 무엇보다 머릿속으로 해석해 가며 읽는다. 특히 발음이 잘 안 되는 단어는 표시해 둔다. 뜻을 알아도 발음이 안 되면 모르는 단어라고 생각해서 어휘 시험을 함께 보고 암기시킨다.

• 4단계: 리딩 교재 지문 해석하기(구문 공부)

지문의 문장마다 주어, 동사를 찾고 한 줄 한 줄 정확하게 해석한다. 정확한 해석을 위해서는 문법 기본기가 되어 있어야 한다. 나는 확실하지 않은 것은 아이에게 설명하지 않았다. 답지에 나온 해설 정도만 이야기했고, 간혹 부족한 부분은 직접 구문책이나 문법책을 찾아보게 했다. 하지만 이런 경우는 많지 않았고 해석이 되면 넘어간 편이다. 아이가 책은 재미있게 읽게 두고 해석은 전혀 시키지 않았지만 40분 정도 공부하는 리딩 교재만큼은 확실하게 해석하고 넘어갔다. 해석해서 적는 건 아니고 내 앞에서 말로 하는 거다. 직독 직해를 하든, 문장의 뜻을 완전히 이해하고 있다고 생각돼야 넘어갔다. 잘 모르면 해설지를 봐가면서 확인하고 다시 정확하게 해석시킨다.

• 5단계: 리딩 교재 문제 풀기

해석까지 했으면 문제를 안 틀려야 하는데 그래도 틀린다. 답지 확인하고 틀린 건 당연히 다시 푼다. 보통 리딩 지문마다 쓰기 문제가 두세 개 정도 꼭 나오는데 간단히 대충 적으면 답지 보고 똑같이 적어 보게 한다. 쓰기 문제 답도 소리 내 읽고 마무리한다.

• 6단계: 리딩 교재 다시 한번 듣기(오답이 많으면 다시 읽고 듣기)

다 끝나면 다시 한번 듣는다. 틀린 게 많으면 다시 소리 내 읽고 듣는다.

• 7단계: 리딩 교재 단어 암기

초등학교 때는 어휘책을 따로 사본 적이 없다. 책을 읽다가 여러 번 나오는 단어나 리딩 교재에 나오는 단어만 외우고 넘어갔다. 고학년 올라가면 단어집을 볼 수도 있지만 초등학교 저학년 때는 글 안에서 이해하고 외우도록 해주는 게 좋다. 리딩 교재에 나오는 단어를 많이 시험 보는 건 아니지만 개수가 적어도 글 안에서 배운 단어이기 때문에 더 오래 기억한다.

어휘 테스트를 매 지문 끝낼 때마다 한다. 다음 날로 미루지 않고 리딩 끝내고 바로 이어서 암기하고 시험까지 보는 거다. 모르는 단어와 발음이 안 되는 단어, 중요하다고 생각되는 단어를 섞어서 매번 10개씩 시험을 봤다. 전에 한 것도 그날 모른다면 전혀 신경 쓰지 않고 포함시켜서 다시 반복한다. 리딩 교재 뒤에 단어가 따로 정리돼 있으니 그걸 암기하고 넘어가도 좋다.

단어 암기가 참 힘들다. 그래서 단어 시험을 다양하게 시도했다. 처음에는 10개를 한 번에 외우게 했는데, 4~5개밖에 못 외울 때가 많았다. 그래서 5개 암기를 시도했지만 2~3개 맞히면서 10개 외울 때와 비슷하게 힘들어했다. 결국은 2개씩 시험을 보게 되었다. 10개를 시험 보는 게 아니라 2개씩 5번을 계속 보는 거다. 그 자리에서 바로바로 외우게 하는 방법인 셈이다. 2개 외우고 시험, 2개 외우고 시험… 사실 시험도 아니다. 솔직히 외우고 바로 2개씩 보면 다 맞힌다. 아이들은 참 순수해서 '와! 다 맞혔어!'라며 자신감이 올라간다. 그래도 긴 단어는 가끔 틀리는데, 이때는 세 번 쓰고 가볍게 넘어간다.

이런 식으로 하면 아이는 지치지 않고 하고 또 했다. 단어 시험을 볼 때 완벽하게 하려고 하면 안 된다. 어차피 그때 배우는 단어들은 기초라서 또 나오기 마련이다. 그때 다시 외우면 되니까 우선 지치지 않도록 해야 꾸준히 할 수 있다. 이렇게 바로 외우고 넘어가면 그날 영어 공부는 끝이다. 이제 리딩 교재를 덮는다.

수능 1등급 받는 공부법

: 어휘, 문법, 구문 독해

수능에서는 영어 비중이 많이 줄었다. 다른 과목은 4퍼센트만 1등급이지만 영어는 90점만 넘으면 무조건 1등급이다. 국어, 수학, 탐구는 무조건 1점이라도 더 맞아야 정시에서 유리한데 영어는 90점만 넘으면 된다. 90점도 93점도 98점도 100점도 모두 똑같이 취급된다. 그리고 정시에서 영어 반영 비율이 다른 과목에 비해서 상대적으로 낮은 편이다. 몇 등급 이상 조건만 달아 둔 학교도 있고, 2등급도 1등급으로 처리하는 학교도 있다. 비율도 10퍼센트만 반영하기도 한다. 그래서 100퍼센트 정시를 지원할 예정이라면 다른 과목과 똑같은 시간을 들여 공부하는 건 추천하지 않는다. 이건 고3에나 고민할 문제지만 말이다.

이런 내용을 저학년 때부터 알고 영어 공부를 게을리해서인지, 영어 문제가 어려워진 건지, 요즘은 1등급 인원이 줄어들었다. 1등급 비율이 16퍼센트가 넘은 적도 있었는데 2024 입시에서는 4.71퍼센트로 떨어졌다. 절대평가라는 말이 무색하게 1등급 비율이 점점 떨어지고 있다. 수시에서 최저 등급을 맞출 때 영어를 사용하곤 했는데 이제 그러기도 어려워진다는 말이다.

내신에서는 영어도 다른 과목과 동일하게 등급이 처리된다. 바뀐 입시 내신에서는 국어도 수학도 영어도 10퍼센트까지 1등급이고 수업 시간도 거의 동일하다. 그리고 수능이 7~8퍼센트에 맞춰진다고 해도 쉬운 건 아니다. 주요 학군지에서는 3분의 1에서 4분의 1 정도로 많은 친구가 1등급을 받기도 하지만, 어떤 학교에서는 전교 한두 명도 못 받는다. 그러니 수능에서 절대평가라고 알고 있긴 하되, 입시에서 득과 실을 따지지 말고 영어도 꾸준히 열심히 하는 게 좋다.

어휘

초등학교 고학년이나 중학교 1학년이 되면 중학교 필수 영단어 교재 사서 주 5일 이상 매일 외우고 반복하기 바란다. 학원을 다니면 강제로 주당 몇 개씩 암기시키는 게 기본인데 집에서 공부해도 부족하지 않도록 해야 한다. 특히 영어가 늦고 잘 안 돼 있는 중·하 수준에서는 어휘에 세 달만 집중하자. 그러면 성적이 확 오른다.

　어휘 암기가 부족한 상태에서 리딩이나 구문을 시작하면 진도가 잘 나가지 않고 시간만 잡아먹는다. 무엇보다 실력이 늘지 않고 싫증 나기 쉽다. 리딩 교재에서는 리딩 방법을 배우고 구문 교재에서는 구문 공부를 해야 하는데 단어만 외우고 있다고 생각해 보라. 정작 교재에서 배워야 할 것을 시작하기도 전에 단어 찾고 암기하다 끝나 버린다. 이럴 때는 문법을 하면서 일단 단어를 많이 외우고 시작하자. 문법책 속의 단어는 조금 쉬우니까 어휘 교재와 병행하기 좋다. 그렇게 어휘가 어느 정도 되면 구문도 리딩도 진도가 빨라진다.

　많이 보는 교재로 《워드 마스터》와 《능률보카》 시리즈가 있다. 중학교용 한 권 수능용 한 권 정도만 완벽하게 해두고 지문에서 만나는 단어를 추가해서 공부하면 좋겠다. 우리 아이는 고등학교 가니까 어휘 수준이 많이 올라가서 어휘책은 따로 열심히 하지는 않았다. 그래도 리딩이나 모의고사 풀면 모르는 단어가 나오는데 그것만 단어장 만들어서 적고 암기했다. 모르는 단어가 많지 않을 때는 이렇게 해도 좋다.

문법

영어 공부한다면 문법책부터 시작하는 집도 있을 만큼 문법은 영어 공부의 가장 기본이다. 수능에서 문법이 한두 문제만 나온다고 해도 문법을 알아야 쓰기도 해석도 수월해진다. 우리 아이는 초등학교 때《EBS 중학 영문법》시리즈로 공부를 했는데, 교재가 얇고 다양한 예시가 없어서 그런지 문법을 자주 틀렸다. 그래서 꼼꼼하게 문제를 많이 풀어 가며 다지려고 찾은 문법 교재가《3800제》였다. 시리즈(2)를 중1 때 했는데 간신히 한 번 보고 다시는 안 하겠다고 선언했다. 다들 추천하고 나도 이만한 책이 없다고 생각했는데 꼼꼼하지 않은 아이에게는 너무 두꺼워서 힘든 책인 것 같다. 결국《EBS 중학 영문법》처럼 간단한 설명과 적은 문제로 기본만 하는 걸 좋아해서 2번과 3번을 한 번 더 보았다.

그리고《그래머 존》Grammar Zone 기본편을 아이 혼자 1회 봤고 이어서 종합편을 공부했다. 아이가 강의도 듣지 않고 혼자 풀었더니 남는 게 별로 없는 것 같다고 했다. 문법은 늘 구멍이라면서도 하기 싫어서 그런가 보다. 그래서 마지막으로 본 게《맨투맨 종합영어》다. 자세히 설명된 문법책이라 우리 세대부터 많이 풀던 거다. 우리 아이는 혼자 공부하는 걸 좋아하는 성향이라 강의보다는 설명이 자세히 잘되어 있는 교재를 더 선호했던 것 같다. 여하튼 그 시리즈를 마지막으로 봤다. 완벽하다기보다는 그냥 더는 하기 싫다고 그만했다. 고등학교 가서는 내신 공부 하면서 부분부분 찾아보는 정도만 했다.

아이가 힘들다 싫다 하면서도《3800제》(2),《EBS 중학 영문법》(2~3),《그래머 존》기본(1~2),《그래머 존》종합,《맨투맨 종합영어》(1~3)를 중1부터 고1까지 쭉 이어서 했다. 아무리 대충 공부했다고 해도 결코 적은 양이라고는 생각되지 않는다.

구문 독해

입시 영어의 가장 중요한 부분이 구문 독해라고 생각한다. 입시 영어를 간단히 표현할 때 '리딩을 잘하기 위한 구문 공부 제대로 하기'라고 말하곤 했다. 시험 영어는 글을 얼마나 빠르고 정확하게 해석해서 문제를 푸느냐로 결정되니 말이다. 이를테면 'to 부정사'의 문법적인 내용을 아는 것보다 글에서 어떻게 쓰이고 해석되느냐를 정확히 판단하는 것. 이런 정확한 독해 방법을 배우는 것이 구문 독해다. 구문 독해를 제대로 해야 단락단락 글의 순서도 알고 빈칸도 채우고 영어 실력이 잘 오른다. 적어도 주어, 동사 찾는 방법부터라도 정확하게 배워서 해석해야 오류 없이 문제를 풀어낸다. 긴 지문 독해를 위한 필수적인 과정이니 영어의 어떤 영역보다 열심히 꼼꼼하게 하길 바란다.

요즘 구문책으로는 《천일문》이 제일 선호된다. 우리 아이가 본 책은 신사고의 《콘셉트 구문 독해》, 《콘셉트 유형 독해》, 《콘셉트 실전 독해》다. 지금은 이름이 '빠른 독해, 바른 독해'로 바뀌었는데, 이 책이 나도 아이도 참 좋았다. 《천일문》 또는 이 책 중에서 고르거나 《천일문》하고 이 책을 해도 좋을 것 같다. 구문을 제대로 공부해 둬야 리딩을 많이 푸는 것도 효과가 난다. 정확하게 해석할 수 있도록 단단히 공부하자.

수능 1등급 받는 공부법

: 읽기, 듣기, 쓰기

영어

읽기

리딩 교재는 정말 꾸준하게 풀었다. 문법 교재를 할 때도 구문 교재를 할 때도 늘 리딩 교재를 병행했다. 처음에는 글 전체의 흐름을 이해하지 못한 채 단어 외우고 해석하는 데만 급급했다. 하지만 리딩은 구문과 어휘가 확실하게 잘되어 있을 때 공부해야 효과가 가장 좋았다. 리딩 지문에서 단어 찾아 암기하기 바쁘고 간신히 해석만 하고 있으면 제대로 연습이 안 된다. 기본기를 채운 후에 지문을 읽으면 더 정확하게 글을 이해하고 분석해서 문제 풀이도 수월하게 잘 해냈다. 꾸준히 하되 기본 과정도

탄탄하게 채워 가며 하길 바란다.

중학교 때는 아이 수준에 맞는 교재를 찾아서 계속 제공해야 한다. 우리 아이는 우선 능률출판사의 리딩 교재는 단계별로 거의 다 풀었다.《리딩 엑스퍼트》Reading Expert(1~5),《서브젝트 링크》Subject Link(7~9),《리드업》Read Up(1~3) 등. 이후에는 마더텅의 기출문제집,《자이스토리 영어 독해》를 이어서 했다. 고1, 고2가 돼서는 고3 수능 특강, 수능 완성, 평가원 기출을 풀었다.

영어 리딩 교재가 아이 의욕만큼 많지 않고 마땅한 것도 적어서 조금 힘들었다. 중학교 교재이거나 아예 수능 준비 교재가 많았고, 그 사이의 고난도 리딩 교재는 제대로 못 찾았다. 아이가 웬만한 리딩 교재를 곧잘 풀기에 중2 때 EBS 수능 영어책을 교재로 선택해서 풀어 보라고 했다. 그런데 EBS 수능 영어는 못 풀더라. 고1 모의고사도 좋은 점수가 나오는데 고3 수능 영어는 지문 내용 자체가 어렵다면서 다음에 하겠다고 했다. 그래서 다른 리딩 교재나 고1, 고2 모의고사 문제집을 더 풀다가 EBS 수능 특강은 고1에 풀기 시작했다.

영어는 초등학교와 중학교 때 많이 공부해서 잘한다고 조금만 손을 놓으면 멀리 떠나가 버리고 만다. 아무리 공부할 게 많아도 영역별로 꾸준히, 특히 리딩 교재는 열심히 챙겨야 어려운 수능 영어도 이겨 낼 수 있다. 여러 권을 한 번에 공부하면 아이들도 힘들어한다. 처음에는 어휘와 문법, 리딩과 문법, 리딩과 구문 식으로 진도는 두 가지 정도만 같이 하자.

듣기

리스닝은 책을 읽을 때나 리딩 문제 풀 때 음원을 여러 번 들어 가면서 공부했다면 전혀 문제가 되지 않는다. 리스닝 문제는 상대적으로 쉬운 편이다. 초등학교 때 수능 리스닝 만점 받고 아이 영어 수준이 엄청나다고 오해하면 안 된다. 수능 영어 리스닝은 기본적으로 전부 맞혀야 한다. 다 맞히면 36점인데 리스닝에서 틀려 등급이 내려가면 주변에서 다들 위로해 준다. 그러니 리스닝이 잘 안 된다면 고등학교 가기 전에 리스닝 교재도 한번 해두자.

쓰기

우리 아이들이 어릴 때 영어 쓰기는 굳이 신경 쓰지 않았다. 아이들이 초등학교 때 영어를 많이 하면서 웬만한 영작은 어려워하지 않기도 했지만, 고등학교 내신 영어의 주관식 시험을 접해 보지 않은 탓이었다. 중·고등학교 쓰기 수행평가는 큰 문제가 되지 않겠지만 중요한 주관식에서도 감점 없이 해내기 위해서는 조금 더 준비하면 좋다. 고등학교 내신이라는 게 워낙 1~2점으로 등급이 나뉘다 보니 특히 중상위권에서 영어를 좀 한다는 아이들이라면 준비 효과가 클 것이다.

　개정되는 입시에서는 주관식 서술형이 도입된다고 하니 준비를 하는 것이 맞다. 어느 정도로 필요할지는 모르겠지만 더 중요해지는 것만은 확실하다. 나도 그때는 아이들에게 공부시키지 않았지만 다시 중학교로 돌아간다면 꼭 할 거다. 주관식은 영어를 많이 했다고 해도 힘든데 저학년에 많이 해두지 않았다면 반드시 해야 한다.

준비는 하루에 10~15분 정도 영작을 하는 거다. 영어 공부를 마칠 때 마지막에 짧게 하고 넘어가거나 매일 자기 전 15분만 꾸준히 하자. 엄마 입장에서 쓰기는 아이의 문법과 구문 실력을 확인하는 방법이 된다. 아이의 영어 쓰기 실력이 오르는지 그대로인지는 바로 알 수 없으니 매일 조금씩 연습한다고 생각하면 된다. 너무 많은 시간을 쓰기보다는 15분을 넘기지 않아야 오래 꾸준히 할 수 있다.

서점에 가보면 교재가 정말 많지만 나는 지금 공부하고 있는 교재를 최대한 활용하는 걸 좋아한다. 쓰기도 공부하고 있는 교재를 완벽하게 곱씹어서 '내가 이 교재는 제대로 해봤다'라고 생각할 수 있게 하면 좋겠다.《천일문》입문·기본은 구문 공부할 때 많이 쓰는 교재인데 영작 연습지가 제공된다. 홈페이지에서 다운받아 사용할 수 있고 3단계로 구성되어 있다. 1단계는 빈칸 채우기, 2단계는 주어진 어구로 순서 배열하기, 3단계는 직독 직해 뜻을 보며 영작하기. 이미 공부했던 문장을 세 번이나 더 공부할 수 있다. 한 페이지 정도를 쓰고 확인하고 틀리면 고치고 또 써 보고.《천일문》교재를 공부할 때도 같이 하고 끝나고 다른 교재를 하더라도 이 연습지를 꾸준히 활용하면 된다.

공부가 다 그렇지만 특히 영어 쓰기는 당장 티가 나지는 않는다. 급하게 필요하지는 않기 때문에 열심히 하기도 힘들고. 하지만 이미 열심히 하는 아이도 많다. 그 차이는 장기적으로 크게 벌어지고 결국 원하는 결과를 만들어 줄 것이다. 주관식과 서술형 수행을 위해서 쓰기도 매일 꾸준히 하길 바란다.

고등학생이 되면 비슷한 실력을 갖춘 아이들을 내신 등급으로 나눠서 상대평가를 한다. 우리 아이는 어떻게 공부시켜야 할까? 답은 간단하다. 수능 절대평가니 뭐니 제도는 엄마가 잘 알고 있되 아이들에게는 영어의 중요성을 한결같이 말해 주자. 영어는 대학에 가거나 사회에 나가면 참 많이 사용되는 과목이다. 우리 아이들도 나에게 가장 감사한 것으로 '영어를 잘할 수 있도록 해주신 것'이라고 하니 말이다.

초중등 수능 로드맵

: 독서, 교재, 인강 활용법

과학은 비중도 높고 은근히 어려운 과목이다. 개념을 꼼꼼히 공부해도 이상하게 점수가 좀처럼 나오지 않고 문제를 많이 틀린다. 내가 신경 썼던 부분과 아이들에게 묻고 물어서 공부 방법을 정리해 봤다.

초등학교 과학 공부법

초등학교 때는 수업 시간에 배운 것만 열심히 했다. 수업 시간마다 교과서의 단원 학습 목표를 정확하게 파악하고 충분히 이해하고 넘어갔다.

따로 시간을 내서 선행을 하거나 학원을 다닌 적은 없고, 학교 단원평가
나 시험 기간에 제 학년 공부에만 집중했다.

　나는 과학책을 많이 읽혔다. 아이들이 과학 용어, 기본적인 상식은 모
두 책에서 배운 것 같다. 교과서에서 어떤 내용을 배울 때 단어를 새롭
게 익히는 게 아니라 적어도 단어 자체는 이미 알고 있던 게 많았을 것
이다. 책을 읽은 덕분에 깊은 과학 지식도 분명히 많이 알고 있었을 거
고. 과학 잡지가 아니어도 과학 동화책이라도 읽고 초등학교에 입학한
아이들은 과학 수업을 수월하게 시작한다. 문·이과 소양을 위해서라도
꼭 골고루 읽혀야 하는데, 과학책은 특히 열심히 읽히는 게 좋다. 우리
아이들은 과학책을 좋아해서 많이 읽은 건지 읽어서 좋아진 건지는 애
매하지만 자주 보도록 신경 썼다. 특히 어떤 단원을 들어가면 그 부분과
관련된 내용의 책을 미리 읽을 수 있도록 도와주는 게 좋다.

　과학책 읽기와 더불어 아이들이 학교에서 하는 과학 행사에 최대한
참여하도록 신경 썼다. 대회 나가 보고 과학 보고서 쓰면서 늘 관심 갖
도록 했다. 보고서 작성을 위해서 자료 수집하는 방법도 미리 익혀 보
고, 무엇보다 우수한 논문과 보고서도 많이 봐두면 크게 도움이 된다.

　과학은 고등학교 가서도 생기부 '세특'이나 활동을 채우는 데 가장
효과적이고 중요한 과목이다. 과학 과목별로 보고서를 작성할 때 아이
디어가 많이 필요한데, 초등학교에서라도 책을 많이 읽고 좋아하게 되
도록 신경 써주자.

중학교 과학 공부법

일단 개념서와 자습서를 아주 꼼꼼하게 보고 이해한다. 개념서에서 이해가 안 되는 부분은 단원별로 인터넷 강의를 들어서라도 완벽하게 이해해야 한다. 이후 개념서에 나오는 문제를 풀어 본다. 개념을 공부하고 바로 딸린 문제를 풀면 적당히 잘 풀린다. 이어서 문제집을 푸는데 이때는 자습서의 개념 문제처럼 잘 풀리지는 않을 것이다. 보통 과학이 개념만 가지고 문제를 다 만들지 않는다. 변별을 위해서라도 개념을 그대로 내는 게 아니고 조금이라도 응용하고 혼합시키는 것이다. 과학에서 성적을 잘 받으려면 어떤 과목보다 문제 풀이 비중을 높여서 공부해야 한다.

문제가 안 풀린다고 계속 개념만 반복해서 공부하기보다는 문제를 풀어 보면서 어떤 부분이 약한지, 어느 부분을 계속 틀리는지 확인하는 과정이 꼭 필요하다. 틀리는 부분이 확인되면 개념을 다시 짧게라도 보며 반복해서 공부한다. 그다음 문제 풀이를 다시 하면서 체화해야 한다. 풀이 과정을 제대로 이해해야 해당 단원이 제대로 마무리되는 거다. 개념만 읽고 끝내면 공부를 반도 못 한 셈이다.

그래서 혼자 공부할 때는 답지에 풀이 과정이 자세히 적혀 있는 교재가 좋다. 학원을 다녀서 개념을 강의로 듣는다면 집에서 문제를 풀면서 복습 겸 확인을 하고, 안 풀리면 학원 선생님께 꼭 물어서 풀이 과정을 확인하자. 풀이가 혼동되지 않고 명확해야 공부가 끝난다.

중학교까지는 우리 아이들도 문제 풀이 강의까지는 챙겨 듣지 않았다. 교재를 보고 문제 풀이를 반복하면서 혼자 해결했다. 다만 고등학교 과학을 공부할 때는 문제 풀이 강의도 많이 들어 가면서 공부했다. 수능 준비는 개념과 풀이 거의 모든 강의를 들었다.

인강을 과목별로 듣다 보면 시간이 정말 많이 걸린다. 모든 과목 전 과정을 들으면 인강만 듣다가 공부 시간이 끝날 수도 있다. 그런데 과학만큼은 인강을 들었을 때 기대효과가 좋은 과목이라고 생각한다.

국어나 수학은 개념 강의 정도를 듣고 혼자 교재로 반복해도 성적이 잘 나올 수 있다. 수능 준비할 때만 더 봐도 좋다는 이야기다. 하지만 과학은 인강, 특히 문제 풀이 강의를 많이 보고 선생님들의 풀이를 각인시켜 두자. 어떻게 응용이 되어 나오는지, 문제 풀이 유형을 확실하게 알면 실력이 확 올라간다. 나는 아이가 학원을 다녀도 문제 풀이 강의를 따로 듣는 게 좋다고 생각한다. 특히 고등학교 때는 풀이 강의를 들어 가면서 마무리하길 바란다.

수능 과학탐구 공부법

우리 아이들은 초·중·고 내내 과학 학원은 단 한 번도 다녀 본 적이 없다. 인강을 들으면서 혼자 공부했다. 중학교 때도 인강 일부, 수능 때도 당연히 인강으로만 공부했다. 인강 선생님이 가르쳐주는 대로 그대로 따라간 것이다. 외워라 하면 외우고, 풀어라 하면 풀고….

큰아이는 화학 고석용, 지구과학 박선, 작은아이는 생명과학 백호, 지구과학 오지훈 선생님 강의를 메인으로 들었다. 큰아이는 화학만 1등급이 안 나왔고 생명과학과 지구과학은 1등급을 받았다. 선생님은 아이가 오리엔테이션 강의를 한 번 들어 보고 맞는 분을 선택하면 된다. 인강 선생님들 강의가 대부분 훌륭해서 아이가 좋아할 수 있는 분으로 꾸준히 따라갈 수 있다면 인강으로도 충분하다고 생각한다.

수능 과학탐구 공부는 개념과 기출 그리고 'N제' 이 3가지가 기본이 되는 것 같다. 전체적으로는 개념을 공부하고 기출로 다져 가면서 실력을 쌓는 것이다. 그리고 개념과 기출을 어느 정도 하면 N제와 사설 모의고사로 훈련한다.

내신에서 공부를 했어도 전 범위를 아우르는 수능을 준비하려면 일단 다시 한번 개념을 꼼꼼하게 공부한다. 그리고 단원별로 기출을 공부하는데, 이것도 혼자 먼저 풀어 보고 다시 문제 풀이 강의로 확인해 가면서 공부를 하면 좋다. 기출을 풀 때 처음에는 무조건 빨리 풀기보다는 한 문제 한 문제 이해하고 풀이 과정을 충분히 익혀야 한다. 처음에는 문제가 빨리 풀리지 않다가 공부를 할수록 점점 속도가 올라간다.

개념과 기출을 공부하고 나면 이제 시험 시간에 맞춘 훈련이 필요하다. 과학탐구는 수능 마지막 시간이기 때문에 집중력이 떨어지는 등 평소보다 실력을 발휘하기가 어렵다. 그래서 머리로 푼다기보다 몸으로 푸는 정도로 연습을 해두면 좋다. 20문제 중에서 앞부분 몇 문제는 8분

컷, 몇 문제에 15분 할당 등 선생님마다 전략을 알려 줄 텐데, 그 전략에 맞춰서 문제를 풀 수 있을 정도로 연습이 되어야 좋다. 앞으로 문제 수나 배점이 바뀌어도 '쉬운 문제는 아주 빠르게, 고난도 문제에는 많은 시간 할당'이라는 기본 틀을 정확하게 기억하기 바란다.

N제나 모의고사를 고를 때는 고민이 많아진다. 각 학원이나 인강 선생님들 모두 이름 걸고 만드는 교재들이 어마어마한데, 우리 아이들은 일단 본인 이름 걸고 나오는 일타 선생님들 N제를 먼저 풀었다. 각 선생님의 명예가 걸린 교재들이라 잘못된 문제가 별로 없다. 오류가 있어도 바로 알게 되고 정정된 답도 확인하기 쉽다. 무조건 많이 풀기보다는 좋은 문제들을 많이 풀도록 노력하자.

기출과 N제로 반복해서 문제만 풀다 보면 기초적인 개념에서 간혹 실수를 하기도 한다. 가끔 맨 앞 쉬운 문제들을 틀려 오면 속이 뒤집어진다. 아무리 문제 풀이를 강조했어도 개념이 기본인 건 당연해서 수능까지는 고난도 문제만 푸는 게 아니라 개념도 중간중간 확인하는 중간 난이도 교재들도 섞어 풀었다. 개념, 기출, N제(개념 문제 + 중고 난이도 문제), 모의고사까지 모든 과정을 반복하면서 마지막까지 유지해야 한다.

고등 선행
필요성과 공부량

굳이 과학까지 선행해야 하나 생각하는 분들도 있을 것 같아서 언급하지 않으려고 했다. 하지만 다시 돌아간다고 해도 두 아이 모두 더 열심히 시키겠다는 생각이 들어서 적어도 내 생각만큼은 밝혀 보기로 했다.

과학 선행은 국·영·수 중 특히 수학을 확실하게 제대로 하고 있는 경우에 해야 한다. 수학 한 과목도 제대로 안 하고 과학까지 한다면 정말 답 없는 거다. 국·영·수 공부가 제대로 안 돼 있다면 무조건 주요 과목들 먼저 살펴보시길 바란다.

고등학교 가서 아이들이 가장 힘들어하는 2가지가 있다. 영어와 국어 주관식이고, 그 이상으로 힘들어하는 과목이 과학이다. 다른 과목은 어느 정도 예상해서 선행을 많이 하지만 과학은 아직도 안 해가는 경우가 많고 하더라도 설렁설렁 의미 없는 수준으로 해서 전혀 효과를 보지 못하기 때문이다. 선행하려면 제대로 해서 시간 낭비 되지 않도록 신경 쓰자. 특히 진로를 이공계로 생각하고 있다면 꼭 해야 한다.

과학 선행 이유와 선행 정도

우리 아이들이 과학 선행을 한 이유는 1학년 1학기 중간고사부터 과학 내신 1등급이 목표였고, 교내 경시대회에서 수상을 하기 위해서였다. 과학에는 마니아층이 있다. 전 과목 3~4등급이어도 물리 1등급, 생명과학 1등급 이런 아이들이 꼭 있다. 과학뿐 아니라 과목마다 마니아가 있어서 고등학교 내신은 그런 아이들과 경쟁하느라 힘들지만, 수학과 과학은 더 심하다. 영재고나 과학고 준비로 과학 선행이 상당히 된 친구들이 전부 영재고 가는 게 아니고 떨어져서 일반고에 오기도 하기 때문이다. '영떨이', '과떨이'라고 부르는 아이들 말이다. 또 실력이 돼도 전략적으로 일반고에 진학하는 아이들이 상당하다. 의대 입시에 영재고나 과학고가 엄청난 메리트가 있는 건 아니기 때문에 의학 계열을 지망하는 아이들 중에 일반고를 더 선호하기도 한다.

내신도 문제지만 보통 1학년 1학기부터 각 고등학교마다 주요 과목 경시대회가 있었다. 지금은 교내 경시대회가 입시에 반영되지 않으면서 거의 다 사라졌지만 큰아이 때만 해도 학기마다 과학도 과목별로 대회가 있었다. 천천히 내신 공부하는 정도로는 과학 경시대회 수상은 불가능하다고 생각했다. 그래서 내신 말고도 교내 경시대회 과목별 수상을 목표로 공부를 시켰다.

큰아이는 고등학교 입학 전에 화학 I·II 까지 열심히 했고, 물리 I·II 는 겉핥기로 했다. 생명과학과 지구과학은 양이 많지만 많은 부분이 암기라서 하지 않았다. 우리 아이는 하지 않았지만 생명과학도 준비하고 싶다면 유전 부분만 해도 좋을 것 같다.

중학교 1학년 겨울부터 화학 I 시작하고 2학년 여름까지 화학 II 진도를 나갔다. 그래서 중2 여름방학에 중학생 화학대회(중등 화학 올림피아드)에서 장려상을 수상했다. 중3 때 한 번 더 나가려고 했는데 내가 접수 기간을 놓치는 바람에 시험도 못 봤다. 장려상이 대단한 건 아니지만 학원 한 번 안 가고 인강 하나 듣고 수상한 거라 정말 기뻤다. 이게 가능했던 이유는 아이가 화학을 정말 좋아했기 때문이었다. 혼자 공부하면서도 화학 원리가 재미있어서 열심히 했다고 한다. 화학 올림피아드는 어떻게 치렀냐고 물으니 좋아해서 열심히 했던 부분만 풀었다고 했다.

물리는 중2 겨울부터 중3 때 겉핥기로 I·II 다 하고 여름에 중등 물리 올림피아드 시험을 봤는데 수상은 못 했다. 그냥 교과 공부만 해도 되지만 구체적인 목표가 있으면 조금 더 열심히 공부하게 된다. 이때 공부는 EBS 고등 인강을 보면서 준비했고, 엠베스트에서 화학 올림피아드 준비 강의 하나를 유료로 들었다.

작은아이는 화학I만 EBS에서 개념 완성 강의 전체를 들었고 물리I은 시작하다 말았다. 중3 때 코로나 사춘기가 심해지면서 과학 선행 계획은 물 건너갔다. 고등학교 가서 고군분투했지만 예상대로 내신 성적이 좋지 않았다.

과학 선행의 필요성

고1 통합과학이 한 과목처럼 보여도 사실 네 과목이다. 선생님 네 분이 가르치는 학교가 많고, 선생님마다 과제와 수행평가도 각각 하는 경우가 있다. 물리, 화학, 생명과학, 지구과학 각 과목 전문 선생님들이 1학년에 와서 수업을 하면서 기존 수능 문제를 내기도 한다. 각 과목별로 특화되어 있기 때문에 1학년 문제라고 수준이 낮지도 않다. 바쁜 고등학교 생활에 완벽하게 준비하기가 정말 힘든 과목이다.

2028 바뀐 입시에서는 수능에서 누구나 통합과학을 해야 한다. 인문계열 진학자도 물·화·생·지 네 과목을 잘해야 원하는 학교에 갈 수 있다. 특히 지금까지는 공대나 의대를 간다고 해도 수능에서 생명과학과 지구과학을 선택해도 됐다. 물리와 화학을 선택하지 않고도 공대에 진학할 수 있었다. 하지만 이제 공통과학을 치르게 되면서 수험생 모두 물·화·생·지를 전부 공부해야 한다. 공통과학이라 난이도가 낮을 것으로 생각하지만 나는 네 과목 전부 해야 하는 것만으로도 더 어려워졌다는

생각이 든다.

내신에서도 크게 두 가지를 고민해 봐야 한다. 우선 5등급제로 바뀌면서 1등급이 10퍼센트, 2등급이 24퍼센트(누적 34퍼센트)로 상위권이 조금 뭉뚱그려졌다. 1등급 인원이 10퍼센트로 많아졌기 때문에 이제 2등급을 받으면 상위권 입시가 불투명해질 수 있다. 1등급이 될 수 있도록 준비를 해야 한다. 그리고 한동안 절대평가였던 과학Ⅱ 과목들도 모두 5등급 상대평가로 바뀌었다.

그동안 아이가 고등학교 올라가면 과목 선택할 때 질문이 정말 많았다. 특정 과목을 들으면 내신이 안 나올 텐데 꼭 선택해야 할까? 내신이냐, 전공 접합성과 생기부 질이냐를 놓고 고민을 많이 했다. 그런데 대학에서도 다 안다. 물리를 들으면 선택하는 아이가 적어서 내신 점수가 안 나올 게 뻔한데도 선택했다는 걸.

큰아이가 서울대 공대, 카이스트, 고려대 공대 면접 때 모두 물리 질문을 받았다. 물리Ⅱ는 왜 듣지 않았냐는 질문 말이다. 물리Ⅱ가 학교에 개설되지 않아서 어쩔 수 없었는데, 물리Ⅰ조차 듣지 않은 학생에게는 상위권 공대의 종합 전형은 기회가 없다고 생각한다. 상위권 대학은 아직도 종합이 많다. 특히 공대도 일부 학과(전기·전자, 반도체, 기계, 재료 등)는 물리를 듣지 않으면 종합 전형 경쟁력이 없다. 특히 일부 대학교는 정시에서도 생기부의 정성적 평가가 들어가기 때문에 상위권 정시러에게도 과목 선택이 중요하다.

그런데 2028 이후의 입시를 준비한다면 이런 고민조차 의미가 없어졌다. 1등급 부담이 이전보다는 확실하게 줄었으니 대학 전공 공부에 필요한 과목을 선택해야 한다. 필요한 수업을 제대로 공부한 학생인가 아닌가가 훨씬 더 중요해지는 것이다.

그래서 상위권 이공계 진학을 원한다면 물리와 화학 다 선택하는 게 좋다고 생각한다. 남들이 기피하는 과목들을 선택해서 거기서도 1등급을 받는 학생이 많기 때문에 선택조차 하지 않는다면 종합에서는 매우 불리할 것이다. 한마디로 물리와 화학을 선택해서 1등급을 받을 수 있도록 준비를 해야 한다. 우리 아이들이라면 나는 무조건 물리와 화학 다 선택한다. 실제로 우리 아이들은 물I·화I·생I·지I 전부 다 들었다. 과학II도 큰아이는 두 과목, 작은아이는 네 과목을 들었다.

고1에 1점 초반대 극강 내신인데 의학 계열 지원일 경우에만 고2 내신을 더 쉽게 챙길 수 있는 선택을 권하기도 한다. 내신 챙겨서 교과로 가면 수월하기도 하니까. 그런데 이런 상위권 극소수의 경우가 아니라면 꼭 챙겨서 선택하길 추천한다. 의학 계열 지원이라도 성적이 고3까지는 어떻게 될지 모르고 희망 전공도 바뀔 수 있기 때문에 물리와 화학 중 적어도 하나는 꼭 선택하는 게 좋다.

과학은 정시에서도 반영 비율이 높은 편이다. 앞으로 대학교의 입시 요강이 어떻게 바뀔지 잘 살펴봐야 하겠지만, 지금까지는 국어보다도 반영 비율이 높은 학교가 많다. 연세대, 한양대, 중앙대, 경희대 등 상위권 이공계가 그렇다.

고등학교 가서 과학 중요한 건 당연한데, 선행까지 해야 하냐는 이견

이 있을 수 있다. 그저 내 생각으로는 과학은 고등학교 가서 완벽하게 해내기 어려운 과목인 것 같다. 국·영·수가 잘되고 있는 상위권이라면 준비하시기 바란다. 나는 다시 돌아간다면 이전보다 더 열심히 꼭 준비시킬 것이다.

과학

중고등 선행
시기별 전략과 교재

기본적으로 고1 과정 통합과학은 중학교까지 학습한 내용과 연계해서 나온다. 고1 통합과학의 70퍼센트가 중학교 과학이라 중학교 과정을 열심히 해야 한다. 그런데 아이들 공부라는 게 시험만 끝나면 휘발되기 때문에 특정 영역이라도 다지고 고등학교 과정도 미리 준비하면 좋다.

시간이 부족한 경우: 중3 가을 이후

중학교 과학이 부족하면 중학교 물리와 화학을 간단히 복습한 다음 통합과학을 공부하고, 부족하지 않다면 바로 통합과학을 공부한다.

고등학교마다 과학 수업 진도를 어떻게 나갈지 모른다. 앞부터 쭉 나갈 수도 있고 과목별 진도를 1학기, 2학기 다르게 나가는 경우도 있다. 이를테면 1학기에는 물리와 지구과학, 2학기에는 화학과 생명과학 식으로. 그러니까 통합과학을 앞에서부터 쭉 하다가 말면 한 과목도 제대로 못 하고 애매하게 될 수 있다. 그러니 가능하면 꼭 한 번을 다 보길 추천한다. 시간이 부족하다면 통합과학의 물리와 화학 부분만이라도 공부하기 바란다.

시간이 충분한 경우: 중1, 중2, 중3 여름 이전

이때 휘발성이 낮은 물리I, 화학I을 먼저 공부하길 추천한다. 고등학교까지 1년 이상 남아 있기 때문에 바로 통합과학을 공부하지 않고 물리, 화학부터 공부한다. 지원하고 싶은 학교, 학과에 따라서 물리와 화학을 둘 다 하거나 한 과목을 선택해서 한다.

그렇게 물리와 화학 과목을 집중해서 공부하다가 중3 2학기, 늦어도 겨울방학이 되면 하던 공부 접고 통합과학을 준비하면 된다. 물리와 화학이 기본기가 되어 있으면 통합과학에 나오는 물리, 화학 과정은 많이 수월할 것이다.

물론 고등학교 과정을 준비하기 전에 중학교 부분은 물리만, 화학만 따로 과목별로 먼저 공부한다. 이어서 물리I, 화학I 공부를 하면 편하다. 화학을 먼저 다 하고 물리를 해도 되고 순서를 바꿔도 좋다. 예를 들면 '중1에 중학교 화학 → 고등학교 화학I', '중2에 중학교 물리 → 고등학교 물리I', '중3에 공통과학' 이런 식으로 하는 거다.

그런데 전과 다르다면 이제는 고등학교 물리, 화학도 수능용이 아니라 내신용으로 준비한다. 학교마다 교과과정이 달라서 완벽하게 준비한다는 게 애매할 수 있고 전처럼 수능 기출까지 깊게 들어가지는 않아도 된다고 생각한다. 문제도 많이 풀어 보면 좋지만 기본 개념은 확실하게 반복해서 이해하고 올라가자.

수능에서 통합과학만 보는데 굳이 물리I, 화학I을 보고 가야 하나 생각할 수도 있다. 앞에서 말했지만 고등학교 내신 선택 과목이 중요해져서 물리나 화학을 꼭 선택해야 상위권 수시가 유리하다. 그런데 1등급이 10퍼센트까지다. 10퍼센트가 중학교까지는 수월해 보이지만 실제로는 한 문제 차이로 벌어질 수 있는 수준이다. 한 학급 정원이 25명이면 2등까지만 1등급이고 3등이면 2등급이 되는 것이다. 특히 2등급 1등은 어쩌라는 건지, 생각만 해도 아찔하고 나라면 앓아누울 것 같다. '고등학교는 무조건 이렇게까지 공부해야 하나'라는 생각이 들 정도로 공부해야 원하는 등급이 나온다. 중학교와 많이 다르다는 것을 항상 잊지 말고 기억하자.

교재

큰아이는 올림피아드를 준비하느라 물리, 화학 모두《하이탑》(1~2)로 공부했다. 혼자 공부하면서 이해 안 되는 부분은 인강으로 들어 가면서 했다. 중학교 화학과 물리는《오투》로 부분부분 보고 영역별로 정리된 책을 가볍게 한 번 다시 보고 바로 고등학교《하이탑》으로 공부했다. 중학교 과학 중에서도 화학만 따로 물리만 따로 엮은 교재가 있다.《EBS 강의노트 중학 과학 개념 끝장내기》(강의도 있다),《안쌤의 최상위 줄기 과학》이다. 평소 과학 관련 책을 많이 읽어서 그랬는지 원래 가능한 건지 모르지만 아이는 화학이 재미있다면서 열심히 했다.

고등학교 과정 개념서로는《완자》,《오투》,《하이탑》등이 있는데 다 좋다. 아이는 혼자 하는 데는 설명이 자세한《완자》가 좋다고 하고,《오투》도 설명이 조금 적긴 하지만 쉬운 문제부터 어려운 난이도까지 골고루 들어 있어서 좋다고 한다.《하이탑》은 너무 어려운 듯하지만 가장 꼼꼼하게 잘 설명되어 있다고 생각한다. 크게 차이는 없으니 원하는 책을 골라서 하면 되겠다. 고등학교에 가서는 개념 교재만도 학기당 두 권 정도는 챙겨서 봤다.

국어

중고등 선행·현행 로드맵

: 어휘, 독해, 문학, 문법

고백하자면, 큰아이도 고등학교 가서 국어를 완벽하게 잘하지는 못했다. 그래도 3등급 받은 적은 없고 내신과 모의고사 모두 1~2등급을 왔다갔다 했다. 국어를 가장 힘들어했는데 지금 생각해 보면 절대적인 공부량이 부족했다. 초등학교 때 책 읽기부터 부족했고 국어 공부도 따로 하지 않았다. 저학년 때 수학과 영어에 공을 들이느라 국어를 소홀히 했다. 초등학교와 중학교 때 이미 문해력이 벌어져 버리니 고등학교에서도 국어 공부를 힘들어했고, 더 하기 싫어지는 악순환이었다. 고등학교 때는 아이들 스스로 과목별 공부 시간을 기록하곤 했는데 '오늘은 국어 공부 해야지' 단단히 다짐을 한 날도 '수학만 하고 있더라'라는 아이 말이 생각난다. 심지어 3년 내내 그랬으니 애당초 많은 걸 기대하지 말아야 했다.

이과 상위권 아이들 중에서 마지막까지 성적이 오르지 않거나 힘들어하는 과목이 국어인 경우가 많다. 그러니 초등학교부터 책 읽기, 독서 토론, 글쓰기 등 국어에도 시간을 할애해서 준비하길 바란다. 책은 당연한 거고 교재로도 어휘와 독해는 꼭 챙겨서 하자. 국어가 점점 어려워지고 있고 특히 수능 시험에서 1교시이기 때문에 하루의 컨디션을 결정한다. 국어의 중요성은 강조하고 또 강조한다.

중고등 선행·현행 공부법

중학교 현행 교과서와 책 읽기, 어휘력은 기본이다. 아이들이 학년별로 알아야 할 가장 중요한 내용은 교과서에서 이미 다 배우고 있을 것이다. 단원별로 학습 목표를 확인해서 하나도 빠뜨리지 않고 넘어가길 바란다. EBS에 학년별 강의도 있으니 들어 가면서 꼼꼼히 하면 좋다. 책 읽기는 문학도 문학이지만 비문학 영역 인문, 사회, 과학, 기술, 예술 배경지식을 위해서 여러 영역을 골고루 읽자. 중3 정도 되면 희망 전공 계열 도서를 읽고 독서록을 써 둬도 좋다.

고등학교 국어를 추가로 준비한다면 크게 4가지 틀을 기억하자. 모든 영역을 고루 준비할 수 있도록 신경 써야 한다. 첫 번째는 문학·독서의 개념과 개념어, 두 번째는 문학·독서의 독해, 세 번째는 문학작품 읽기 중에서도 고전시가와 현대시, 마지막 네 번째가 문법이다.

개념이 잘돼야 문학, 비문학 독해도 수월하게 한다. 문학 감상법, 독서 분석법 모두 개념어가 안 된 상태로 해설지를 읽으면 중요한 내용을 이해하지 못하고 넘어갈 수 있고 같은 시간 공부해도 효율이 떨어진다. 그래도 가장 중요한 부분은 문학·독서(비문학)의 독해다. 결국 지문을 잘 이해하고 문제를 잘 풀 수 있으면 좋다. 개념도 독해 실력을 위해서 다지는 것이고, 문학작품 읽기도 문학 독해를 위한 준비 작업인 셈이다. 기본적인 문학의 개념 이해와 비문학 지문의 독해력 위주로 공부하면 된다. 특히 처음 보는 지문이 나왔을 때도 잘 풀어낼 수 있는 기본적인 독해력이 중요하다. 여기에 문법까지 모두 챙겨야 한다.

학년별 공부할 내용과 교재

책 읽기와 교과 공부는 매 학년 중요하니 따로 언급하지 않겠다. 현행 교과는 독해나 어휘, 문법을 별도로 공부하더라도 가장 기본이 된다.

• 중1(중2)

어휘	중학교 어휘 시리즈
독해	중학교 문학 · 비문학 독해 시리즈

출판사마다 어휘, 독해, 문법 등 중학교용 국어 시리즈가 있다. 초등학교 고학년부터 중학교 어휘와 독해 시리즈 2~3개를 꾸준히 하길 추천한다. 시리즈라고 해도 영역별로 학년당 한 권이 대부분이라 2~3개는 할 수 있을 것이다.

• 중2(중3)

어휘	중학교 어휘 시리즈
독해	중학교 문학·비문학 독해 시리즈, 《나쁜 국어 독해 기술》
문학	고전시가 정리해 놓은 책 틈틈이 1일 1지문 방학 때 사자성어, 속담 정리집 1권 완독

사자성어, 속담을 그대로 묻는 문제는 나오지 않는다. 하지만 지문을 읽고 이해할 때 도움이 된다. 중학교 시리즈가 끝나지 않았다면 다 끝내고 시작하면 된다.

• 중3(고1)

어휘	《독해력 증진 어휘집》
독해	《예비 매3비》, 《예비 매3문》
문학	고전시가와 현대시 위주, 《EBS 국어 독해의 원리》
문법	《중학 국어 문법》, 《떠먹는 국어 문법》
개념·개념어	《윤혜정의 개념의 나비효과》, 《100발 100중 고등 문학 개념서》

《EBS 윤혜정의 개념의 나비효과》는 문학, 독서, 문법, 화법과 작문 전 영역을 다루지만 특히 문학이 강하다. EBS 강의를 들으면서 할 수 있어서 좋다. 기본 개념에 충실하기 때문에 사랑받는 강의다.

- **고1(고2)**

독해	《매3비》, 《매3문》, 마더텅 · 마닳 · 총만국의 수능 기출, 평가원 기출
문학	고전시가와 현대시 위주, 《해법 문학》
문법	《100발 100중 국어 문법》, 《개념 있는 국어 문법》
개념 · 개념어	《100인의 지혜》

내신 시험 기간에는 내신에 목숨을 걸어야 한다. 아무리 미리 준비를 해도 수업 내용을 단기간 집중해서 공부하지 않으면 아무 소용이 없다. 특히 선생님의 수업을 집중해서 들어야 하고, 부교재와 프린트물은 기본 중의 기본이다.

고2(고3) 이후로는 또 다른 이야기다. 내신 공부, 기출 외에도 EBS 수능 특강, 수능 완성, 유명 사설 모의고사(간쓸개, 이감, 상상, 바탕, 한수)도 많이 풀어야 한다. 가장 중요한 것은 기출 반복이라는 것을 기억하자.

모든 교재를 다 하라는 건 아니고 선택해서 사용하면 좋은 것들을 모두 적어 보았다. 성격이 비슷한 책들이 있는데, 아이와 확인하면서 고르면 된다. 교재가 절판되기도 하고 좋은 교재는 계속 새로 나오는데 우리 아이들이 사용한 교재 이름을 그대로 적었다. 나중에 읽어 보고 '이불킥'할지도 모르겠다. 부끄럽지만 그래도 굳이 밝힌 이유는 대략적으로 설명하는 것보다 교재 이름 하나로 이해하기가 훨씬 수월할 수 있기 때문이다.

이렇게 문제집이 많은데 극상위권 친구들 중에는 이 많은 걸 다 하는 경우도 있다. 수학 반복하듯이 여러 번 반복하는 것도 있고. 우리 아이는 그 정도는 못 하고 한 번 정도씩 풀었다. 또 사고 안 푼 문제집도 많다. 이런 형태의 책은 싫다 그러면 그냥 꽂아 뒀다 버렸다. 그래도 콩나물에 물 준다는 생각으로 계속 아이에게 맞는 교재 찾아서 보여 줬다. 학원비 생각하면 책값은 껌값 아닌가.

큰아이 말로는 중학교 때 문법을 많이 공부해도 다 잊어버려서 소용없었다고 한다. 문법은 매 시험 직전에 몰입해서 외우는 게 더 좋았다고 말이다. 아이마다 공부법과 기본기가 다르니 모든 방법과 교재가 똑같이 좋을 수는 없다. 기본 틀은 유지하되 아이에게 맞는 교재를 잘 찾아 공부하길 바란다.

최애 문제집을 물어보니 고2~3에는 《매3문》, 《매3비》 시리즈를 꼽았고 마더텅 또는 마닳의 평가원·수능 기출문제집을 많이 보는 게 국어 실력 향상에 가장 효과가 좋았다고 했다. 국어가 고퀄리티의 좋은 문제를 출제하기 어렵다고 한다. 고학년 때는 시간도 없는데 이런저런 문제를 많이 풀기보다는 기출 위주의 해설이 꼼꼼한 문제집을 반복하는 게 가장 좋다고 생각한다.

안 해서 후회하는 사교육 2가지

국어 논술

다시 아이들 어린 시절로 돌아간다면 국어에 신경을 많이 쓸 것 같다. 특히 고학년 올라갈수록 계속 고민하게 되는 부분이 문해력이다. 유행처럼 얘기가 많이 나와서 오히려 문해력이 그렇게 중요한 건가 와닿지 않을 것 같은데 공부의 기본은 글(지문)을 어떻게 이해하고 해석하느냐다. 학년이 올라갈수록 그런 생각이 커졌다. 국어는 기본이고 모든 과목이 글을 제대로 이해해야 문제를 잘 풀수 있다.

책을 많이 읽으면 당연히 좋아지긴 하겠지만 무조건 많이 읽기만 한다고 시간에 비례해서 아이의 실력이 느는 것 같지도 않다. 문장을 정확하게 이해해야하는 거다. 배경지식과 어휘는 당연히 중요하다. 글을 어떻게 읽고 해석하는지, 이후 다지기까지 어느 정도 훈련이 필요하다고 생각한다. 주입식이 아니고 하브루타 같은 방법으로 대화하고 질문하고 토론하면서 문제를 해결하는 과정을 경험해 보는 거다. 자신의 생각과 의견을 표현하는 연습도 해볼 수 있는데 이건 글을 이해했다는 것을 보여 주는 결과물이기도 하다.

다시 돌아간다면 다양한 영역 골고루 책도 더 읽히고 어휘 공부도 시키겠다. 그리고 내가 잘해 줄 수 없는 부분인 '제대로 글 읽기'를 위해서 사교육의 도움을 받을 것 같다. 국어 논술 학원을 보내서 글 읽기, 책 읽기 방법을 배우게 하는 거다. 학원 보내는 시기도 중요한데 간단한 독서록이라도 혼자서 쓸 수 있는 시기, 대략 5학년 전후가 괜찮겠다. 꼭 오래 다니지 못하더라도 6개월에서 1년 정도라도 보내서 방법을 터득하면 좋을 것 같다. 이후에는 혼자 읽거나 교재들을 활용하면 된다.

수학 학원

만약 육아 기간 통틀어서 딱 한 번만 학원을 보낼 수 있다면 중3 겨울방학부터 고1 중간고사까지, 고1 수학 내신 시험 준비를 위해 수학 학원에 보내고 싶다.

보통 수학은 초등학교 저학년부터 준비하는 집이 많다. 뒤늦게 시작하는 집도 고등학교 들어가기 전에 한두 학기는 기본이 된 것 같다. 그래서 유형 교재를 풀게 하면 곧잘 푼다. 학교 기출문제 가져다가 풀라고 해도 잘하고. 고1 수학은 어느 정도 했구나 생각하게 마련이다. 그런데 아이가 아무리 공부를 많이 하고 열심히 했어도 본인보다 잘하는 친구가 앞에 많으면 자연스럽게 등급이 안 나온다. 정말 많이 했고 잘했고 자신 있었는데 3~4등급 받는 거다.

수학 과목이 얼마나 중요한지는 다들 알 것이다. 일단 정시에 수학 비중이 가장 높고 내신에서도 단위수와 별개로 가장 중요하게 보는 과목이다. 다른 과목 내신이 안 좋아도 수학이 잘 나왔다면 다른 평가를 받는다. 그리고 첫 시험 결과가 아이들의 자신감과도 연결이 된다. 다른 어떤 과목보다 수학을 잘하면 친구들 사이에서도 우등생이 되고 선생님들에게도 각인될 수 있다. 고1 시험 몇 번 못 보면 정시 할까 하는 생각이 들면서 이후 시험에 열정이 사그라들기도 한다. 고등학교에 와서는 매 학기가 중요하지만 내신에서 딱 한 번 사교육 찬스를 쓴다면 첫 수학 시험에 쓰겠다.

다 열심히 하기 때문에 그 안에서 좋은 등급 받기가 정말 어렵다. 특히 잘하던 아이들도 시험 보고 나서 "시간이 부족했다", "쉬운 문제인데 실수했다", "지금 풀면 다 풀 수 있다"라고 말하곤 한다. 그러니 우리 아이가 수학을 잘하고 열심히 하고 많이 했어도 정말 이렇게까지 할 수 있나 싶도록 준비를 시켜야 한다. 교만한 마음을 버리고 아주 겸손한 마음으로 준비해야 한다.

혼자서 힘들면 학원에서 다양한 종류의 문제도 접해 보고 기본적인 '양치기(많은 양을 푸는 공부법)'도 해봐야 한다. 내가 다 아는 문제도 다른 친구가 물어서 풀이를 듣다 보면 반복할 수 있고 더 쉬운 풀이를 볼 수도 있고, 그러면 아주 빠르게 풀게 된다. 학원 친구들과 짧은 시험을 보면서 수준 파악도 계속해 가면서 준비할 수 있다. 기본 양치기, 시간 안에 풀기 연습, 수준 파악, 다지기 또 다지기를 위해서 학원이 필요하다는 것이다.

작은아이가 모의고사는 1등급인데도 고1 내신은 기대했던 만큼 안 나왔다. 큰아이는 늘 한결같이 알아서 연습을 많이 했지만 작은아이는 수학을 많이 해뒀고 잘했는데도 사춘기로 속 썩이면서 시험 직전 연습이 확실히 안 되었다. 고등학교 2학년 때 학원을 잠시 다니니까 바로 반 1등을 하면서 등급이 올랐다. 본인 말로 고1 시험 직전에 다녔으면 좋았겠다고 했다. 아무리 실력 있고 잘하는 아이도 단기간에 집중해야 하는 내신 준비가 안 되면 성적이 예상만큼 안 나온다. 첫 시험 성적이 잘 안 나오면 그 뒤로 내신을 올릴 의지도 많이 사그라든다.

　아이들 학창 시절로 돌아간다면 고1 수학 내신 준비를 잘해 주기 위해 제대로 훈련시켜 주는 학원을 찾아서 보낼 것 같다. 사실 수학뿐 아니라 다른 주요 과목도 고1 내신 준비를 좀 더 제대로 해서 평소 해온 것과 별개로 단기간에 집중할 수 있도록 특별히 신경을 썼으면 좋았겠다는 생각이 든다.

두 아이 입시를 모두 끝낸 후
못다 한 이야기

이렇게 우리 집 이야기를 담고 보니 걱정도 되고 한편으론 두렵다. 부족한 글솜씨로 지나온 시간을 제대로 전달하지 못한 것 같아서 그렇고, 무엇보다 온전히 나의 이야기라면 나만 욕먹어 상관이 없을 텐데 아이들과 연관된 이야기라서 그런 것 같다.

한번은 큰아이에게 "엄마가 너희들을 왜 그렇게 힘들게 공부시켰냐는 반응에 괴롭고 걱정이다."라고 하니 큰아이가 그랬다.

"엄마가 평범하지 않고 극성이었던 거 맞아요. 인정할 건 인정하셔야죠. 하지만 그럴 수밖에 없었던 이유가 있으니 그걸 잘 설명해 보세요. 그리고 모든 사람이 같은 생각을 하면서 사는 게 아니잖아요. 특히 엄마와 같은 생각을 가진 사람들에게 도움이 되면 그걸로 된 거 아닌가요?"

나는 아이의 응원에 힘을 내서 민망하고 부족하지만 우리 아이들 공부 이야기를 써 보기로 했다. 더 나이 들어 지금 쓴 이 글 때문에 두고두고 이불킥을 할 수도 있지만 그래도 누군가에게 도움이 되고 싶은 마음에는 그때도 박수를 칠 거라고 확신한다.

글을 쓰며 옛 생각에 저절로 미소가 지어졌고 때론 눈앞이 흐려지기도 했다. 공부를 봐주던 어린 시절부터 마음 졸였던 시험 기간, 아이 성적이 많이 떨어진 고3 내신 성적표를 붙잡고 데굴데굴 구르며 울던 기억, 그리고 서울대 합격을 확인하던 그 순간까지 모두 소중하다. 누가 알겠는가, 아이들과 내가 함께한 그 시간은 영화처럼 펼쳐지는 우리만의 추억이다. 글을 읽고 계신 분들도 잊지 않길 바란다. 우리가 보내는 이 시간은 아이가 다 자라고 우리가 더 나이 들어도 절대 잊지 못하는 보석 같은 시간이라는 것을.

가끔 아이들을 보면 언제 이렇게 다 자랐는지 놀라울 때가 있다. 힘들게 했던 지난 시간이 정말 있었던 것인지 신기루처럼 느껴지기도 한다. 고민하고 노력했던 긴 시간이 이렇게 분초처럼 느껴지다니. 한편으론 뿌듯하고 행복하다. 아이들이 공부를 잘해 줘서가 아니라 열심히 해 줘서 그렇고, 좋은 영향을 주는 사람이 되고 싶다는 마음도 그렇고, 무엇보다 행복하게 독립해 가고 있는 모습이 감사하기만 하다. 내가 잘 기른 것이 아니라 아이들이 잘 자라 준 덕분이다.

아이들을 기르며 가장 중요하게 생각한 원칙은 '행복하게 독립시킨다'는 것이었다. 모든 선택의 순간에 가장 중요한 기준이 되어 바로 앞만 보지 않고 멀리 볼 수 있었다. 당장은 아이들이 힘들어하고 돌아가는 것 같아도 그 방법이 아이들이 바르게 독립할 수 있는 길이라면 의미 있는 노력이다. 다른 곳에 의지하지 않고 스스로 공부할 수 있도록 하는 것, 자신이 세운 계획을 실천하도록 돕는 것, 모두 행복하게 독립하기 위해서 꼭 필요하다. 그때는 두렵기도 했지만 입시를 모두 끝낸 지금 돌이켜 보면 결국 옳은 선택이었다. 아낀 돈으로 아이들을 위해 더 값지게 쓸 수 있어서 나도 행복하다.

아이 때문에 잠 못 들고 눈물로 걱정하는 부모님들께 해주고 싶은 말이 있다. 시간은 생각보다 빠르게 지나가고, 아이들은 생각보다 강하고 지혜롭다는 것. 분명히 잘해 낼 것이고 함께 웃으며 맥주 마실 날이 온다. 힘든 학창 시절 엄마가 어떻게 해줘서 좋았는지, 어떨 때 어처구니가 없었는지, 지금 하는 행동 모두 안줏거리가 될 수도 있다. 무엇보다 그 힘든 시간 엄마 때문에 잘 이겨 낼 수 있었다는 감동적인 말도 아무렇지 않게 하는 아이로 잘 자랄 것이다. 특히 이 책을 읽을 만큼 아이 육아와 교육에 관심 있는 엄마의 아이라면 더 그럴 것이다. 너무 걱정하지 마시라. 그리고 한 번뿐인 인생, 주위를 의식하지 말고 본인을 위해서도 후회 없이 행복한 삶을 살길 바란다. 엄마가 행복해야 아이가 행복하다는 것 꼭 기억하자.

모두에게 감사하기만 하다. 잘 자라 준 두 아이도 고맙고 부족한 이야기를 들어 준 구독자님들 모두 감사하다. 이렇게 부족한 내용으로도 좋은 책을 만들어 주신 출판사 관계자 모든 분께도 고맙다. 이 책이 학원을 보내기에 경제적으로 충분하지 않은 가정, 학원이 멀어서 선택이 어려운 집, 혼자 공부해 보려는 아이들 모두에게 조금이나마 도움이 되길 간절하게 바라며 나의 이야기를 마친다.

부록

입시 한눈에 파악하기

입시 공부는 이렇게 시작한다

입시 기본 내용 익히기

입시 기본 내용과 용어는 누가 물으면 자세히 설명할 수 있을 정도로 완벽하게 숙지하고 있어야 한다. 353쪽에 기본 중의 기본을 설명해 두었다. 많지 않으니 친구나 아이에게 설명할 수 있을 정도로 숙지하자.

희망 대학 모집 요강 분석하기

아이가 고등학생이 됐다면 가고 싶은 대학교의 입학처 홈페이지에서 모집 요강을 다운받아 자세히 살펴보자. 처음부터 끝까지 모두 읽어 보길 바란다. 특히 주요 전형, 수시의 종합, 교과, 논술을 어떻게 모집하고 있는지 한 줄 한 줄 읽어 보자. 전체를 한 번 읽고 나면 조금 감이 잡힐 것이다. 대학마다 어떤 전형이 있는지, 각 전형은 어떻게 모집하는지, 서류만으로 일괄 모집하는지, 1차 합격 후 2차 면접에서 최종 합격자를 가르는지, 평가에 반영되는 요소마다 비율은 어떻게 되는지 살펴보자.

입시를 치르면서 의문이 들면 가장 먼저 찾아봐야 할 것이 대학교의 모집 요강이다. 선생님도 컨설팅도 두 번째다. 여기저기 검색해서 '카더라' 통신에 의지하지 말고, 모든 기준은 모집 요강이라는 것을 꼭 기억하자.

대학별 설명회

고3이 되면 학기 초부터 설명회가 개최된다. 여러 학교가 연합해서 하기도 하고 대학별로 하기도 한다. 고등학교와 희망 대학교 홈페이지에서 일정을 확인해 두고 놓치지 않도록 주의하자. 대학교 설명회에 직접 찾아가면 자세한 설명을 들을 수 있다. 애매한 평가 요소에 대해서도 조금 더 구체적인 이야기를 해준다. 특히 마지막에는 입학사정관에게 질문할 기회도 있다. 설명회를 적극적으로 활용하자.

입시 공부에 도움 되는 사이트

- 유튜브 대기자TV: 한쪽으로 치우치지 않는 육아, 교육, 입시 밸런스를 위해서 추천한다.
- 오르비(한강의흐름): 입시 기초부터 고급까지 순서대로 읽어 가면 영상으로 듣는 것과는 또 다르게 깊이 있는 내용을 접할 수 있다.
- 펜타킬의 올인원에듀: 입시 스트레스를 날려 주는 유일한 선생님이다. 즐겁게 입시 공부를 할 수 있는 채널로 추천한다.
- 네이버 카페: 상위 1% 카페, 수만휘, 로물콘, 이공계의 별
- 다음 카페: 파파안달부르스

수시와 정시

대입 전형은 크게 수시와 정시로 나뉜다. 수시와 정시의 가장 큰 차이는 원서를 언제 접수하느냐인데, 수능 시험 전에 원서를 접수하면 수시, 수능 후에 원서를 접수하면 정시다. 그리고 수시와 정시에서 뽑지 못한 소수 인원은 2월 말에 추가 모집을 하니 한 번 더 기회가 있다. 최근에는 정시에서도 학생부나 내신을 반영하는 학교가 있긴 하지만 대부분은 수능 성적으로 가는 게 정시다. 간단히 수능 위주로 뽑는 게 정시, 나머지는 수시라고 생각하면 된다.

수시: 교과, 종합, 논술

수시는 평가 요소에 따라서는 학생부 교과, 학생부 종합, 논술, 실기·실적으로 나뉜다. 실기는 보통 예체능이니 나머지 3가지라고 생각하면 된다. 그런데 이름이 너무 길어서 짧게 줄여 부른다. 학생부 교과는 '교과'로, 학생부 종합은 '학종'이나 '종합'으로 부른다.

일반적으로 교과는 내신 성적을 정량적으로 평가하는 전형이고, 종합은 내신과 비교과를 정성적으로 평가하는 전형이다. 내신 성적 순서대로 합격하는 게 아니라 내신 성적과 이수한 교과목 구성, 비교과 등이 다 들어간다. 그리고 논술은 당일 치러지는 논술 시험 성적으로 결정된다.

대학교마다 전형 이름이 다르다. 이를테면 서울대는 '지역 균형 전형'과 '일반 전형' 크게 2가지가 있는데, 모두 종합 전형이다. 둘 다 전형 이름에는 종합이라는 단어가 들어가지 않는다. 대학마다 창의적인 이름으로 전형을 칭한다.

그래서 희망 대학마다 어떤 성격의 전형인지, 평가가 어떻게 되는지, 입시 요강을 꼼꼼히 살펴봐야 한다.

입시에 반영되는 고등학교 내신 과목

종합에서는 특별히 명시하지 않았다면 대부분의 대학이 모든 과목을 정성적으로 평가한다. 국·영·수·사·과 위주로 보겠지만 등급이 확 떨어지는 과목이 있으면 좋지 않다고 한다.

교과는 학교마다 전형마다 다르다. 국·영·수·사·과를 보는 학교가 있는가 하면 국·영·수·과만 보는 학교도 있다. 잘한 몇 학기만 들어가기도 하고, 학년별 가중치가 다르기도 하고, 3학년 2학기가 들어가는 학교가 있고 안 들어가는 학교도 있다. 학교 모집 요강에 어떤 과목이 어떤 식으로 반영되는지, 정량적 평가 기준이 자세히 적혀 있다. 그래서 어떤 과목이 대입에 포함되느냐는 질문에 대한 대답은 '학교마다 전형마다 다르다'이다. 대략 국·영·수·사·과가 중요하다 정도로 이해하면 된다.

우리 아이 내신으로 각 대학별 환산 점수를 보고 최종적으로 유리한 대학교에 원서를 쓰면 된다. 입시원서 쓸 때 '대학어디가'나 '진학사' 사이트에 내신을 넣으면 환산된 내신이 나온다.

모의고사

고1, 고2에는 각 지역의 교육청 주관 시험으로 네 번 시행된다. 지역에 따라 3~4회 본다. 서울은 3월, 9월, 11월에 본다. 고3은 3, 4 ,6, 7, 9, 10월 총 6회 치른다. 이중 수능을 출제하는 평가원 모의고사는 6월과 9월 모의고사다. 두 모의고사 성적으로 수능 점수를 가늠해 보고 9월 모의고사 성적표를 받기도 전에 예상 점수로 9월 초 바로 원서를 쓰게 된다. 재수 학원에 입학할 때 6월과 9월 모의고사 성적을 보기도 한다. 그만큼 중요한 모의고사다.

원서

수시는 최대 여섯 곳에 지원할 수 있다. 안 써도 되고 한 장 써도 되고, 최대 여섯 장까지 쓸 수 있다. 카이스트 등 과기원 계열, 경찰대, 사관학교 등 특수 대학을 제외하고 여섯 곳이다. 수시는 가·나·다군이 없고 어떤 학교든 쓸 수 있는데, 가능한 면접이나 시험이 겹치지 않도록 신경 써야 한다. 그리고 수시에 한 곳이라도 붙으면 정시에는 지원할 수 없다. 수시에 추가 합격 돼도 수시 합격이다. 혹시나 해서 일부러 전화를 안 받아도 정시는 아예 지원할 수 없다. 수시 등록을 하지 않고 지나가면 그해 입시는 끝난다.

정시는 가·나·다군 셋으로 나뉘어 있고 같은 군에 한 곳, 총 세 곳에 지원할 수 있다.

수능 최저 학력 기준

일종의 합격 기본 조건이다. 수능 최저가 있는 전형에 지원했으면 내신과 생기부가 좋아도 최저를 맞추지 못하면 불합격된다. 일반적으로 의대는 대부분 수능 최저가 있는데, 내신이 1.0이어도 최저를 못 맞추면 불합격이다.

예를 들어 최저가 3합 6이라면 국·수·영·탐 네 과목 중에서 세 과목 등급 합이 6 이내여야 한다. (국어 2, 수학 4, 영어 1, 탐구 3: 국·영·탐 등급 합이 6이라서 조건 충족, 합격 / 국어 3, 수학 1, 영어 3, 탐구 3: 국·수·영, 국·수·탐 모두 등급 합 7로

조건 불충족, 불합격) 대학 학과마다 '4합 5', '3합 7', '영어 2 이상 & 국·수·탐 2 합 6 이내' 등 다양해서 모집 요강을 꼼꼼하게 확인해야 한다.

등급 컷이 나올 때 정말 애가 탄다. 수능 최저를 맞추지 못하는 경우가 두세 문제를 더 틀려서가 아니다. 단 1점으로 컷을 못 맞춰서 재수, 삼수를 하기도 한다. 상위권 대학들 대부분 최저가 있는 전형이니 수시 주력이라 하더라도 수능 준비를 열심히 해야 한다.

세특 관리와 알찬 생기부 작성 노하우

세부 능력 및 특기 사항(세특) 이란?

학생의 수업 태도, 과제물, 학업 역량 등을 종합해서 평가한 기록으로 이를 통해 어떤 학생인지 구체적으로 알 수 있다. 생활기록부가 간소화된 이후 평가에 가장 중요한 부분이라 합격을 위해서는 열심히 챙기고 관리해야 한다. 창의적 체험 활동(정규 동아리), 행동 특성 및 종합 의견과 세특 등이 입시에 반영되는데, 그 중심이 세특이다.

세특 작성 시 주의 사항

과목 중요도를 잊지 말자

진로가 모호하다면 과목 중요도에 따라 시간을 더 들여서 신경 써 준비하자. 어차피 모든 것을 다 전공과 엮을 수는 없다. 특히 수학은 무조건 신경 써서 해야 한다. 인문계, 자연계 어느 과에서도 수학 잘하는 학생을 좋아한다. 수학 세특은 무조건 읽어 볼 것이다. 경영대라면 통계 관련 내용도 좋고 실용적으로 수학을 사용하는 걸 보여 주면 좋다. 영어도 중요하다. 특히 공대에서도 영어 잘하는 학생을 좋게 보는 것 같다. 영어 잘하는 이과생으로 어필했다는 사람도 여럿 봤다.

심화 학습 과정과 결과로 우수성을 증명하자

지금은 생기부 반영 부분도 많이 줄었고 글자 수도 줄었기 때문에 하나를 하더라도 제대로 해야 한다. 그저 열심히 성실하게 했다 정도로는 뛰어난 세특이 될 수 없다. 단순하게 정보 검색해서 많이 담기만 한다고 좋은 것도 아니고, 단순 작업의 기록으로만 자리를 채우면 안 된다. 최대한 학업 능력을 보여 주고 발전하는 모습을 담아야 한다.

주제를 희망 계열에서 찾고 그것에 대한 열정을 보여 주는 경우가 많은데, 이건 기본 중의 기본이고 꼭 심층적인 학업 능력이 있다는 것과 학자적인 면모도 함께 드러내야 한다. 결국 대학교에서도 해당 분야를 더 확장 발전시킬 인재를 찾는 것이다.

세특 내용으로는 동기, 과정, 결과, 느낀 점을 다 적는다. 단순히 과정만 나열하지 말고 변화된 점을 많이 써야 한다. 이 활동으로 이렇게 변화되었고 어떤 지식을 알게 되었다든지, 어떤 것에 더 깊은 관심이 생겨서 무슨 책을 읽게 됐다든지를 꼭 기록한다. 성장하는 학생이라는 걸 보여 주자. 대학 설명회를 다니면서 입학사정관님들에게 일관되게 들은 내용이다.

융합형 인재임을 어필하자

여러 과목의 지식을 융합해 발전시킬 수 있는 인재임을 드러내자. 한 과목의 보고서에도 두 과목 이상의 내용을 연결시켜서 작성하면 좋다. 우리 아이들은 이공계열로 진학할 예정이어서 수학·과학 보고서를 특히 신경 썼다. 미적과 물리를 연결해서 작성하거나 통계와 생명과학을 연결하는 식이었다. 부력, 가속도 관련 실험 주제를 수식으로 검증한다든지, 많은 자료를 통계적으로 분석한다든지, 호기심을 가진 분야를 수학적 능력으로 알아보고 검증하는 방식이었다. 사회계열을 준비할 때도 통계라도 꼭 사용했다. 경제 수업 때 간단한 보고서라도 수학을 연계해 보려고 했다.

단순히 무엇을 할 수 있다, 완수했다가 아니고 수학적·과학적 방법을 활용해 봤다는 식으로 특색 있게 작성했다. 워낙 생기부 내용이 비슷하기 때문에 조금이라도 특색이 있다면 기록할 때도 수월하다. 대학교에도 희망 진로에 대한 열정과 호기심뿐 아니라 지적 능력, 탐구력을 함께 보여 줄 수 있었다고 생각한다. 어떤 교수님이나 입학사정관님을 만나도 기억에 남도록 해야 한다.

독서도 그저 감동적으로 읽고 많이 배웠다 식의 기록은 기억에 남지 않는다. 우리는 꼭 두세 권의 내용을 함께 적으며 기초 단계의 책을 읽고 호기심을 가진 후 본 책의 내용으로 지식 확장을 보여 줬고, 이후에는 어떤 식으로 발전시켜 보고 싶다는 계획까지 적곤 했다. 어떤 과정에서도 발전하는 모습을 보여 주려고 애썼다.

엄마가 도와줄 수 있는 부분

- 세특 주제가 되는 활동 기록

아이의 활동을 메모해서 시간을 아끼고 내용을 풍부하기 작성해 제출하자. 덜렁대는 아이들은 본인이 무슨 활동을 했는지 기억을 잘 못 한다. 아이와 대화할 때 학교 이야기를 해주면 스마트폰에 짧게라도 메모를 해두자. 생명과학 시간 무슨 주제로 발표, 체육대회 축구 경기에서 골키퍼… 이런 식으로 짧게라도 메모를 해두면 나중에 정리할 때 도움이 된다.

- 세특 주제를 찾는 대화 하기

생기부 활동을 할 때 시간이 많이 걸리는 부분이 주제 찾기다. 좋은 주제가 있으면 시간도 절약되고 아이의 역량을 효과적으로 보여 줄 수 있다. 아이가 주제를 찾을 때 함께 대화하면서 아이디어를 나눌 수 있으면 좋다. 평소 관련 주제에 관심을 가지고 책도 읽고 검색도 해두자.

수시파와 정시파,
언제 결정하고 어떻게 준비해야 하나?

수시와 정시를 결정하기 전에 이해해야 하는 것

수시 전형의 수능 최저 학력 기준

일부 수시 전형에도 수능 점수가 필요하다. 수시 전형에 지원한다고 해서 수능 점수가 다 필요 없는 것은 아니다. 일부 수시 전형에 최저 학력 기준이 조건으로 걸려 있어서 수시만 지원한다고 해도 수능 준비가 필요할 수 있다.

생기부의 정성적·정량적 평가 반영

일부 학교에서는 정시 전형에서도 생활기록부가 반영된다. 서울대는 생기부를 정성적으로 평가 반영하고, 고려대는 일부 전형에 내신을 정량적으로 평가 반영한다. 올해는 다른 대학으로 더 늘어났다. 정시도 학교에 따라 생기부 관리가 필요하다는 이야기다.

총 9회의 기회

수시 전형은 6회의 기회가 주어지고 정시는 3회의 기회가 있다. 수시는 각 대학교의 조건에 맞으면 구분 없이 여섯 장의 원서를 쓸 수 있지만, 정시는 가·

나·다군으로 나뉘어서 각 군에 한 번만 지원할 수 있다.

수시와 정시 결정 시 고려해야 할 것들

목표 대학의 전형별 특징과 모집 인원 파악

시기에 따라서 정시와 수시의 모집 인원이 다르다. 입학 연도의 수시·정시 모집 인원을 파악해야 한다. 대략적으로라도 확인해 두자. 예를 들어 2020 입학 연도에는 수시가 80퍼센트 조금 안 되는 수치였고, 2024 입학 연도는 상위 16개 대학 정시 비율이 40퍼센트가 넘었다. 2020년도처럼 수시 비율이 높을 때는 내신이 나쁜 편이어도 쉽게 정시 올인을 선택하기 어려웠다. 최근에는 상위권 대학들의 정시 비율이 이월 인원을 포함해서 40퍼센트를 훌쩍 넘으니 상대적으로 정시에서 입시 결과가 좋아진 편이다. 해당 입학 연도의 수시·정시 모집 인원을 파악해 보고, 특히 목표하는 대학의 모집 인원 비율을 자세히 살펴보아야 한다.

목표 대학군의 지난 입시 결과(수시 합격 내신, 정시 합격선)

원하는 대학교의 과거 합격 내신을 확인해야 한다. 하나의 대학이 아니라 목표하는 대학군 여러 학교를 살펴보자. '대학어디가' 등에서 지난 입시의 결과를 볼 수 있다. 정시 합격선도 함께 살펴보자.

본인의 내신과 생기부 수준, 모의고사 점수 파악

본인의 내신과 목표 대학 합격 내신을 비교해 부족한 부분을 남은 학기에 보완할 수 있을지 고민해 보자. 모의고사 점수와 합격선도 비교해서 개선점을 찾아 본다.

본인의 목표 대학에 대한 입학 의지 확인

아이의 내신과 생기부가 좋지 않다고 무작정 정시를 선택할 수 있는 건 아니다. 모의고사 점수뿐 아니라 얼마나 의지가 있느냐도 중요한 결정 요인이 된다. 강력한 의지로도 힘든데 그냥 '열심히 해야지' 정도라면 수시를 더 고민하는 게 좋다고 생각한다.

수시와 정시 결정 시기

고1까지는 수시에 주력

고등학교 1학년 때까지는 내신 성적과 상관없이 수시에 주력해야 한다. 수능이 2년도 더 남은 고1부터 전력질주하면서 수능을 준비하기는 힘들다. 수시에 주력해야 공부 총량 자체가 늘면서 수능도 더 잘 보게 된다. 무엇보다 일부 대학 정시에서조차 생기부와 내신이 들어가기 때문에 고1에는 고민 없이 수시에 주력하는 게 좋다.

고2 1학기 시험에서 고2 2학기 사이에 결정

대부분은 수시 내신과 수능을 함께 준비하는 시기다. 정시 올인은 단순히 내신이 나쁘다는 이유로 결정하지 말고 원하는 대학에 필요한 내신이 절대 나올 수 없고 모의고사 성적이 뛰어난 경우에 선택한다. 내신과 모의고사 성적이

1.5~2등급 이상 차이가 나는 경우에 도전하길 바란다. 공부 의지가 강하고 모의고사 준비도 잘되어 있다면 조금 더 빠르게 선택해서 도전하는 것도 괜찮다.

고2 겨울방학에서 고3 사이에 결정

내신은 상당 부분 완성되었기 때문에 리스크도 많이 줄었고, 정시 결정을 가장 많이 하는 시기다. 정시 준비 시간이 상대적으로 짧지만 입시 성공에는 문제 없다고 생각한다. 수시 주력으로 결정했다고 해도 수능 준비는 열심히 하는 게 좋다. 수능 최저 학력 기준을 수월하게 맞출수록 원서를 쓰기가 쉽다. 원하는 학교 합격은 당연하고 조금 더 상향 지원할 수도 있다.

정시 준비 어떻게 해야 하나?

마음가짐

정시 올인은 배수진을 쳤다는 것이다. 물러날 곳이 없다는 강한 의지로 열심히 공부해야 한다. 아무리 정시 비중이 늘었다고 해도 수능 준비만 하고 있는 재수생, N수생과도 경쟁해야 한다. 똑같이 주어진 하루에 누구는 5시간 공부하고 누구는 15시간을 공부한다. 과목별 전략도 필요하지만, 가장 중요한 건 올해 꼭 해내겠다는 의지다. 12년 공부 헛되지 않도록 마음을 단단히 먹고 임하자.

학교 내신 시험

수능 과목 위주로 준비한다. (서울대, 고려대 등 생기부를 반영하는 대학이 목표가 아니라면 수능 과목만 준비한다.) 내신 시험 볼 때 '수능 과목 1등급 올리기'

같은 목표가 있으면 좋다. 정시 파이터들은 막연히 공부하다 보면 내신 공부에 소홀하게 되고 시간 낭비가 될 수도 있기 때문이다. 내신 시험에서 수능 과목이라도 점수를 많이 올린다면 그 성공 경험이 수능 준비에 큰 도움이 될 수 있다.

수행평가 & 생기부

수능 과목이라 하더라도 너무 많은 시간을 쓰지는 말고 적정하게 준비한다. 수능 과목이 아닌 경우도 학교 수업 시간에 할 수 있거나 간단한 경우는 준비한다. 생기부 내용도 학교에서 의무적으로 하는 것 위주로 준비한다. 생기부와 내신은 졸업한 후에는 절대 변경할 수가 없다. 졸업 이후 생기부가 필요한 학교에 지원할 경우가 고민된다면 보수적으로 접근해서 최소한이라도 잘 준비해 두자.

수능 공부

절대적인 공부량을 늘리는 것보다 더 좋은 전략은 아직 들어 보지 못했다. 기출은 기본 중의 기본이다. 특히 국어 과목은 기출의 중요성을 강조하는 선생님이 많다. N제와 모의고사도 많이 풀어 보면 좋지만 기본은 늘 기출이라는 것을 잊지 말자. N제와 모의고사는 유명 인강 선생님들의 이름을 걸고 나오는 교재들이 오류가 적고 문제도 좋다고 한다.

희망 대학, 희망 학과의 과목별 반영 비율을 살펴본다. 비중이 비슷하다면 고려할 게 없겠지만 계열에 따라 가중치가 높은 과목이 있는 경우도 있다. 실제로 이공계열의 경우 많은 학교가 수학과 과학 비중이 높은 편이다. 수학 반영 비율이 35~40퍼센트인 대학도 많다. 그에 반해 영어는 반영 비율이 낮은 편이다. 수능을 얼마 앞두고 시간이 부족하다면 반영 비율이 높은 과목을 더 많이 준비하는 게 좋다.

　6월과 9월 모의고사는 수능 출제 기관인 평가원에서 출제한다. 한 해 동안 보는 모의고사가 다 중요하지만 이 두 시험이 특히 중요하다. 그해의 수능 경향을 예측해 볼 수 있고, 두 모의고사 결과를 고려해서 원서를 쓰게 된다. 하지만 마지막 두 달에 성적이 많이 바뀌기도 하니 부족한 부분을 점검해서 보완하면 충분히 성적이 향상될 것이다.

수시 원서 라인 잡는 법

수시 원서 쓰기 준비

본인의 위치 파악(6월, 9월 모의고사)

수시 원서 쓸 때 고려해야 할 것은 대학 입시 결과, 입시 일정, 최저, 학교 선배들 입시 결과 등 많지만 그중에서 제일 중요한 6월과 9월 모의고사에서 본인의 위치다. 단순하게 최저를 맞출 수 있을 것인가 하는 문제가 아니라 모의고사 성적, 수능 성적으로 정시에서 어느 대학에 진학할 수 있는 수준인지를 정확하게 알아야 한다. 이 점수로 정시에 갈 수 있는 대학이 수시 원서의 마지노선이 된다.

문제는 평소 점수가 기준이 돼야 하는데, 실수였다는 생각에 제대로 보면 잘 나오겠지 하면서 고평가하는 경향이 있다는 것이다. 각 과목 잘 나온 성적의 조합으로 생각하고 원서를 썼는데 수능에서는 못 봤던 점수들의 조합으로 나올 수도 있다. 수능 망했다고 해서 살펴보면 평소 못 봤던 점수들의 조합쯤 될 것이다. 점수를 객관적으로 보고 기준으로 삼아야 한다.

모의고사 점수의 정시 경쟁력을 알아보기 위해서 정시에 대해서도 기초는 알아야 한다. 우리 때는 배치표를 봤는데, 지금은 학원이나 인강 사이트에서 가능한 학교 라인을 분석해 준다. 분석 프로그램은 '고속 성장 분석기'와 '텔레그노시스'가 유명하고 기타 이투스, 메가스터디 등에서도 희망 가능 대학을 예측해 준다. 수능 전까지는 무료로 제공하니 간단히라도 모의고사마다 분석해 보자. 대략 어느 대학 라인이 가능하다 정도는 알아야 수시 라인을 잡을 수 있다. 우리 큰아이는 모의고사 점수가 안 나올 때도 서·성·한 공대나 고대 중하위권은 가능한 것으로 나왔기 때문에 원서를 고대 공대까지만 썼다.

입시 예측 사이트에 내신 넣기

3학년 학기 시작하면서부터 '대학어디가'나 '진학사' 사이트에 아이 내신을 넣어 두자. 성적 분석, 모의 지원 등을 해보려면 기본적으로 아이 내신이 들어가 있어야 한다. 희망 대학을 선택해서 넣어 두면 학교별 내신이 나오고 3개년 결과도 볼 수 있다. 모의 지원 해둔 학교의 성적 반영 방법이 우리 아이에게 유리한지 불리한지도 확인할 수 있고 합격 예측도 해볼 수 있다.

전형 정하기

학생부 종합

종합에서는 이게 안정인지 적정인지 상향인지 참 애매하다. 솔직히 적정, 안정 다 떨어지고 상향만 되기도 한다. 입시 사이트에서 제공하는 내신도 가늠하기 어렵다. 고등학교가 다르고 비교과도 너무 달라서 단순 입시 자료로 당락을 예측할 수 없다.

합격자 중에 마지막 몇 명은 내신이 아주 낮기도 한데 특목고 친구들 몇 명만 포함돼 있으면 평균 내신도 아주 낮아진다. 심지어 합격자 70퍼센트의 내신이 평균 내신보다 높기도 하다. 뒤에 몇 명이 평균을 끌어내리기 때문에 70퍼센트 내신을 의미 있게 본다.

입학사정관이나 교수들이 학교마다 정해진 기준에 따라 일정하게 판단하겠지만 사람이 하는 일이라 정성적 평가에는 한계가 있다고 생각한다. 어떤 입학사정관이나 교수가 담당하느냐에 따라 달라질 수 있을 것이다. 보통 선배들 입시 결과를 보고 판단하긴 하는데, 해마다 지원자 집단에 따라 달라진다.

최근에는 생기부 내용이 많이 줄어서 점점 이런 경우가 줄고 대신 내신의 중요성이 더 커지고 있다. 솔직히 종합은 내신 말고 나머지는 다 상향 평준화돼 있어서 예측이 더 어려운 것 같다. 결국 종합도 평균 이상의 생기부와 좋은 내신이 기본이고, 마지막에는 정말 운도 필요하다.

학생부 교과

교과는 내신이 정량적으로 반영되니 예측 기관에서 알아보기도 가장 쉽고 정확하다. 중상위권 대학들에는 종합 전형과 섞인 교과도 많지만 지역 의학 계열도 그렇고 일반적인 학교들은 내신 그대로 정량적 평가를 해서 예측이 수월하다. 입시 사이트들의 수시 합격 예측도 교과는 대체로 잘 맞기 때문에 참고하면 도움이 된다. 3개년 이전 성적까지 확인해 대략 감을 잡고, 최저가 어떻게 변했는지, 경쟁률은 어떻게 변했는지 함께 봐가며 유추한다.

대체로 최저가 낮아졌으면 합격 내신은 올라가고 경쟁률이 낮아지면 내신도 내려간다. 지난해 내신이 너무 높았으면 올해는 내신이 많이 떨어진다. 사람 마음이 다 비슷해서 지난해의 높은 성적을 보면 자신 있게 쓰기가 어렵다. 또 내신이 정말 낮은 해의 다음 해에는 대부분 많이 높아진다. 이렇게 여러 가지 변수가 함께 작용하니 이리저리 유추하며 고민하게 된다. 최종 경쟁률은 마지막에 알 수 있지만 최저의 유무나 변경, 지난 몇 년간의 성적은 미리 알 수 있기 때문에 충분히 알아보고 고려해야 한다.

교과는 수능 최저를 골고루 넣어서 지원하는 게 좋다. 잘 나온 성적으로 조합하면 다 맞출 것 같지만 생각보다 최저의 벽이 높다. 특히 의대의 경우 최저가 거의 다 높기 때문에 최저 높은 학교로만 지원하면 수능 날 입시가 다 끝날 수도 있다. 최저를 골고루 지원해서 다양한 경우에도 합격할 수 있도록 하자.

논술

논술은 경쟁률이 높아서 '로또 전형'으로도 불린다. 모집 인원이 줄어서 어렵겠지만 수학 잘하는 친구라면 정시와 함께 지원해 보는 것도 좋다.

그 밖에 챙길 것

성향 정하기(안정 2, 적정 2, 상향 2 / 상향 3, 적정 2, 안정 1)

성향은 천차만별이지만 대체로 정시로 어디까지 가능한지를 보면서 정하게 된다. 정시 가능한 수준을 하향으로 정하기도 하고 그 수준 이상을 하향으로 정하기도 한다. 수능일에 너무 못 볼까 걱정되고 재수 생각이 절대 없는 경우에는 정시와 같은 수준으로 하향을 하기도 한다. 재수 불사하고 어느 대학까지만 가겠다고 하면 안정을 적게 쓰고 적정 2, 상향 3으로 쓰기도 한다. 안정 2, 적정 2, 상향 2 또는 상향 3, 적정 2, 안정 1 등 다양하다. 이건 선택의 문제다.

정시로 갈 수 있는 학교를 수시에 왜 쓰느냐고 하겠지만, 현수생은 수능에서 살짝 떨어진다고 한다. 그래서 면접이나 시험을 수능 후에 치르는 전형으로 보험을 들어 놓고 수능 점수를 보고 선택하는 것을 추천한다.

수능 후 일정 유무

많은 전형이 최저만 맞추면 수시 합격이 결정돼서 수능을 잘 봐도 정시에 지원할 수 없는 경우가 발생한다. 이런 경우를 '수시 납치'라고 하는데, 원서 넣을 때는 "제발 수시 납치해 주세요." 하다가 수능을 잘 본 다음에는 아쉬운 마음을 표현하는 거다. 모의고사 극상위권 친구들은 이런 전형을 안 쓰기 때문에 오히려 합격 가능성이 높아진다. 단, 일괄 전형인지 자체를 모르고 지원하면 안 된다. 수능 후 면접이나 시험이 있어서 수능을 잘 봤을 때 정시에 지원할 수 있는지 가능성 유무는 꼭 알아보자.

수시 원서 파일 관리(대학 라인 잡기)

수시 원서 준비를 어떻게 시작해야 할지 모를 경우 파일 하나로 관리하면 편하다. 특별히 대단한 파일은 아니고 아이가 입시를 치렀다면 이 정도 파일은 다 가지고 계실 것이다. 그저 처음이라서 뭐부터 시작해야 할지 모르겠다면 내가 만들었던 파일을 참고해도 좋다(QR코드). 더 필요한 셀을 추가해서 관리하면 된다. 이렇게 관리하면 학교 상담이나 컨설팅 때 더 효과적으로 사용할 수 있다. 컨설팅을 받아도 대충 알고는 있어야 돈 낭비 안 하고 원하는 것을 충분히 다 얻을 수 있다.

파일에 희망 대학, 희망 학과 리스트를 쭉 적어 본다. 학교는 6개만 적는 게 아니고 처음에는 적어도 10~12개 정도 조금이라도 관심이 있는 학교는 모두 관리하다가 조금씩 줄여서 최종 6개로 만든다. 어느 구름에 비 들었을지 모른다고들 하는데, 처음에는 너무 내신으로 한정 짓지 말고 가능한 한 많은 학교를 적어서 고려하자. 원서 쓰고 나면 후회되기도 한다. "거기도 써볼걸." 이런 말도 많이 하게 되니까 최대한 많이 적어서 추려 가길 바란다.

대학교 입시 일정은 모집 요강을 확인해서 적는다. 제일 중요한 게 내신인데 지난 합격자의 내신도 입학처에 공개가 된다. 평균 내신이나 합격자 중 70퍼센트 내신 등 학교마다 조금씩 다르게 공개하기도 한다. 단순 내신이 아니라 대학교마다 환산 방법이 다르다. 국·영·수·과만 반영하기도 하고 잘 나온 몇 학기만 반영하기도 하는 등 다양하다. 어느 대학 식으로는 2.2, 어디 식으로는 2.14, 저기는 2.23… 이렇게 다르니 그 대학교 환산 내신으로 적어야 한다. '대학어디가나'나 '진학사' 사이트에 아이 내신을 3학년 1학기까지 넣어 두면 희망 대학별 환산 점수를 다 볼 수가 있다.

기본적으로 일정, 내신, 면접일, 최저, 경쟁률 등을 적어 두고 계속 보면서 관리한다. 많이 보면 어느 정도 외워지기도 한다. 학교를 추려 상담받을 때 사용하면 된다. 한두 번뿐인 입시에서 누구도 맹신하지 말고 직접 관리하며 고민하자.

수시 원서 쓸 때 기타 고려 사항

컨설팅, 받아야 하나?

여유가 된다면 한두 번 받아 보는 것도 좋다고 생각한다. 인생에 한두 번뿐인 입시인데 미련이 남으면 안 된다. 생각지도 못한 큰 도움을 받으면 좋고 혹 도움이 안 돼도 후회가 남지 않는다면 그것으로 충분하다. 입시가 끝나면 여기 저기서 후회 섞인 말들이 들린다. 너무 안정만 썼다느니, 이런 건 잘 몰랐다느 니… 이때의 속상하고 힘든 마음은 어떻게도 설명이 안 된다. 컨설팅 경험을 들 어 보면 별거 없다는 사람도 있지만, 컨설팅까지 받아 가면서 최선을 다했다면 조금의 미련도 없이 순순히 입시 결과를 받아들일 수 있을 것이다. 중요한 건 컨설팅이라는 게, "어느 대학 써야 하나요?" 하는 식이면 안 된다는 것이다. 충 분히 공부해서 알아보고 마지막에 점검, 확인용으로 받아야 한다.

컨설팅을 받기 전에 대학교가 어느 정도 추려지면 고려 중인 각 대학교 입학 처에 전화를 해보자. 대학들의 입학사정관들 정말 친절하게 잘 설명해 주신다. 특별한 일정이 없어도 미리 연락하면 개인 상담도 가능하다. 7월 코엑스 입시 박람회에서는 대교협(한국대학교육협의회) 상담도 있고, 각 대학 입학사정관들 상담을 받을 수 있다. 물론 학교 담임 선생님이나 상담 선생님 다 만나서 선배 들 입학 성적도 확인해 보자. 여러 루트로 다 알아보고 컨설팅은 마지막에 미련 없이 확인하는 용으로 받아 보면 좋다.

9월 모의고사 성적은 어떤 영향을 줄까?

9월 모의고사를 잘 보면 기분이 좋지만 너무 잘 본 경우 문제가 될 수 있다. 수시 원서를 너무 상향으로만 쓰게 되면서 생각지도 못한 학교에 가는 경우를 봤다. 9월 모의고사에서 적게 틀렸는데 수능에서 와르르 무너진 경우다. 평소 보다 유독 잘 봤다면 3월, 6월 모의고사 모두 생각해서 고민해 보길 바란다. 특 히 마지막까지 노력할 수 있도록 마음 단속을 잘하자.

수시 원서 쓰기

원서 접수 대행사는 '진학 어플라이'와 '유웨이'다. 학교마다 접수하는 곳이 정해져 있어서 통합회원 가입하고 두 군데 봐가며 접수하면 된다. 공통 원서를 써두고 접수할 때마다 불러와서 조금만 고쳐 쓴다. 원서는 미리 써둬도 되는데 최종 결제하는 곳이 접수한 학교가 된다. 원서만 써두고 결제를 하지 않으면 접수한 게 아니다. 우리는 마지막까지 고민 중인 학교에 원서를 다 써두고 최종 결정된 학교만 결제하는 형식으로 진행했다.

원서를 쓸 때 '여기는 무조건 쓴다'는 학교가 있다. 이 학교들은 원서 접수 기간 첫날 또는 둘째 날에 바로 접수했다. 꼭 지원하겠다는 학교들은 일찍 원서를 쓰게 된다. 그만큼 자신 있는 학교라면 경쟁률을 일찍 높여서 한 명이라도 덜 들어오면 유리해지는 것도 있다. 하지만 마지막 두 학교는 접수 마감 직전 경쟁률이 올라오는 시간까지 확인해서 선택했다.

마지막 두 학교를 고르기 위해서 중요하게 한 일은, 고민 중인 학교들 4~5개의 경쟁률을 시간대별로 다 적는 거였다. 경쟁률은 하루 두세 번 발표하는 학교부터 10분 단위로 발표하는 학교까지 다양하다. 나는 10분마다 발표하는 학교도 거의 30분 간격으로 경쟁률을 기록했다.

최종 합격 내신에 영향을 주는 게 많겠지만 크게 영향을 미치는 지표가 경쟁률이라고 생각했다. 특히 허수가 아닌 진짜 경쟁률은 교과라면 정말 의미가 크다. 경쟁률이 지난해보다 크게 높아지면 내신이 많이 오르고 경쟁률이 낮아지면 내신도 대체로 낮아진다. 그리고 단순히 최종 경쟁률만이 아니라 경쟁률이 올라가는 모습을 보면 지원자들의 성향을 파악할 수 있다. 경쟁률이 1차 함수처럼 평소대로 비슷하게 올라가서 지난해 경쟁률이 될 것 같다면 내신에서도 큰 변화가 없다. 다른 조건이 비슷하다면.

그런데 경쟁률이 일찍부터 많이 올라가면 허수가 아닌 '찐' 지원자가 많다고 할 수 있다. 반면 경쟁률이 계속 지지부진하고 지난해 경쟁률도 안 될 것 같다면 예상대로 1차 컷도 많이 낮아진다. 경쟁률이 낮아서 마감 이후 확 늘어나는 경우도 종종 있지만 대체로는 마지막에 지르는 친구들은 허수가 많다.

이렇게 아이가 고려 중인 학교마다 시간별로 경쟁률 다 확인하면서 지난해 경쟁률, 최저 변화 등 고려해서 알아봐 주는 컨설팅 회사는 없다. 이건 부모만이 할 수 있다. 우리는 최종 다섯 번째, 여섯 번째 학교도 아이가 결정했다. 마지막까지 고려하던 두 학교 중에서 어떤 카드를 버리고 어떤 카드를 선택할 때 마지막은 아이에게 맡긴 거다. 전화기 너머로 아이의 선택이 들렸고, 나는 그대로 결제했다.

정시 준비할 때 잘한 점과 못한 점

정시 준비 잘한 점

정시 결정 시기

우리 작은아이는 고등학교 2학년 1학기 기말고사 때부터 완전한 '정시러'가 되었다. 2학년 1학기 중간고사 결과를 보니 앞으로 모든 내신을 완벽하게 받아도 원하는 학교 내신이 도저히 나올 수가 없었다. 이때 아이의 상태는 고2 수학부터 많이 부족했고 미적분은 시작도 못 했다. 사춘기 내내 다른 건 몰라도 수학만은 챙기자고 했음에도 수1 유형을 간신히 푸는 정도였다. 내신은 3~5등급, 모의고사는 주로 2등급에 가끔 1~3등급 정도. 과학은 전혀 안 해서 당연히 새로 시작했고, 국어도 중학교 때 선행하던 고등 교재 이후 내신만 조금 한 상태로 전혀 준비가 안 되어 있었다. 영어는 1~2등급 왔다갔다 했고.

수능까지 1년 반 정도 남은 시점에서 미리 시작하니 과목별 개념들도 한두 번 더 반복해서 볼 수 있었다. N제도 미리 풀기 시작했고, 모의고사까지 충분히 풀어 볼 수 있었던 것 같다. 너무 빠르지도 느리지도 않은 가장 좋은 시기였다고 생각한다. 결국 국어와 영어는 유지, 수학과 탐구는 모두 1등급 받는 데 충분한 시간이었다.

내신은 수능 과목만 준비한 점

내신 시험을 준비해야 하나 말아야 하나 실랑이하지 말고 마음 굳게 먹고 제대로 가지치기하자. 내신 시험 기간에 수능 공부하라고 하면 열심히 하지 않는다. 공부는 덜 하면서 시험이 끝나면 수시러들과 같이 하루 이틀 놀게 돼 있다. 그래서 내신 시험 공부도 수능 과목만 하도록 했다. 두 과목에 쏟을 정성을 한 과목에 두 배로 쏟아서 한 등급 올리기로 목표를 잡은 거다. 그러면 수능 과목은 조금 오르고 수능 과목 아닌 건 조금 내려가거나 비슷해서 오히려 내신 성적이 올랐다.

수능 과목 성적이 오르면 자신감도 생기고 당연히 수능 준비도 함께 된다. 내신 기간에는 수능 과목만 공부시킨 게 좋았던 것 같다.

필요한 교재, N제, 모의고사 많이 찾아본 점

개념을 듣고 나면 N제나 모의고사, 다른 교재가 계속 필요하다. 특히 과학탐구 과목, 수학 등은 인강 선생님들의 여러 교재 한 번씩 검색해 보고 비교 글도 찾아봤다. 항상 리스트를 준비해 두고 아이가 얘기하면 바로 사고 난이도가 맞지 않으면 즉시 다른 것으로 구매했다. 리스트를 준비해 두니 시간이 절약되어 좋았다.

아이 점수에 일희일비하지 않고 다음 계획을 물은 점

모의고사를 잘 보든 못 보든 결국 수능 점수만 의미가 있다고 생각했다. 수능일 점수에 맞게 대학 보내자, 이 생각으로 일희일비하지도 아이를 닦달하지도 않았다. 여러 해 지켜보니 우리 아이들의 경우 시험을 잘 보면 다음 시험은 늘 성적이 떨어지는 경향이 있었다. 못 보면 그 반대였고. 그래서 9월 모의고사도 의욕이 떨어지지 않을 만큼 적당히 못 보길 기대했다. 수능까지 남은 기간 온 힘을 다해 전력질주하도록 점수가 자극제가 되어 주었으면 하고 바랐던 것 같다.

대신 성적이 잘 안 나온 과목은 앞으로 어떻게 진행할지 아이 생각과 계획을 들었다. 부족한 과목 학원에 가자고 하면 아이는 혼자 해도 된다고 나를 설득했다. 이야기를 하면서 스스로 정리도 된다. 이 과정이 꼭 필요하다. 시험을 본 당사자가 고민해서 다음을 준비해야 하는 거다. 대부분 나는 설득당했고 아이 의견대로 하도록 두었다. 어차피 아이가 가장 떨리고 가장 잘하고 싶다. 부족하거나 이상하다고 생각될 때 한두 마디만 거들었다.

정시 준비 잘못한 점

국어 기출문제 더 많이 반복할걸

수학이나 과학탐구는 기출만큼 새로운 문제도 중요하지만 국어만큼은 기출을 최대한 반복하면서 곱씹어야 한다고 생각한다. 그런데 아이는 기타 과목처럼 기출을 적당히 풀고 새로운 문제에 더 시간을 들였던 것 같다. 정시 준비 전체에서 국어 기출을 더 많이 반복하지 않은 점이 가장 후회가 된다.

수능 점수 분석 조금 더 꼼꼼하게 확인할걸

수능일 저녁 점수를 바로 확인해 보는데, 이 점수로 정시에 어느 대학이 가능한가를 알아보는 게 정말 중요하다. 정시에 가능한 대학보다 하위권 대학에는 면접이나 논술 시험 등을 보러 가면 안 된다. 그런데 각 교육 관련 회사마다 예상이 조금씩 다르다. 어디는 짜고, 어디는 조금 넉넉하다. 그중에서 지난 데이터를 기반으로 하는 '고속 성장 분석기'는 큰 틀을 잡는 데 가장 많이 사용된다.

우리 아이의 경우 수능 직후 첫날 예상과 마지막 예상이 많이 달라졌다. 표준점수가 과학탐구 한 과목에서 2점, 수학도 1점이 낮아졌는데 그 영향이 컸다. 고속 성장 분석기에서 가능 대학이 상당 부분 바뀌어서 진초록이 연초록이 되고 연초록은 노란색이 되었다. 과학탐구 비중이 높은 학교들은 과학탐구 변환 점수가 나오니까 또 한 번 출렁였다. 예상이 많이 달라졌지만 큰 문제는 없었다. 하지만 분석을 잘못해서 수시 기회를 날려 버리면 정말 안타까울 것이다. 수능 직후 수능 점수 분석을 꼼꼼하게 해보고, 예측 프로그램 한두 개 더 보고, 혹은 선생님께 한 번 더 확인하자. 수시 면접이나 논술에 가야 할지 말아야 할지, 돌다리도 두들겨서 여러 가지로 확인해 보길 바란다.

한국사 과목도 미리 해둘걸

한국사는 이공계열은 4등급 이상이면 큰 문제가 없다. 인문계열도 3등급만 받으면 된다. 절대평가니까 이공계 지원하는 경우는 반타작만 하면 되는 셈이다. 반만 맞으면 4등급. 그러니 크게 신경을 쓰지 않게 된다. 큰아이는 고3에 한국사 수업이 있었고, 모의고사는 매번 1등급 어쩌다 2등급을 받아 와서 다 그렇게 맞는 건 줄 알았다. 그런데 작은아이는 마지막까지 고생을 했다. 너무 쉽다고 무시하지 말고, 한국사 부족한 친구들은 시간 있을 때 많이 공부해 두자.

논술 조금 더 챙겨 둘걸

정시러들은 보통 수시에서는 논술에 지원한다. 학생부 종합, 교과 구색 맞춰서 지원하더라도 상당수는 논술이 주력이다. 우리 아이도 모두 논술을 지원했는데, 의학 계열 최저를 2개 맞추고 나니 고2 겨울에 논술도 조금 알아볼걸 하는 생각이 들었다. 아이는 의학 계열을 그리 원하지도 않는 데다 아주 먼 예비를 받고도 이런 생각을 했으니 부모 마음이란 게 참 간사하다. 아이는 논술 준비를 했으면 수능은 더 못 봤을 거라고 했다. 알 수 없는 일이지만, 논술도 고려 중이라면 고2 겨울이나 고3 상반기까지는 조금 더 알아봐도 좋겠다.

의대 입시를 준비한다면 알아야 할 것들

의대 입시 전형

의대 입시 전형도 다른 과 입시와 마찬가지로 크게 4가지로 나뉜다. 수능 전원서를 쓰는 수시 전형에 교과, 종합, 논술이 있고 수능으로 가는 정시 전형이 있다. 그리고 의대는 '4합 5', '3합 4' 등 수능 최저 학력 기준이 매우 높은 편이다. 의대 입시에서 가장 큰 특징은 대부분의 전형이 수능을 잘 봐야 한다는 것이다. 종합 일부를 제외하고 수능 점수 없이 합격하는 일은 거의 없다. 수능 최저가 어렵기 때문에 어디서든 공부 잘하는 학생이 합격한다. 정시는 당연하고, 교과든 종합이든 논술이든 대부분 수능으로 실력이 확인된 경우에만 합격하는 것이다.

수시 학생부 교과

교과는 내신으로 가는 전형이다. 대부분 비교과를 보지 않고 오로지 내신 점수로만 정량적으로 평가한다. 동아리 활동을 잘했든 안 했든 세특이 좋든 말든 내신만 좋다면 합격이다. 생기부를 일부 보는 경우도 있지만 대부분은 내신 성적으로 줄 세워서 합격자를 정한다. 물론 수능 최저 합격 조건을 맞춘 학생들

중에서다.

교과 전형으로는 비수도권에서 많이 뽑고, 서울·수도권은 10퍼센트 미만이다. 교과는 내신만 보기 때문에 전사고인지 자사고인지 시골 일반고인지 전혀 문제가 되지 않는다. 내신 받기 쉬운 학교가 있는지 모르겠지만, 무조건 내신 받기 쉬운 학교에 가서 1.0 가까이 받으면 된다. 일반고 가서 전교 1~2등 하고 수능 최저 맞출 수 있게 공부하면 된다. 특히 비수도권이라면 지역 인재도 많기 때문에 무조건 내신 잘 받을 수 있는 학교가 유리하다. 수능 최저는 재수 때라도 맞추면 되니 내신에 집중해서 준비하는 게 좋다.

수시 학생부 종합

종합은 비교과 내용과 내신 그리고 대학교에 따라 면접과 수능 최저의 합으로, 말 그대로 종합적으로 본다. 의대 면접은 인성 면접이나 MMI로 조금 어려운 편이다. 종합으로 많이 뽑는 학교는 주로 메이저 의대 포함 서울·수도권 의대들인데 수능 최저가 없는 학교도 있다.

종합은 주로 전사고, 특목고, 학군지 '갓반고'에서도 전교 손가락 안에는 들어야 가능하다. 일반고라면 내신뿐 아니라 생기부가 보기 드물게 화려한 학생이 합격한다. 그래도 대부분 명문고에서도 내신, 비교과가 훌륭한 극상위권이 합격한다.

수시 논술

논술 전형은 논술 시험 성적과 수능 최저 맞춰서 간다. 논술 시험은 수학만 보는 학교가 있고 수학과 물리·화학·생명과학 중 선택해서 보는 학교가 있다.

내신도 약간 반영되는 학교가 있지만 실질 반영률이 낮아서 거의 논술 시험 결과로 간다고 보면 된다.

논술은 워낙 뽑는 인원이 적어서 하나의 방법이라고 하기도 뭣하다. 지원자는 많아서 경쟁률이 600 대 1 넘는 학교도 있었다. 모집 인원이 늘어서 앞으로는 이런 경쟁률을 볼 수 있을지 모르지만 말이다. 논술 모집 인원이 해마다 바뀌기 때문에 모집 요강을 확인해 봐야 한다. 이 전형만 믿고 준비하는 학생은 적은 것 같으니, 수능 준비하면서 같이 준비하면 좋겠다.

정시

정시는 수능 성적으로 간다. 의대 입시 중 제일 알기 쉬운 게 정시다. 보통 입시를 이야기할 때 등급을 많이 언급하는데, 등급은 수시에서나 하는 얘기고 의대 정시는 국·수·탐 틀린 문제 개수로 이야기한다. 그만큼 완벽에 가까운 점수를 받아야 한다.

정시는 수능 난이도에 따라 다르겠지만 메이저 2~3개, 인서울 5개 그리고 7개 정도 틀려야 지방 의대라도 갈 수 있다고 말한다. 수능 문제가 어려워도 10개 정도인데, 이것도 수학으로 많이 틀리면 어렵다. 같은 점수라도 표준점수(표점)와 백분위 중 유불리를 따져서 최대한 유리한 학교로 정한다. 아이가 받아 온 점수가 표점이 좋으면 표점 반영하는 학교를, 백분위가 더 좋다면 그런 학교를 알아본다.